Françoise Mallet-Joris

de l'Académie Goncourt

Le rire
de Laura

Gallimard

Françoise Mallet-Joris est née à Anvers. Elle est la fille d'un homme d'Etat belge et de l'écrivain Suzanne Lilar. Elle a fait ses études supérieures en Pennsylvanie (U.S.A.) et à la Sorbonne. Après avoir publié des poèmes, elle devient célèbre avec son roman *Le Rempart des béguines* (1951). Elle reçoit le Prix des Libraires en 1956, pour *Les Mensonges* ; le Prix Fémina en 1958, pour *L'Empire céleste* ; le Prix Prince Pierre de Monaco pour l'ensemble de son œuvre en 1964. Elle a été élue à l'Académie Goncourt en 1970.

Ils arrivèrent à Strasbourg vers six heures du soir.

Une fois entrée dans la chambre, tandis que Martin, son fils, s'affalait sur le lit, Laura jeta un coup d'œil circulaire autour d'elle, nota les lourds fauteuils en velours marron et le canapé assorti, qui formaient autour de la télévision massive, d'un modèle ancien, une sorte de coin-salon, fit un pas vers la porte de communication entrouverte pour découvrir sa propre chambre, plus petite et plus sombre, et revint vers le lit.

Martin s'était immédiatement emparé d'un oreiller qu'il avait glissé sous sa tête sans le lâcher, et d'une voix embrumée, il murmurait : « Ça ne t'ennuie pas, Man, que je dorme un peu ? »

Il dormait déjà.

Laura accrocha son manteau à la patère, se regarda dans la glace, machinalement, vit ses traits inchangés ; un moment elle erra dans la pièce, où résonnait le souffle lourd de Martin. « Il respire mal. On aurait dû l'opérer des végétations. » Le petit réfrigérateur ronronnait. Elle marchait vers la table de chevet pour allumer le radioréveil, quand l'idée lui vint à l'esprit que ce devait être le premier geste de Théo, son mari, quand il arrivait dans une chambre d'hôtel, dans l'une de ces innombrables villes étrangères où elle ne l'accompagnait pas. Alors elle retira sa main tendue vers le bouton de la radio, comme si elle avait risqué de se brûler.

Pour une raison semblable (l'image de Théo arrivant dans la chambre imaginaire), elle répugnait à s'asseoir dans l'un des fauteuils profonds, à se laisser aller sur le sofa. Indécise, elle alla jusqu'à la salle de bains, vit une chaise banale, blanche, innocente, la porta dans la pièce, près de la fenêtre et s'assit. Elle attendait. En somme, elle attendait que l'instinct maternel lui dictât quelque chose : son fils avait failli mourir.

L'instinct, l'instinct maternel, tout le monde en a entendu parler. La vieille légende au cuir increvable, l'image d'Epinal sur le journal jauni. La femme paralysée qui, voyant sa fillette tomber dans le feu de bois (et c'est peut-être un fils, pourquoi pas ?), s'élance, miraculée, et sauve l'enfant des flammes. C'est vérifié, c'est indiscutable, l'instinct maternel. Et pourtant, au centre de Laura, il y a un grand silence.

Elle se cramponne à ce silence comme Martin à son oreiller. Elle ne veut pas le lâcher, elle ne veut pas se mettre à penser aux minutes, aux heures qui vont suivre et où il va falloir qu'elle agisse. Elle a agi : elle a été chercher Martin chez son ami ; elle l'a ramené à demi conscient. Elle a appelé le S.A.M.U., elle a accompagné son fils dans l'ambulance, elle l'a veillé à l'hôpital, elle a obtenu enfin qu'on le laisse sortir en fin de matinée, en s'autorisant du nom de son mari : « Mon mari, le docteur Jacobi, sera de retour ce soir, il vous appellera... » et puis, dans la voiture, avant même d'être repassée boulevard Raspail, elle a pris sa décision : emmener Martin à Strasbourg.

Ils y sont. Dans une chambre d'hôtel. Et Martin dort. Qu'est-ce qui reste à faire de banal, d'apaisant ? Défaire la valise ? Elle a emporté si peu de chose : les brosses à dents, un pyjama et deux chemises de Martin qui justement revenaient de la blanchisserie, un pull à elle, trop grand, qu'il pourra toujours enfiler jusqu'à ce qu'elle aille lui acheter quelque chose, et puis une jupe, deux chandails, l'ensemble chiné gris qu'elle met toujours quand elle vient à Strasbourg voir sa mère. Commander quelque chose à manger ? Elle se relève, va prendre sur la table basse le carton beige imprimé de fleurs de lys marron. « Bavaroise aux fruits de mer... » Ça doit être malsain. Quand il se réveillera, il lui faudra un repas léger, du saumon, peut-être... Gibelotte de lapin, quelle horreur, panaché de poissons, non, noisettes d'agneau, oui, avec des légumes, il a toujours bien aimé les légumes... Commander ? Mais s'il se réveille ? Elle hésite. C'est une terrible chose que de réveiller un dormeur au visage apaisé. Il ne lui reste qu'à retourner s'asseoir sur sa chaise blanche, puisqu'elle ne veut ni des fauteuils, ni du sofa.

Laura n'a pas l'habitude des hôtels. Théo voyage seul (seul, enfin, officiellement seul) et elle, eh bien elle reste chez elle, boulevard Raspail, parfois de courts séjours chez sa mère, dans la maison fami-

9

liale, et elle passe l'été à la villa. Mais il y a dans sa tête, elle le découvre, une multitude de chambres pareilles à celle-ci : elle l'a reconnue ; le faux confort, avec des traces de doigts sur les plinthes, les fauteuils énormes, ostentatoires (si on battait ce velours il en sortirait des nuages de poussière, elle en est sûre) ; le réfrigérateur qui ronronne, garni de verres bon marché, de sous-marques de whisky et de champagne, tout y est. Le canapé. La télévision, en face, qui sert de prétexte à Théo (s'il lui en faut un) pour les entraîner là, les secrétaires, les traductrices, les documentalistes, les hôtesses, sa collègue spécialiste de la chirurgie esthétique, les jolies, les laides, les Américaines, les femmes. Toutes les chambres où Théo est entré, elle les imagine. A New York, à Munich, qu'importe ; l'attaché-case jeté sur un fauteuil et l'imper Burberry sur l'autre, pour que l'idiote du jour n'aille pas s'y asseoir, évitant le lit explicite ou le canapé propice ; et la radio réglée à l'avance sur un poste anglais, ou sur F.I.P. Est-ce qu'on peut appeler imaginer, une chose qu'on voit si concrètement, dans le détail ? « Un bon verre de champagne, maintenant ! », proclame-t-il, elle l'entend, elle sait l'atmosphère chaleureuse qu'il crée instantanément, la barbe fluviale jouant son rôle, le rembourrage savant de la veste contribuant à donner cette impression de force de la nature, à laquelle il serait vain, et même un peu ridicule, de résister, comme au passage d'une tornade. Les tornades ont en général des noms de femme : lui s'affirme mâle de façon écrasante, le poil, la carrure, les diplômes, l'argent, et le travail donc, le prestigieux travail du chirur-

10

gien, et les symposiums, les séminaires, qu'il vient toujours de quitter, et qui sont dans l'ordre social l'équivalent du rembourrage...

Un instant elle se repose dans cette souffrance exaspérée, qu'elle porte en elle comme une flamme, avant de tourner son regard, prudemment, vers le dormeur. « Ça ne t'ennuie pas que je dorme un peu ? » Dans les excuses de l'enfant épuisé, elle retrouve la courtoisie désuète du grand-père Emmery, les rites de sa famille à elle. Dans la brutalité avec laquelle il a plongé dans le sommeil : Théo, son père. Et elle ne sait pas ce qui l'agace le plus : cette délicatesse ou cette grossièreté.

C'est ce qu'elle ressent de plus clair, en ce moment, devant le sommeil de son fils, relevant d'overdose, relevant d'illusion : les nerfs agacés. Ah ! pense Laura avec passion, que je n'aime pas qu'on soit victime ! Et aussitôt saisie de remords, elle va jusqu'au lit, prend la grande main abandonnée, et la baise.

Sept heures. Il fait noir et novembre. Noir, novembre et Strasbourg. Noir, novembre, Strasbourg, souvenir. Strasbourg, ville natale, ville de la jeunesse de Laura. Pourquoi Strasbourg ? Il fallait bien emmener quelque part le jeune homme désemparé. Peut-être a-t-elle voulu retrouver Laura jeune fille, avec ses forces fraîches, pour qu'elle aidât ce jeune homme de son âge ? Parce que l'instinct maternel, ce n'est rien. Un point vulnérable, désigné, où le monde n'a qu'à frapper, qu'on ne peut pas défendre. Devant cet effondrement elle ne trouve à se dire qu'une chose, qu'il était inéluctable. Et encore, qu'elle se sent vaguement coupable

11

d'avoir des enfants, proies offertes à l'inéluctable. Elle, seule sur sa chaise blanche, elle s'en serait bien tirée.

Laura a deux enfants, Blandine et Martin.

Blandine est l'enfant de l'innocence, née tout de suite après Strasbourg : beau fruit standard, calibré, conforme. Prenez n'importe quel manuel sur l'enfant de zéro à quinze ans, et vous aurez Blandine. Elle a dit son premier mot, eu sa première dent, la coqueluche et la rougeole page vingt-trois ; les oreillons et la première bicyclette, page trente-deux ; la puberté, l'âge ingrat, la crise politique, mystique, agressive, en fin de volume. Elle a dit que les études c'était bourgeois et en a fait d'excellentes, elle a eu de l'acné puis est devenue belle, elle a porté des jeans effrangés puis des tuniques puis des joggings, elle a adoré son père, été très désagréable avec sa mère qui ne la comprenait pas pour en venir à lui piquer ses rouges à lèvres et ses pulls (c'était la réconciliation) et enfin, secouant la poussière de ses souliers Jourdan, est partie pour la Floride conquérir le monde, s'envoyer des étudiants internationaux, passer haut la main des concours difficiles, manger des pommes. Elle n'a jamais suscité la moindre inquiétude chez ses parents.

Martin est l'enfant de l'amour, des giboulées, d'octobre en mars, du corps, du cœur cent fois repris, cent fois rendu, du pardon accordé qui rougit de lui-même. Martin ne parle pas jusqu'à trois ans, puis devient tout à coup volubile, rattrape sa sœur, la dépasse, éblouit la maternelle, séduit le primaire, devient dyslexique, fugue, revient avec une brusque vocation mathématique qui dure un an et coïncide avec une petite poussée de mégalomanie : il se rêve champion d'échecs (le langage !). Il se met à lire, n'améliore pas son orthographe, troque le grand Larousse illustré de la famille contre une guitare qu'on ne lui refuse pas, et puis finalement il joue de la clarinette, prend quelques leçons, y renonce, échoue au bac, retrouve son ancien prof d'histoire pour lequel il se prend d'enthousiasme, passe son bac, quitte ses parents, vit avec une jeune fille qui se fait appeler Ophélie, a des amis, joue de la clarinette, paraît heureux, mange du soja, joue de la clarinette, s'occupe d'une « crêperie », dans des conditions mal éclaircies, amène Ophélie à son père parce qu'elle est souffrante, ne paraît pas trop s'inquiéter, joue de la clarinette, un soir se défonce à l'héro, c'est un banal accident de parcours.

Laura se précipite, se jette sur le corps de son fils, l'arrache à la mort, l'emmène à l'hôpital, l'arrache à l'hôpital, à Paris, à son père, ne verse pas une larme, ne prévient personne, prend sa voiture et part pour Strasbourg. La ronde des hôtels. Le regard sur Martin hébété. Plus de places. Tout est réservé. Dans quelques jours peut-être. Parfois dans le regard une ironie : Laura est jeune et belle encore. La rage flambe en elle, saine. Elle pourrait réveiller la mère Stassart, qui a les clés de la maison familiale (sa mère est absente, en cure). Mais il lui faut un lieu neutre, le temps de se mettre à l'écoute de l'instinct maternel. Enfin les pâtisseries début de siècle et la pompeuse médiocrité de l'*Hôtel Zacher* les accueillent. « Mon fils vient d'être malade, dit

Laura. Qu'on ne nous dérange pas. » On ne les dérangera pas.

Seule avec son fils. Ou plus exactement avec le corps de son fils. Etrange chose que ce corps qui n'est rien, quand on se trouve seul devant cette enveloppe, et qui pourtant est la seule forme, comme il n'y a qu'un seul mot qui ait la couleur, la saveur de nos émotions, un seul mot qui dise amour, qui dise chaleur, sécurité, légèreté, qui dise Martin.

Parfois, quand il revient à la maison, dans son ancienne chambre, à côté de la salle de bains, et qu'en prenant sa douche elle l'entend jouer, lentement, laborieusement, reprenant dix fois le même passage, alors l'eau qui coule et son amour pour Martin coulent de la même façon limpide, elle n'a nul besoin de le voir, de lui parler, amour qui se suffit à lui-même, si éloigné de l'aridité vécue avec Théo. Mais faut-il toujours revenir à Théo ?

Sur sa chaise blanche, dans la nuit qui s'épaissit, elle se raconte une histoire vraie : un jour, il y a trois ans, Martin venait de quitter la maison après cette terrible scène, il allait louer une chambre chez son ancien prof à Alésia et l'avait annoncé comme s'il partait pour l'Amérique (alors que Blandine était partie pour la Floride comme pour un week-end au bord de mer) ; elle était allée le voir répéter, avec ces amis qu'il ne lui présentait pas, dont il parlait de façon si vague, dans le pavillon du quartier Plaisance. Dans ce pauvre espace, qu'ils appelaient le jardin, des spectateurs, des voisins étaient venus par curiosité : la soirée était douce. Une cinquantaine de personnes peut-être, elle ne savait pas, elle ne s'était pas bien rendu compte, rebutée par les poubelles débordantes, dans un coin, par les chats qu'attiraient des odeurs douceâtres, par les plates-bandes mal entretenues que les pluies de printemps avaient transformées en fondrières. Il y avait là des gamins, l'air sournois, de vieilles clochardes, une fille aux cheveux verts, taillés en brosse, des hommes désœuvrés, quelconques, appuyés contre le grillage rouillé qui séparait le jardin de la rue. Elle s'était sentie déplacée, elle n'osait pas entrer, elle avait failli repartir.

La musique était sortie des fenêtres, bizarre, rugueuse, avec des soubresauts qui l'avaient étonnée. Elle était restée. Ce n'était pas la musique qu'elle aimait, ce n'était pas de la très bonne musique, pas même de la musique très bien jouée. La basse, lui semblait-il, était trop forte, un soprano un peu faux s'élevait par moments pour disparaître comme à bout de souffle, et la clarinette de Martin, mon Dieu... Théo disait sans méchanceté : « Mais écoute-le ! Il joue comme un pied ! » Elle ne savait pas. C'était autre chose que de la musique qu'elle avait écouté là, quelque chose qui la purifiait de son tourment, lui donnait l'impression d'être enfin « de retour à la maison », enfin délivrée de cette fièvre sèche dans laquelle elle vivait comme dans un climat inévitable. La nuit tombée faisait de ces visages noyés d'ombre des visages amis, des visages d'autrefois : elle retrouvait son adolescence, la chorale, sa sœur Martine jouant de l'orgue (pour la première fois depuis longtemps elle pouvait penser en paix à sa sœur disparue), et les nuits aussi pures où leur père les faisait sortir dans le jardin pour leur apprendre le nom des étoiles.

Elle était repartie sans parler à personne, enceinte d'un bonheur timide qui n'osait s'avouer, délicat comme le papier de soie autour d'un cadeau qu'on n'ouvre pas. Il lui avait demandé, plusieurs jours après : « Tu es venue ? » Elle : « Je n'ai pas pu... une obligation... » Lui, déçu, soulagé, elle ne savait pas. Peut-être complice. Ils avaient leur secret l'un et l'autre. Sans doute le même. On ne sait jamais. Alors l'accident ? Le geste écœurant de banalité ? Elle se lève, prise d'une colère soudaine. Elle a laissé tomber ses escarpins sur la moquette beige. Une seule lampe, insuffisante, éclaire l'horrible chambre qu'elle arpente sans bruit. A-t-il su le risque qu'il courait ? L'a-t-il voulu ? « Risquer sa vie, quel manque de courage ! » pense Laura avec un brusque ressentiment qui l'immobilise au pied du lit, devant ce corps qui s'obstine au sommeil comme à un alibi.

A une certaine heure de la nuit, la plus noire :

— Maman ?

— Oui, mon chéri ?

— Tu ne veux pas me donner un Equanyl ? Il y en a dans mon sac...

— Bien sûr, mon chéri...

— Avec une bière. Mais non, ça ne me tuera pas. A côté de ce que j'ai pris...

Elle s'empresse. Ouvrir le petit frigo, décapsuler la bouteille. Elle retarde le moment où il va parler, parce qu'il va bien falloir parler, n'est-ce pas ? Poser des questions dont elle appréhende déjà les

16

réponses. Peut-être même ne sera-t-il pas nécessaire de poser des questions. Laura a froid.

— Tu es crevée, Man. Tu devrais aller t'étendre un peu.

Il lui parle d'une voix douce, avec délicatesse, comme si elle souffrait d'un deuil. Mais le deuil c'est lui! Elle se met à rire. La fatigue.

— Pourquoi tu ris? dit-il avec irritation.

— Parce que tu parles si doucement. Comme s'il y avait un mort dans la pièce.

— Ça a bien failli, dit-il avec un peu d'emphase.

— Ne te vante pas, dit Laura.

Elle est surprise de la sécheresse de sa propre voix. L'instinct maternel... Elle cherche en elle cette source de lait et de miel, et s'étonne de ne pas la sentir jaillir d'abondance. Un maigre filet, mêlé d'amertume. La fatigue.

— Non, ne te vante pas. Tu as eu un accident, comme, malheureusement la plupart des gens de ton âge. Ce n'est pas un exploit.

— Et tu espères que ça me servira de leçon? C'est bien ça que tu allais dire? Mais je ne suis pas un drogué, Man. Si tu veux savoir, c'était même, oh, pas la première fois, mais la troisième ou la quatrième fois que je prenais ça.

— Je ne veux pas savoir. Pas maintenant.

Devant cette mise en garde, Martin réfléchit brusquement.

— Oh! merde... Va te coucher, Man. Tu as peur de me laisser seul? Tu as pourtant bien fouillé mes affaires, non?

— Je n'y ai pas pensé, dit Laura. C'est vrai, j'aurais dû. Je n'ai pas l'habitude, tu vois.

Il y a une telle tension dans la chambre qu'ils en sont tous les deux conscients. Martin cède à nouveau du terrain.

— Donne-moi encore un Equanyl. Il faut que je dorme. Il faut vraiment que je dorme. Tu devrais prendre une bière aussi. C'est très bon pour les nerfs. Très nourrissant. Oph a tenu le coup pendant des mois, rien qu'avec de la bière...

— Il y avait longtemps qu'on n'en avait pas parlé, de celle-là, dit-elle soudain détendue. Pourquoi l'appelez-vous comme ça, Oph ? On dirait un barrissement d'éléphant. Ou le bouton de commande d'une machine à laver : on, off. Quand on pense que la pauvre fille s'est donné le mal de se faire appeler Ophélie, alors qu'elle doit s'appeler Simone ou Marie-Claude...

— Je t'ai dit cent fois...

Il s'arrête, tout surpris de retrouver le ton de leurs accrochages quotidiens. Il a, à son tour, un petit rire indéchiffrable. Puis il se rendort comme on plonge. Il n'a même pas avalé le second Equanyl. Qu'est-ce qu'il a bien pu prendre ? se demande-t-elle pour la première fois. « L'hôpital téléphonera au docteur Jacobi », lui a-t-on dit, comme si elle avait posé une question. Elle n'avait pas posé de question. Elle aurait dû, sans doute. Comme elle aurait dû fouiller ses affaires, pleurer peut-être. Elle a pourtant toujours cru qu'elle l'avait, l'instinct maternel.

Théo a appris en rentrant de Valence, vers midi, le départ de Laura, sa femme, et de son fils Martin. Il a questionné sa secrétaire sans trop insister. Il est préoccupé de tout autre chose, il note que Martin « ne s'est pas senti bien » (langage édulcoré de Lucette, la secrétaire) et que sa mère l'a emmené à la campagne.

— Quelle campagne ? Bah, elle m'appellera ce soir. Surtout si je ne suis pas rentré, prends bien les coordonnées, j'irai peut-être les rejoindre pour le week-end.

Ce qui le trouble, ce jour-là, c'est le sein de Jocelyne. Le sein manquant de Jocelyne, qui doit être opérée dans l'après-midi. Qu'il a accepté d'opérer, pour la soulager moralement et physiquement (les rayons ont mis le poumon presque à nu, il ne s'agit donc pas d'une simple opération esthétique) et aussi, pour complaire à Sylvie Hasselman, sœur jumelle de la malade, veuve de son vieux maître et ami Hasselman, et, incidemment, sa maîtresse. Est-ce la forme saugrenue d'une culpabilité qu'habituellement il ne ressent guère ? Théo part pour la clinique moins léger, moins tonitruant qu'à l'ordinaire. Il lui déplaît, il lui paraît de mauvais augure, de pratiquer une intervention qui n'est pas strictement indispensable, à cause de l'insistance exaspérante de Sylvie. Non qu'il n'ait longuement pesé le pour et le contre ; Jocelyne a été opérée d'un cancer du sein huit ans auparavant, une longue rémission s'en est suivie, puis des douleurs de plus en plus vives, des symptômes inquiétants se sont manifestés. Croit-on que c'est cela qui préoccupe Sylvie ? Pas du tout. C'est que sa sœur, sa jumelle, vive avec un seul sein. Ça la gêne ; ça la ronge, elle en rebat les oreilles à Théo chaque fois qu'elle le rencontre.

— On n'a pas trouvé de métastase au dernier examen. Ça devrait te rassurer.

— Raison de plus pour faire quelque chose, une greffe, je ne sais pas, moi, trouve ! gémit obstinément Sylvie. Elle ne peut pas continuer à vivre comme ça !

Comme ça, c'est avec un seul sein.

— Pour ce qu'elle en fait ! plaisante Théo. Elle s'en est sortie, c'est déjà beau, non ?

— Oh ! Toi ! Tu ne peux pas comprendre ! Tu es tellement bien portant, dit Sylvie avec haine.

Bien portant, oui, il était bien portant. L'image même de la santé, un mode d'emploi : voyez ce qu'on peut faire d'un corps humain, d'une vie humaine. Ses amis s'émerveillaient de ses capacités de travail, recevant des malades, opérant, acceptant deux soirs sur trois un dîner, une sortie, il rentrait à deux heures du matin avec encore une petite envie de parler qui agaçait Laura, morte de sommeil, et lui se relevait dès l'aube en pleine forme pour dévorer un petit déjeuner copieux, des œufs, du jambon, un jus d'orange dont il avait pris le goût en Amérique... Un ogre. Un ogre en toutes choses : deux rencontres avec un critique et il était devenu cinéphile, son énorme mémoire engloutissant des dates, des titres, et vers minuit il courait à la cinémathèque voir vingt minutes d'un Eisenstein dont il se resservirait pendant dix ans ; un déjeuner avec un éditeur suisse et il se découvrait passionné de livres d'art, parlait gravure et litho comme s'il n'avait fait que cela toute sa vie, abouchant le Suisse avec un banquier libanais qui pourrait fournir des débouchés nouveaux à l'entreprise, casant le fils de son ami Chartier (l'ophtalmo) qui sortait des Beaux-Arts, et poursuivant son chemin, désintéressé, désarmant, éclatant de rire quand au lieu d'une réussite, une catastrophe résultait de ses initiatives jupitériennes. « C'est pas grave ! » C'était son mot.

— Enfin, tu peux bien faire ça pour me faire plaisir ! disait Sylvie. Si c'est une question d'argent...

Elle disait cela pour le faire réagir. Elle le savait désintéressé. Tout le monde le reconnaissait, bien qu'il se fût en quinze ans enrichi avec évidence. Désintéressé ? oui. Semant la vie à pleines mains. Désintéressé ? Mais l'action le nourrissait, et tout lui était bon, le savoir des autres, leur talent, leur sensibilité, leur ingratitude même, il engloutissait tout, son côté brocante, marchand de tapis, généreux et rapace à la fois « ça peut encore servir », des bouts de ficelle, des bribes d'informations, de vieilles boîtes en fer, une fille pas trop jolie, Sylvie un jour et Lucette le lendemain. Tant pis pour les dégâts. Il n'y pensait pas. Il ne s'en rendait pas compte. Il partait vite, comme il quittait la table du petit déjeuner le matin sans se rendre compte qu'il la laissait saccagée, plus de pain, un demi-pot de marmelade dévoré qu'il laissait plein de miettes (comment s'y prend-il, se demandait Laura, il plonge son pain dedans ? Et il a vraiment besoin de se servir de trois couteaux?), la cafetière vidée en trois minutes, le téléphone sur la table avec des mégots écrasés à même le carnet d'adresses, et plus il y avait de monde, de bruit, de complications, d'emmerdements autour de lui, plus il était content.

Alors Sylvie, jeune veuve d'un vieux mari, avalée comme les autres. Il a mené le deuil, conseillé des placements, l'a traînée au théâtre et dans les vernissages « pour qu'elle oublie », l'a imposée à Laura, à Lucette, à Blandine qui vivait encore avec eux, et finalement l'a installée dans l'immeuble du boulevard Raspail où il fait la loi, ayant opéré la vieille propriétaire pour laquelle il est un Dieu. Il a fait libérer le troisième étage et même payé le déménagement de Sylvie. Lui devant beaucoup, il est tout à fait logique qu'elle lui demande davantage. Absorbant Sylvie avec une rayonnante indifférence, Théo est prêt à assumer aussi sa jumelle, ses plaintes continuelles, ses langueurs d'endive. Seulement, dépêchons : il ne faut pas que ça prenne trop de temps.

— Tu veux qu'on l'opère? On l'opérera, a-t-il fini par concéder. Mais on aurait pu attendre encore, l'envoyer d'abord au centre antidouleurs.

Sylvie n'a entendu que les mots « on l'opérera ».

— Merci, merci, dit-elle avec passion. Tu ne peux pas savoir ce que ça représente pour moi, pour nous...

— Pour toi, oui... Mais pour elle...

— C'est la même chose, voyons, plaide Sylvie avec fièvre. Ce n'est plus une femme, tu comprends? Elle ne sort plus, elle n'ose plus se mon-

22

trer, comment veux-tu qu'elle se trouve quelqu'un avec ce complexe...

— Elle a toujours eu des complexes, je n'aime pas ce mot, mais enfin...

— Ça a été la goutte d'eau !

— Parce que la coupe était pleine ! Enfin, Sylvette, toi qui es jolie, élégante, pas con, comment peux-tu t'identifier sans cesse à ta sœur ? Qu'elle soit malade, je veux bien, mais elle a toujours été molle et geignarde...

— Oh !

— Mais si ! Regarde les choses en face ! Elle a réussi à faire même du cancer un alibi !

— Tu es un monstre ! Tu es odieux ! Tu n'as pas de cœur ! Tu n'as jamais compris Jocelyne...

— C'est toi, mon pauvre chou, qui ne l'as jamais comprise. Tu l'as couverte de cadeaux, montre Cartier, pull Chanel, instituts de beauté, psy, et j'en passe, tu l'as traînée avec toi dans les premières, les vernissages, les réceptions, tu as essayé de l'arranger physiquement en lui passant tes robes et de lui bourrer le cerveau — oh ! Jocelyne au Domaine Musical ! C'était à peindre ! Et le résultat ? Elle continue à se lamenter, et toi, tu as l'air de sortir ta femme de ménage !

Sylvie pleurniche en silence. Théo s'attendrit. Evidemment, une opération esthétique est toujours possible. Ce n'est pas son domaine, mais il se fera assister par Chapus, excellent plasticien. C'est tout de même absurde cet acharnement de Sylvie. Un truc de gemellité sans doute. Elle qui s'est sortie d'un taudis de la rue Ordener et d'une carrière de starlette de troisième ordre en épousant Hasselman, qui s'est voulue jolie, cultivée, lancée, et qui y a réussi, continue à considérer sa sœur comme une espèce de miroir où elle se voit mal fringuée, minable, presque laide, et elle n'aura de cesse qu'elle n'ait fait de Jocelyne ce qu'elle a fait d'elle-même, une de ces adroites créations artificielles et parisiennes qui font illusion, plus vraies que le vrai. Mais si elle croit y amener Jocelyne, elle a du travail, pauvre chérie !

— Ecoute, je veux bien prendre l'avis de Chapus, sans que ça m'engage, hein ? C'est un des meilleurs spécialistes : s'il est d'avis que c'est sans danger...

— Oh ! Merci ! Théo chéri ! J'étais sûre que tu trouverais une solution ! Tu verras, ça va tout changer pour elle ! Tu comprends, ce n'était plus une vie...

C'est la vie de Jocelyne, et Théo ne croit vraiment pas qu'une paire de seins parfaits puisse y changer quelque chose. Mais puisque Sylvie s'acharne... Il a fini par céder. Bien sûr, une greffe peut être tentée. Si elle prend. Mais secrètement il en doute. Pour des raisons purement superstitieuses : il a mauvaise impression des gens qui ne prennent pas la vie en soi comme un cadeau, avec ou sans seins. Avec ou sans. Ce serait une assez bonne définition de deux catégories différentes de gens : lui ferait partie de l'une et Laura de l'autre. Il se promet de lui parler, ce week-end, du sein de Jocelyne.

Vers six heures du matin Martin eut faim. Il eut honte. Le noble refus imbécile d'Ophélie qui ne mangeait plus depuis des mois, qu'on tentait de gaver à la clinique, le hantait. Ce martyre, cette bouffonnerie. Il se révolta contre sa honte.

— Man ?

Elle sortit tout de suite de la chambre communicante, les cheveux bien coiffés, nette dans un peignoir de soie blanche.

— Il est presque sept heures. C'est une heure décente, non ? Tu ne crois pas qu'on pourrait demander un petit déjeuner ? Tu sais, un vrai, avec du jus d'orange et des œufs ?

— Je croyais que tu n'aimais pas les œufs le matin.

— Je n'aime pas, mais ça fait vacances.

Les œufs étaient sa réponse, son défi au malheur d'Ophélie, mais elle, sa mère, ne s'en doutait pas. Elle devait se réjouir que l'appétit lui revînt, se dire : « Ce n'était donc pas si grave... » Et est-ce que c'était si grave ? Il se leva d'un bond, se mit à marcher dans la pièce ; il ramassa le menu, le journal de l'hôtel, les rejeta, s'en alla fouiller dans la valise.

— Oh ! Man ! Tu as pensé à emporter le scrabble ? Tu es géniale !

Lucette. C'était Lucette, la secrétaire, qui avait pensé à mettre dans la valise, faite en vingt minutes, le jeu de scrabble. C'était Lucette qui s'était souvenue que Martin aimait ce jeu, Lucette qui s'était avisée qu'ils auraient, peut-être, besoin d'une diversion, Lucette qui était « géniale ».

25

— Alors, je commande des œufs ? demanda-t-elle.

— Attends. Il y a tout un tas de trucs. On va se commander des choses formidables. Tu as vu la carte ? Saucisses ! Cottage cheese !

— Je n'aurais jamais cru qu'à Strasbourg...

— C'est à cause du Marché commun, sûrement. Le Conseil de l'Europe. C'est ta ville, tu devrais quand même savoir. Bon. Je peux commander moi-même, Maman ?

— Bien sûr.

Il commanda des œufs brouillés, des compotes, des toasts, du « cottage cheese ». Elle voyait bien que son entrain était factice, mais c'était Martin. Martin vivant. Martin un peu dégingandé, avec des traits irréguliers qui rappelaient son grand-père Emmery, les grandes mains adroites de son père, le regard de Laura. C'était un brun aux yeux bleus, comme elle. Curieux qu'on ne puisse rien lire dans son propre regard, pensa-t-elle. Elle donna un pourboire trop important au garçon qui apportait le plateau ; elle s'assit en face de Martin, dans les fauteuils qui perdaient, au jour, leur pouvoir maléfique. La table basse, les tasses en faïence, le pain, le beurre avaient un aspect rassurant, quotidien. « Et après ? Et tout à l'heure ? » Elle se força à beurrer une tranche de pain. Martin mangeait ses œufs, les yeux baissés.

Elle forme le mot « faim », il forme le mot « soif ». Ils rient. Martin paraît détendu. On ne lui demande rien, il est pris en charge, il est bien. De temps en temps il jette un regard en dessous à sa mère pour s'assurer qu'elle ne médite pas une question, une attaque brusquée. Non. Elle s'applique, elle suce son crayon. Elle regarde le jeu posé par terre. Elle ne pense apparemment à rien d'autre.

« Tout de même, j'ai failli mourir, se répète-t-il, sans trop y croire, encore trop sonné. Il n'y a que deux jours. Et je me sens si loin de ça, d'Oph, de Marc, de papa... Je me demande ce qu'ils en pensent... » Une fois qu'on a franchi la frontière des choses qui ne se font pas, qui n'arrivent pas, on s'aperçoit que c'était tout simple. L'expérience de l'hôpital par exemple, si déplaisante qu'elle ait été, il a assez bien réussi, une fois revenu à lui, à s'en abstraire. Les lèvres remuent, les mots ne veulent plus rien dire, pas plus que ceux du scrabble : quel repos ! C'est peut-être une vérité qu'on ignore. Quand on est enfant, on croit que les mots sont de grosses pierres qui s'entassent l'une sur l'autre, qui font des ponts, des usines, des prisons, des maisons... Et ce sont des bulles comme dans les B.D., de grosses bulles colorées qu'il suffit de laisser éclater sans réagir.

— Maman ?

— Oui, mon chéri ?

Laura a levé les yeux de la réglette sur laquelle s'alignent les lettres dont elle dispose. Son visage est lisse. Elle est belle.

— Qui c'était, ce type dont on a parlé l'autre jour, que les Italiens, ceux de Mussolini, avaient mis sur une île, et pour faire croire qu'il était en pleine forme, ils l'avaient photographié en train de

27

soulever des pierres ponce, comme si c'étaient des rochers ?

Laura cherche un instant.

— Malaparte, je crois, mon chéri.

Avec le O du mot soif, elle forme le mot « folie ».

— Pourquoi ?

— Oh ! Je me demandais ça parce que... Je me disais qu'il y a des gens qui arrivent eux-mêmes à se faire croire qu'ils soulèvent des rochers alors que ce n'est que de la pierre ponce, tu vois...

La profondeur de cette réflexion ne sembla pas frapper Laura.

— C'est à toi, trésor. (Elle reprend des lettres dans le sachet vert.) Je me demande, murmure-t-elle, où c'est, cette plage où il y a de si grosses pierres ponce. Les îles Lipari ? J'aimerais bien voir ça, un jour...

« Elle est épatante. Elle est inhumaine. Une autre mère (celle de Jean-Paul, celle de Do, et même celle d'Oph) ferait de la morale, se tordrait les mains, se culpabiliserait, me culpabiliserait... » Avec le E de « folie » et le I de « faim », il forme le mot « geôlier ».

— Compte double, constate Laura, dépitée. Mais tu chevauches deux fois !

— On était d'accord pour le faire !

— On ne l'a pas répété, aujourd'hui !

Ils sont assis par terre. Les gros fauteuils, le sofa rebondi entourent le jeu, les réglettes éparses, trois magazines et deux canettes de bière comme de bonnes nounous endormies.

— Tiens, encaisse ça ! dit Laura, et avec le R du

28

mot « geôlier » elle forme le mot « rixe » — mon X casé, et sur un triple ! Qu'est-ce que tu dis de ça ?

Martin s'agite nerveusement. Elle a l'air à l'aise, comme si l'univers était réduit à ce petit espace, à ce petit carré qui se couvre de mots...

— Je dis qu'il n'est pas bien gai notre scrabble. Tu as vu ? Faim, soif, geôlier, rixe...

Elle ne se laissera pas piéger.

— Tu vois les mots et moi je vois les lettres. C'est pour ça que je gagne si souvent !

Il la regarde, soupire.

— Quand tu étais petite, tu jouais au scrabble, Maman ?

— Non. Il me semble que ça n'existait pas. Mais attends, il y avait un jeu avec des lettres... Il faudrait que je demande à ta grand-mère. Ça s'appelait... Lex... Lexicon, il me semble. Oui, c'est ça, Lexicon.

— Lexicon !

Il ne peut pas s'empêcher de rire. Elle le regarde avec bonheur.

— Mon vieux chéri ! Tu ne peux pas savoir ce que ça me fait de me retrouver ici avec toi, tranquillement...

— Le rêve de toutes les mères, pas ? Je régresse jusqu'au cocon originel. C'est geôlière, le mot que j'aurais dû faire.

— Et tout ça finira par une rixe, tu crois ? L'avenir révélé par le scrabble ?

— Tu sais, Maman ? Tu m'enfonces...

Elle ne répond pas, n'interroge pas. Elle sourit de son sourire égyptien, moitié malice, moitié mystère. On ne sait jamais si elle a tout compris avant même

29

qu'on ait parlé, ou si elle ne comprend et ne comprendra jamais rien. Qu'est-ce qu'elle a donc, si discrète, si tendre, si compréhensive, pour n'être pas tout à fait ce qu'il appelle « une mère » ? J'ai une fixation sur les gros seins, c'est ça ? Ou alors soif de répression, d'engueulade ? Ça me dégoûtait pourtant, la mère de Frédé qui râle tout le temps, la mère d'Oph qui n'appelle que pour geindre. Mais que depuis qu'il a repris conscience, elle n'ait pas prononcé le mot « drogue », pas demandé combien, comment, pourquoi, oui, ça l'enfonce. Qu'est-ce donc que j'appelle une mère ? Et pourquoi pas tout à fait elle ? Ah! je sais. Elle manque de vulgarité, c'est tout.

Laura ne se juge pas très intelligente. Elle en conçoit tantôt de l'inquiétude, tantôt de la fierté. Car elle sent bien que dans cette inintelligence (un blanc, un silence de l'esprit, pas le babillage futile de la sottise), elle a sa part de responsabilité. C'est un blocage, un refus : une révolte contre Théo et le monde, qui ne lui ont pas donné ce qu'elle en attendait. Une vengeance, une punition dont elle est la première victime, car elle n'est pas assez niaise pour se satisfaire des riens avec lesquels la plupart des gens meublent leur esprit. Puisqu'on lui a refusé une raison de vivre, la coquille restera vide, le joli crâne égyptien n'abritant qu'un désert propre ; un peu de vent parfois soulève les sables stériles. De ce fait, tantôt elle se sent supérieure à ceux qui l'entourent, tantôt inférieure. Mais à part. Mais sans concessions. Parfois une stupéfaction rageuse devant ces apparences qui la croient vivante. Etre intelligente serait une concession.

Il n'y a qu'à voir où ça l'a mené, Théo, l'intelligence. Toujours en pensant à lui elle revient aux débuts de leur amour, ce foudroiement, ces vastes espaces soudain recouverts, cette certitude qu'il était son salut et sa perte, quelque chose de plus grand qu'elle. Et elle a épousé un jeune homme d'avenir, l'avenir est devenu présent chargé de fruits, elle a changé de ville, elle a changé d'adresse, elle a changé de couturier, elle n'a pas changé. Car butée, acharnée à rester cette jeune fille dure et fragile, froide et passionnée, avec en elle, comme un tombeau pillé, la place vide d'un secret. Dans les premiers temps de leur mariage, quand elle doutait, souffrait, aimait encore — mais elle aime encore — Théo lui disait : « Feu et glace ! Tu es une omelette norvégienne ! Je suis bigame. » Il disait cela en riant. Et naturellement il parlait de leurs étreintes. Ces baisers. Ces baisers toujours vivants en elle. Ces baisers.

Il a cessé de lui parler d'elle. Aux yeux du monde, il est bien marié, à une femme belle, calme, excellente maîtresse de maison. Les bouquets toujours frais, les sets de table choisis avec goût, les spécialités culinaires ; et l'intendance à laquelle Laura veille avec la sévérité apprise de sa mère ; elle vérifie elle-même le linge qui revient de la blanchisserie, il ne manque jamais une serviette de table ni une petite cuillère : vengeance, vengeance. Perfidie de Laura : elle ne doute pas que Théo ne s'y laisse prendre et ne prenne cette apparence parfaite pour Laura. Tant pis pour lui. Là l'intelligence ne

31

l'éclaire pas. L'intelligence ne lui sert qu'à séduire les Sylvie, les Lucette ; à avoir avec le député du Pas-de-Calais des « conversations passionnantes » en attendant de s'occuper de sa prostate ; à acheter des objets. Il cherche des contacts. Il s'informe, se tient au courant. Rend des services et en sollicite. Il prend des avions, va faire des communications à Florence, à Tokyo. Evidemment, il y a ses mains. Comme dit Lucette : « Il n'a qu'à poser la main sur un malade, vous savez, Laura, et il est déjà tout apaisé. C'est merveilleux. » C'est probablement merveilleux aussi quand il pose ses mains sur Lucette. Je ne veux pas le savoir. Je veux et je ne veux pas qu'il pose ses mains sur moi, sur Laura. Ces baisers. Mais qu'est-ce que c'est que cet homme qui découpe de la viande humaine toute la journée et qui dévore un grand steak après ? Qu'est-ce que cet homme qui dit je t'aime comme on se lave les mains et rejette la serviette mouillée, cet homme qui s'intéresse à tout sans que ça serve à rien, et qui ne voit pas la colère qui flambe sous les sets de table ? C'est ça l'intelligence ?

— J'ai gagné, s'écrie-t-elle la voix claire, sa voix de source, sa voix de Strasbourg. Regarde ! Télex !

— C'est une abréviation !

— Tu l'as fait cent fois !

— Bon, d'accord, dit-il irrité — il transpire un peu, il a chaud et froid, il se sent étouffer — d'accord, tu as gagné. Tu y tenais ?

— Tu joues pour perdre, toi ?

Cette fois-ci, elle a donné dans le panneau.

— J'ai essayé une fois, pour changer, dit-il avec un mélange d'humour et de forfanterie.

Un éclair de haine la traverse. Elle le déteste un court moment avec son air de très bel acteur de second ordre jouant Hamlet. Mais comme, atteint lui-même par la provocation qu'il lui a lancée, il est allé se jeter sur le lit, tremblant de tous ses membres, secoué de brusques nausées, elle se précipite à son chevet, avec un linge humide, le flacon de sels Yardley (pour une fois elle bénit sa mère qui tient à ce qu'elle ait toujours sur elle ce flacon) : elle n'a plus qu'à le soigner, et c'est le plus facile.

Il s'agite, il se sent fiévreux, des crampes atroces dans les jambes, dans les pieds, comme si ses orteils se chevauchaient, il le dit à sa mère, elle s'empresse de lui masser les jambes, elle va sortir tout à l'heure acheter de l'huile camphrée, elle est toute douceur, toute compassion, toute mélodie. « Si tu crois qu'il n'est pas agressif, ton silence ! »

Ce qui le gêne, Théo, c'est qu'un sein signifie autre chose qu'un sein. Il a opéré des cancers du sein, il a consolé des bonnes femmes qui se désolaient, et il leur a conseillé des greffes. Donc, dans le cas de Jocelyne, rien que de normal, encore qu'elle soit peut-être un peu faiblarde pour subir une intervention en ce moment. Mais c'est surtout l'excitation que Sylvie a réussi à lui communiquer qui gêne Théo. Est-ce qu'elles croient vraiment, toutes les deux, que la vie sera différente parce que

Jocelyne aura ses deux seins ? Il y a bien eu un moment où elle les avait, ses seins ? Alors comment expliquer la réussite de l'une des jumelles et la terne existence de l'autre ?

Bien sûr qu'une femme qui veut plaire, il vaut mieux qu'elle ait sa panoplie au complet. Mais est-ce que Jocelyne veut plaire ? Il ne faudrait pas pousser beaucoup Théo pour lui faire dire qu'une femme qui veut plaire plaît, avec ou sans seins. C'est sa façon d'aimer les femmes, d'aimer la vie.

Il étire son énorme carcasse, à peine empâtée, il sourit à l'anesthésiste, au plasticien, à l'infirmière, il pousse un grand soupir de contentement qui est presque un rugissement (Tarzan ! chuchote la plus jeune infirmière, qui pouffe de rire), il se détend les bras ; même amputé d'un bras, d'une jambe, il arriverait à prendre plaisir à la vie, lui semble-t-il. Il inventerait quelque chose, un truc. Il a bien trouvé un truc pour vivre amputé de Laura.

— Ma blouse ? demande-t-il à la petite, celle qui est jolie, celle qui rit.

Martin est secoué de nausées. Laura court vers le plateau, vide le compotier de ses fruits, l'apporte comme une cuvette.

— Ne t'en fais pas, je le laverai.

Elle lui tient la tête. Il vomit les œufs, les toasts, le cottage cheese. C'est presque plus normal. Elle lui éponge le front, emporte la cuvette, la vide, la

34

rince, lui propose à nouveau le flacon de grand-mère.

— Merci... Oui, ça va mieux. Pardon.

— Pardon de quoi, voyons...

— Ça ne te fait pas horreur ?

— Que tu sois malade ?

— Me voir dégueuler comme ça... Moi, quand Oph a commencé à vomir de plus en plus souvent, ça me faisait horreur.

Il se roule dans les draps, dans les couvertures, il grelotte. Il a gardé ses chaussures. Laura ne fait aucune remarque. Elle s'arrangera avec l'hôtel.

— Elle est vraiment très malade ?

— Tu veux dire qu'elle crève. Trente-huit kilos, dit-il avec une sorte d'orgueil.

— Mais avant que ton père s'en occupe, on ne s'en était pas aperçu ? Avant qu'elle soit à la clinique ?

Elle ne s'intéresse pas le moins du monde à Ophélie, Oph. Elle pose ses questions pour qu'il soit obligé de parler, de se secouer. Elle a peur, une peur panique, qu'il se rendorme.

— C'est-à-dire qu'au début, quand elle a commencé à ne plus manger, à perdre du poids, on a cru qu'elle faisait ça pour maigrir, comme Do, mais si, tu la connais, c'est la sœur de Sophie, avec laquelle j'ai démarré toute l'affaire de la crêperie, enfin, Do, elle voulait chanter, elle suivait des régimes, elle se mettait des paillettes sur les yeux, un genre à la con. On a cru qu'Oph voulait rivaliser. Il y a deux trois ans, elle était un peu boulotte.

Il y a deux trois ans, Martin avait l'air heureux. Avant, il y avait eu l'affaire du bac.

A dix-sept ans Martin échoue à son bac. Il refuse

35

de se représenter. Laura se fait plus de soucis que Théo. Chez les Emmery on croit aux diplômes. Martin se bute. Sauf l'histoire (parce qu'il a un prof qu'il aime bien) et la musique, rien ne l'intéresse. Non seulement ce qu'on veut lui faire apprendre n'a aucun rapport avec la vie, mais encore ça ne sert même plus à trouver un job. Pas de bac ? Il s'en fout. Il fera la manche. Il bricolera au noir. De toute façon il connaît une masse de types qui ont leur bac, et même une licence et même une maîtrise, et qu'est-ce qu'ils font ? Ils pointent au chômage, ils font la manche, ils bricolent au noir. Alors si c'est pour se retrouver au même point un an plus tard, pourquoi se faire suer un an de plus ?

« Il faut faire ça pour votre mère. » Son prof d'histoire et géo, qui a sur lui une certaine influence, le prend à part pour le raisonner, à la demande de sa mère. Il n'aurait jamais osé sans cela. Il n'ajoute rien. Il regarde son élève avec désarroi. Cette génération le déconcerte, le prof. Il s'appelle Marc-André Rondeau. Il a cinquante-huit ans, il est plutôt taciturne. Au moment où il rencontre Martin, il y a déjà quelques années qu'il s'est retranché dans ce silence, un silence derrière lequel palpite toujours une vieille douleur, des déceptions à peine assoupies, une douceur blessée, déconcertée, oui, mais qui fait un peu peur, à Martin comme aux autres. Il n'en est que plus surpris de se voir ainsi aborder. Il est en pleine crise d'adolescence. Il la vit avec une fraîcheur violente qui lui enlève sa banalité.

— Vous êtes bien sûr qu'un diplôme, c'est le

plus beau cadeau qu'un fils puisse faire à sa mère ? demande-t-il avec une agressivité inquiète.

— Elles ont tellement besoin de croire que nous sommes en sécurité, murmure Marc-André Rondeau, avec un sérieux qui impressionne le garçon.

Le prof est un homme trapu, la chevelure noire, épaisse, une belle tête rudimentaire un peu enfoncée dans les épaules, un bossu sans bosse aux yeux sombres, oui, une belle tête, l'aurige de Delphes ayant eu des malheurs, Picasso jeune. Cette tête puissante, ces larges épaules, lui donneraient assez un air de brute sans le regard absent, ou, quand on le rappelle à la réalité, d'une douceur étonnée, sans la voix sourde qui vient de loin, étouffée, celle d'un étranger qui craindrait de se tromper dans un périlleux exercice de vocabulaire, celle d'un sourd qui lirait sur les lèvres, sans entendre le son de la parole prononcée. Il s'habille en confection, savamment terne, essayant toujours, d'un geste machinal, de dégager ses épaules trop larges. Il dit « messieurs » à ses élèves sans qu'on se moque de lui. C'est la première fois qu'il fait à Martin une remarque personnelle.

— Vous croyez ? demande Martin.

— Et puis pour les contacts avec les autres... Posséder les mêmes bases, dit Marc-André Rondeau, ça aide à passer inaperçu.

Martin est à son tour déconcerté. Il regarde son prof comme un être humain, pour la première fois. Il a entendu parler, sans les lire, d'ouvrages qu'il aurait écrits. Une biographie de Victor Hugo, une autre de George Sand, une histoire des saint-simoniens... Complément de programme. Il a considéré jusque-là que les élèves qui lisent les ouvrages de leurs professeurs « fayotent ». Il jettera peut-être un coup d'œil. Et ne dit-on pas que cet homme qu'il découvre a eu une activité politique, ou a participé à la Résistance, il ne sait pas, c'est loin tout ça, mais enfin, un peu prestigieux tout de même...

— Bien sûr, vous pouvez aussi rompre avec tout ça, partir, essayer de commencer votre vie de zéro... Mais c'est du 68 réchauffé... Prenez donc les armes qui s'offrent à vous, ajoute le professeur.

Déjà il détourne les yeux, craint de s'être trop avancé. Mais il a atteint Martin au point sensible. C'est vrai que s'il ne passe pas son bac, son père prétendra (« ce garçon est un asthénique »!) qu'il n'est pas capable de le passer. Et puis au moins, on lui parle comme à un homme. Et puis, un prof qui crache sur 68, ce n'est pas fréquent... Il faudra qu'il essaye, un jour, d'avoir avec Marc-André Rondeau une vraie conversation. Il est à l'âge des « vraies conversations ». Marc-André aussi ; il n'a jamais quitté cet âge-là, Martin le saura plus tard.

En attendant, il passe son bac. Il l'obtient, ce fameux diplôme qu'il offre à sa mère, comme il lui offrirait des sachets parfumés à mettre entre les draps, une carte postale laide et touchante, un souvenir de son fils Martin.

Quelques jours après, Théo :

— Et maintenant ? Qu'est-ce que tu comptes faire ?

— Sûrement pas médecine, en tout cas.

— Alors ? On te propose une situation ?

— Cet été, je compte travailler beaucoup ma

musique. Avec mon groupe. (Comme Laura lui lance un regard désolé, il ajoute :) Je vais peut-être m'inscrire en fac de Lettres...

— A ton âge, en effet, on peut toujours perdre un an. (Ironique :) Mais enfin, il faudra bien que tu prennes une décision. Je ne te vois pas dans l'enseignement.

— Tu as vraiment besoin de me « voir » quelque part ?

— Je serais plutôt soulagé de ne plus te voir du tout !

Théo s'en va en claquant la porte. Ça lui arrive souvent. Il ne supporte pas ces discussions avec Martin. Il le trouve mou, « invertébré ». Martin à ces moments-là juge son père brutal et vulgaire. Il n'a pas envie de s'expliquer.

— Je ne supporte plus ce type.

— Ton père ? C'est bien banal, estime Laura.

Martin est un peu déçu, il espérait l'indigner.

— Je ne supporte plus que tu le supportes.

— Est-ce que tu crois que ça te regarde vraiment ?

Evidemment, il y a des moments où on ne supporte pas sa mère non plus.

Il n'est pas exact que Théo ait dit « ma blouse ! ». Il a eu un mouvement de la tête, des épaules, en direction de la petite infirmière, qui a été compris aussi clairement que s'il avait parlé. De cet homme elle n'attend qu'un petit nombre de paroles, toujours prévisibles. Il s'en rend compte au moment même où elle s'approche, tenant respectueusement à deux mains le vêtement sacré, qui sent l'eau de Javel. Il est pour elle plus et moins qu'un homme, que Théo, un objet magique, ni plus ni moins que le sein de Jocelyne, ce sein qui une fois remis en place doit tout remettre en place dans cette pauvre tête. Il n'aime pas être un objet magique. Il n'aime pas pratiquer une intervention dont on attend des résultats magiques.

Le plasticien est arrivé.

— Allons-y, mes enfants.

Jocelyne est amenée, somnolente, grise, sur la table d'opération. L'anesthésiste s'approche.

— Elle a une sale couleur, dit-il.

« Bon Dieu ! Mais vous ne vous rendez donc pas compte que si elle y restait, ce serait les dernières paroles qu'elle aurait entendues ? »

— Normalement, elle est plutôt mignonne, dit Théo d'une voix forte.

La maison de Marc-André. Au printemps 81, avant le bac, la première fois que, marmonnant, maladroit, Marc-André propose à Martin de lui montrer « sa baraque », ce dernier se figure « son prof » dans un trois-pièces triste, à odeur de chat. Ou, peut-être, dans un pavillon en meulière comme il en reste quelques-uns, coincés entre des immeubles, à Plaisance ? Alors, quand il se trouve devant cet ancien entrepôt, précédé d'un jardinet, percé de trois énormes portes au-dessus desquelles s'étale

encore la raison sociale du père, du grand-père de
Marc, « Textiles Réunis », il s'écrie, ravi :

— Mais c'est un loft ! ce qui étonne beaucoup et
séduit un peu Marc-André.

— Vraiment ?

— C'est un loft ! C'est tout à fait ce que je
cherche pour...

— Pour ?

Martin s'est troublé parce que, déjà, il a pour
Marc-André un certain respect, mêlé d'une sorte de
pitié ; il ne voudrait pas, tout de suite, avoir l'air de
lui demander quelque chose et, moins encore, alors
qu'il sent déjà que Marc-André ne pourra pas le lui
refuser. Et pourtant, l'occasion est inespérée...

— Pour ?

— Eh bien, c'est-à-dire... le rez-de-chaussée,
vous ne vous en servez-pas ?

— Je m'en sers... sans m'en servir... J'ai autorisé
un brave garçon, un Sénégalais, à y entreposer des
sculptures qu'il fait venir de son pays d'origine pour
les revendre... J'ai autorisé, c'est peut-être beaucoup dire... il m'a mis devant le fait accompli... Il
vient aussi y coucher quelquefois, avec un ou deux
membres de sa famille... dit-il. Ce qui me surprend
un peu, achève Marc-André avec un brusque
sourire plein d'humour et de gentillesse, parce que
l'un de ces soi-disant cousins est, d'évidence, un
Japonais. Mais enfin, ils sont gentils, oui, ils ne me
parlent pas beaucoup, mais ils sont gentils...

— Je vois, dit Martin, compétent. Ce sont des
squatts. Voulez-vous que je vous en débarrasse ?

— Mon Dieu... c'est si gentil à vous... mais
vraiment... il faut aider un peu cette jeunesse

déboussolée, n'est-ce pas ? Et, en somme, ils ne me gênent pas vraiment.

Ce serait trop bête, pense Martin, qui se lance.

— Voilà, ce que je voulais dire, c'est... J'ai formé un groupe musical avec quelques copains... Je sais bien que tout le monde fait ça plus ou moins, vous l'avez fait sans doute...

— A dix-huit ans ? Non, dit Marc-André, avec regret. C'était la guerre, vous savez.

— Oh ! pardon. Vous l'avez faite ?

— Trop jeune. Tout juste. Mais j'étais... enfin, je suis parti à la campagne pour éviter le S.T.O., n'est-ce pas, ce qui m'a entraîné à...

— Le S.T.O. ?

— Le Service du Travail Obligatoire imposé par les Allemands. Je suis entré dans la clandestinité pour ne pas le faire.

— Vous étiez dans la Résistance ? s'écrie Martin, tout content d'approcher enfin un représentant d'une espèce qu'il croyait disparue, ou endormie sous l'Arc de Triomphe, la joue posée sur le béret basque.

— Bien modestement, dit Marc-André, avec le même humour inattendu. J'ai toujours été un militant de base, vous savez. De petites tâches obscures... On porte une lettre, on transmet une adresse... Mon Dieu, je ne dirai pas que je n'étais pas exalté... J'avais votre âge, je croisais parfois des responsables... On se fait un roman de tout cela, à dix-huit ans...

— Des responsables ?

— Oui, avoue Marc-André toujours souriant. J'ai eu ma petite épopée... Jeunesses communistes,

42

Résistance étudiante... Tout ça est loin... Revenons à votre groupe musical.

— Oui. C'est-à-dire non. C'est si peu de chose à côté. Vous avez de la chance d'avoir vécu une époque aussi passionnante ! dit Martin.

Et il s'étonne de voir Marc-André lui répondre gravement (car les vieux sont toujours à se plaindre) : « Oui. »

Ils sont allés au café *Le Plaisance* et ils ont longuement parlé. Quand ils se sont quittés Martin avait obtenu l'autorisation de venir répéter, avec son groupe, dans le « loft », quitte à s'entendre avec les squatts. Martin répète, il passe son bac, l'été commence, « tout baigne ».

Il y a très longtemps, Marc-André a été un très jeune homme, comme celui qu'il voit maintenant en face de lui. Quarante ans et les illusions perdues séparent ces deux jeunes gens, faits pour se rencontrer, se dit-il. Quarante ans infranchissables ; il rêve un peu. Assis dans un café, une lettre dans la paume, prête à être roulée en boule et avalée précipitamment au cas où la Gestapo... Trois ans après, assis dans le même café, avec Axel et Suzy, penchés sur des motions, des exemplaires de *L'Humanité* : Axel qui devait mourir tant d'années après, bêtement, à Charonne, Suzy avec laquelle Marc avait eu cette longue aventure ratée et qui enseigne à Madagascar — il reçoit parfois une carte de

43

vœux. Axel qui n'a jamais trouvé le temps d'aller voir la Suède et sa mère. Suzy qui a deux enfants à demi malgaches. Et Pierre, Loulou, Raymond, Stéphane, les camarades de la cellule étudiante restés des camarades jusqu'en 68, tous dans une autre planète aujourd'hui, comme lui-même jeune homme éternellement assis dans un café, cachant sous une apparente maîtrise l'enthousiasme d'un cœur débordant.

Pendant son époque militante, il se tracasse un peu pour sa mère qui se tracasse un peu pour lui. Il sait que sa mère pense qu'il perd son temps (mais aussi, car elle est bonne, qu'il « se fait des amis », mais aussi, car elle est sceptique, qu'il « se fait des idées »), mais lui sait qu'il se bat à sa façon pour son grand-père, pour son père, pour l'artisan fondateur des « Textiles Réunis », pour le petit commerçant, on n'ose pas dire « petit industriel », perdant peu à peu force et santé à essayer de maintenir « l'affaire », sans matériel (la course aux machines !) et sans capitaux, beau garçon, un peu lent, au physique de hussard, au nom de fille, Marie-Joseph Rondeau, son père, mort à la tâche, exténué, mort sans doute (pense le jeune homme) de n'avoir pas connu cette camaraderie, cette solidarité qui, lui, lui dilate le cœur.

Et quarante ans après, quarante ans, il va demander dans quelques mois la préretraite, il veut commencer son livre sur la Commune, ce livre qui a vieilli avec lui, pris des rides et des cicatrices, une autobiographie en somme, quarante ans après la lettre cachée dans la paume moite, trente-cinq ans après Axel, Suzy et le Parti, vingt ans ou presque après sa démission, après la Tchécoslovaquie et la mort de sa mère, il sent son cœur battre parce qu'un jeune homme, dans un café, lui raconte avec des mots pressés, rudimentaires, l'histoire d'un groupe rock... Au mot de groupe, au mot d'amitié, à la seule évocation d'un rassemblement fraternel, d'un noyau, d'un point de départ, une flamme renaît en lui. Inextinguible.

— Et vous viendriez, dit-il à Martin, combien de fois par semaine ?

— Pour le moment, deux fois, trois fois...

Mais cet été ils viendraient tous les jours. Ou presque. Ce qui serait super, ce serait qu'ils puissent laisser le matériel sur place. Car ils en ont. Des baffles, un synthé (un Korg), une basse électrique. Achetés à crédit, les baffles un peu pourris, mais enfin l'embryon d'une sono. Martin et Jean-Paul, les seuls qui soient d'une famille aisée, ont mis tout leur argent de poche, et celui des vacances, dans ces achats, mais naturellement le matériel est collectif, appartient au groupe. Piaffe, vieux cheval ! Marc-André se moque un peu de lui-même. Ce ne sont que de jeunes gens désœuvrés, sans idéologie, qui ont tapé leurs parents pour se donner une illusion d'autonomie et qui, dans deux ans, trois ans, abandonneront leur modeste petit projet, pour se caser sans bruit sur l'échiquier. Ils se libèrent à crédit. Mais pourquoi n'auraient-ils pas leur fête ? Il regarde le visage charmant aux traits irréguliers du jeune homme, animé, s'efforçant d'être pratique (ils ont déjà pris des contacts pour un disque, ils pourraient « l'intéresser »), il compare cette minable petite tentative de révolte, de fugue, aux projets

45

immenses du jeune homme assis là, il y a quarante, trente-cinq, trente ans... Et il dit oui à tout, il préviendra les Sénégalais, il donnera la clé, non, il ne s'inquiète pas du désordre, oui, il y a l'électricité et il ne tient pas, dans l'immédiat, à ce que Martin fasse installer un autre compteur...

Puéril, tout ça. Des copains, pas des camarades. Mais quand on pense à ce que les camarades sont devenus... Un peu de vie. Un petit noyau. La musique jouait un rôle chez les saint-simoniens. Chez beaucoup d'utopistes. Ils donnaient des bals, Félicien David composa *La Valse des astres,* qui rapporta de l'argent et contribua au financement du départ vers l'Egypte des disciples d'Enfantin... Tu rêves, tu gamberges, tu es incorrigible. Mais il rentre chez lui d'un pas un peu plus vif, il trouve l'énergie d'adresser la parole à M'Ba qui justement traîne une caisse à travers le jardinet.

— Vous savez, je vais avoir besoin du... du loft, bientôt. Un groupe de rock va venir répéter là.

— J'adore le rock, répond M'Ba, cordialement.

— Ça ne va pas vous déranger ? demande Marc-André avec une trace d'humour.

— Je peux laisser mes statues ?

— Bien sûr.

— Alors on s'entendra toujours. Après tout, monsieur Rondeau, vous êtes chez vous, dit M'Ba qui entend la plaisanterie.

Marc-André remonte au premier étage de la baraque, dans l'appartement aménagé par sa mère. Quelque chose bouge en lui, au-dessus de lui. Une ombre d'allégresse. C'est tout de même une aventure, se dit-il. Il faudra penser à prévenir aussi « la

46

locataire » du second, la nièce de Mme Lamart, Ophélie. Quatre musiciens ? a dit Martin Jacobi. Avec Ophélie (Oph) et M'Ba, et les mystérieux « cousins » de M'Ba, ça fera du monde dans la maison. Marc-André s'installe face à la table en formica de la cuisine. C'est là aussi qu'il écrit. Il épluche et coupe un concombre, soigneusement. Il ne sait pas qu'il sourit.

Midi sonne à Strasbourg.

— Enfin, Martin, est-ce que c'est... un accident ?

Il hésite : envie et peur de blesser, peur et envie de se trahir.

— Je veux dire... Est-ce que tu avais l'habitude... Est-ce que tu te droguais ? Réellement ?

Il est arrivé à la faire descendre de son piédestal, à lui faire poser la question bête et banale ; après viendront les « pourquoi », les « comment as-tu pu ? », les pauvres mots d'amour bêtes et banals, il est content.

— Réellement... régulièrement... non, on ne peut pas dire.

— Pourquoi ne pourrait-on pas dire ? Il me semble pourtant... Je ne t'ai jamais vu dans des états, comme certains de tes amis, on ne peut pas s'y tromper malheureusement, mais toi...

— Ça n'arrive qu'aux autres.

— Ne sois pas bête. Mon amour. Si c'était ça, pourquoi ne pas me le dire tout simplement ?

Le cœur de Laura bat à grands coups. Comme elle voudrait que ce soit aussi simple. Une mauvaise habitude, un accident.

— Et si je te le disais ?

Le défi, à nouveau. Mais il en fait trop, et depuis l'enfance de Martin, elle sait qu'il se met à loucher très légèrement quand il ment. Ce qui est nouveau n'est pas qu'il mente, mais qu'il mente pour lui faire du mal.

« Et si je te le disais ? »

— Tu mentirais, dit-elle fermement. J'en suis sûre. Tu mentirais.

Il l'admira.

— Mais non. Enfin, oui et non. J'ai sniffé un peu, comme tout le monde. Sniffé, fumé. Pas souvent. La drogue... La drogue, ce n'est pas ça. La drogue, c'est... c'est les idées qu'on se fait, qu'on nous met en tête... qui se battent entre elles... C'est...

— Mais qui ? Quelles idées ? De quoi parles-tu ?

Il fermait les yeux, son visage était moite d'une légère sueur malsaine.

— Qui ? Mais n'importe qui, c'est dans l'air, je ne sais pas... Qui ? Mais Marc, mais toi, mais... Mais bonne-maman, mais Strasbourg. Ville de merde ! (Il ouvrit les yeux, il s'excitait sans forces.) Le Palais de l'Europe, les maisons « coquettes » ! Les souvenirs d'enfance, les petits Noëls ici, tu te souviens ? L'Horloge ! Toute cette quincaillerie, les moutons de la crèche, le berger qui avait le nez refait en mie de pain, tu vois que je n'ai rien oublié. Ni bon-papa qui voulait toujours qu'on mène une vie « propre », ni tante Martine partie pour évangéliser les Papous, ni bonne-maman qui trouve qu'il faut « tirer une leçon » de tout... Strasbourg !

48

— Mais c'est toi qui me l'as suggéré, Strasbourg !

— J'étais dans le coma ! enfin presque... Et puis où voulais-tu qu'on aille ? Et j'aime Strasbourg. J'aime le chalet des grands-parents, les oiseaux empaillés, les tartes aux myrtilles, les dessins de Blandine à cinq ans que bonne-maman conserve, la petite lampe devant le portrait de tante Martine, une sainte ! Seulement ce n'est pas avec une petite lampe ni avec une tarte aux fruits que je guérirai Oph.

Laura respire.

— Ce n'est pas ton accident, enfin ton geste, qui va la guérir non plus. On ne guérit pas un malade en tombant malade soi-même. D'ailleurs, tu as fait ce que tu as pu. Tu l'as amenée à ton père, elle est à la clinique, on veille sur elle.

— Il n'y a plus qu'à laisser faire, n'est-ce pas ? dit-il avec une sorte de rancune. Mais pourquoi est-ce que je ne suis pas à son chevet ? Toi, si c'était ta fille, tu serais près d'elle, non ? Comme tu es près de moi ? Compréhensive, attentive... à quoi, seulement, à quoi ? Et s'il n'y avait rien à comprendre ? Tu lui tiendrais la main, tu lui porterais des oranges et des petits biscuits comme ce brave M'Ba ? Et tu lui répéterais comme les autres, comme sa conne de mère, les braves infirmières, les bons docteurs, que tout ce qu'elle a à faire, c'est de manger ! De MANGER ! Et c'est papa, plein de bonne conscience et de bonne santé, qui l'enferme pour la gaver comme une oie. Dans le noir. Tu sais ça ? Qu'elle est dans le noir, dans une chambre fermée à clé, pas de poignées aux fenêtres, pas de visites, si elle ne

49

mange pas, rien que l'honorable corps médical qui vient lui faire la morale, lui reprocher ses enfantillages ! Punie, Oph, mise au coin, en prison jusqu'à ce qu'elle ait fini sa purée. Et par ma faute. On te resservira ton assiette jusqu'à ce que tu l'aies terminée, disait bonne-maman à Blandine quand elle était petite, c'était l'éducation à l'ancienne, et on nous dit que ça a évolué. La société permissive. On fait venir le lait aux vaches en leur jouant du Vivaldi, on parle aux plantes, on met des images en couleurs dans les livres de classe — mais si tu t'obstines à ne pas lire, à ne pas manger : le gavage. On se trahit. On avoue. C'est ça que tout le monde veut, que vous voulez tous, toujours depuis des siècles. Qu'on fasse comme vous. Qu'on MANGE.

— Mais est-ce que tu ne veux pas toi-même...

— Mais bien sûr ! cria-t-il avec emphase. Je suis complice ! Et lâche ! J'ai délégué mes pouvoirs aux autres... Les petits biscuits, les fleurs. Je veux qu'elle guérisse, mais si elle résistait, ça me ferait vachement plaisir ! Maman, je ne veux pas être injuste, je sais comme tu nous as aimés, mais enfin, les merveilles du monde, les expos où tu nous amenais bien conditionnés, pleins de respect, les merveilleux concerts dans les merveilleuses vieilles églises, les petits soupers aux bougies, avec Blandine, quand papa n'était pas là, les zoos avec les animaux qui étaient plus heureux comme ça parce qu'on les nourrissait et qu'ils n'étaient pas obligés de se bouffer entre eux, est-ce que tout ça n'était pas de l'emballage cadeau, beaucoup de sucre autour d'une saloperie ? Et est-ce que tu ne le savais pas ?

Il retomba sur ses oreillers, épuisé, en sueur.

C'est le contrecoup, se répétait-elle, hébétée, le contrecoup. Mais il n'y avait plus d'échappatoire. Elle avait sous les yeux une blessure qui ressemblait à la sienne et elle ne ressentait que du dégoût.

— Je te demande pardon, dit-il faiblement. Je suis en crise. Je ne sais pas ce que je dis, je déconne. Maman, je t'aime.

Il laissait couler ses larmes avec indifférence.

— Moi aussi, je t'aime.

Ils étaient là, enfermés dans cette chambre bête et bouffie en velours marron, ils étaient ensemble à Strasbourg, ils s'aimaient, et ça ne servait à rien. « Est-ce que tu ne le savais pas ? »

Elle plonge dans ses souvenirs comme on plonge dans un fleuve : pour s'y laver. Comme elle dénoue le soir ses cheveux sombres. Vérifier qu'elle est toujours elle-même, Laura. Laura qui aime, qui a aimé, qui ne mourra jamais. Qui ne reniera jamais, quelque dur que ce soit, le miracle éphémère. Ces baisers.

Ces baisers profonds, inimaginables : dans l'ascenseur de l'hôpital, dans les toilettes du petit café d'étudiants où elle le rencontrait et le soir, dans l'allée de sorbiers. Un prisonnier transporté sur le sommet d'une montagne (c'est ainsi que le Démon enlève le Christ, sur l'estampe de la salle à manger), un aveugle rendu à la lumière, un voyant plongé dans les ténèbres, elle ne savait pas, c'était cela, Laura jeune fille rencontrant Théo, Laura Emmery de Strasbourg, Laura nue

51

soudain devant l'amour dont elle a cru, jusqu'à dix-sept ans, qu'il était une chose pure.

> *O berger d'Israël écoute*
> *Ton peuple avance sur la route*
> *...*
> *Fais briller sur nous ta splendeur*
> *Et nous serons sauvés, Seigneur...*

L'avait-elle assez chanté, ce psaume, avec sa sœur, la pauvre Martine ? « Fais briller sur nous ta splendeur. » Et « Ta coupe débordante m'enivre de ton vin » ! Elles ont chanté cela. Pauvre père, qui se versait avec mesure un demi-verre de vin au début du repas, un demi-verre encore au fromage, avec un petit air de fête délibéré, chaque dimanche, chaque dimanche... Ses amanites fossilisées, son faucon empaillé, ses plaisanteries rituelles, empesées, qui attendaient dans un tiroir de son esprit le jour du Seigneur pour qu'il les en tirât... Il sied de montrer ces jours-là un peu d'enjouement, pour compenser la blanche sonorité du temple, au milieu duquel l'harmonium gémissant fait entendre sa plainte de vieille fille décente. « Ta coupe débordante. » Tout à coup charnels, les mots innocents. Martine n'était pas amoureuse encore. Ou le cachait. Ou Laura ne le voyait pas. Que voyait-elle ? Ces baisers... « Tu es mon berger... Rien ne saurait manquer où tu me conduis. » Même avant la rencontre avec Théo, elle avait pressenti l'éblouissement, le choc. D'autres psaumes lui reviennent en mémoire, qui éveillaient en elle un écho riche d'harmoniques irrationnelles, de pulsions tendres. Laura le dimanche respire des sachets à l'œillet qui parfument les draps, la cannelle encore chaude sur la tarte : le chant monte dans sa gorge. La coupe débordante est là, à portée de main, les pâturages du juste sont d'odorants herbages où elle se perd. Les ors catholiques, leurs fastes réprouvés, les longues tables judaïques où la cire des cierges s'égoutte à côté des viandes grasses, luisantes, l'attirent. Les soins minutieux du ménage dans la maison protestante prennent un sens, draps blancs, pain bis, bouquets préparés pour l'autel mais savourés du regard, tout pour Laura se traduit, se décode, en attente fervente d'un Noël définitif, d'une grâce spéciale descendant sur sa tête ; si bas, si bas, mais perceptible, le chuchotement de cette promesse ; sage, cette voix, comme le fleuve qui délimite les quartiers de Strasbourg, domestiqué, mais un fleuve qui borne et entraîne, comme le psaume répète et ajourne la promesse faite à Laura.

— Pauvre Laurette, s'était mis à dire Théo quand il était devenu caustique, tu ne te rends pas compte ! Tu étais imprégnée d'innocence, comme ces vêtements qu'on sort des housses en automne, et qui mettent des jours à perdre l'odeur du camphre, sur un balcon...

Et lui ne s'était pas rendu compte avant longtemps, avant trop tard, à quel point c'était justement cette qualité férocement pure de la jeune fille aux lèvres brûlantes qui l'avait attiré.

Il avait trouvé tout, à Strasbourg, absolument charmant. Il ne faisait qu'y passer. Il y resterait le temps de son internat avant de travailler dans la clinique de Hasselman à Paris. Alors les oiseaux empaillés, la tarte à la cannelle, l'escalier de pierre et le faux colombage, le truquage du décor que chacun entretient, il avait vu tout cela en touriste. Séducteur et séduit, complice d'une duperie ingénue, il y contribuait en appelant gentiment la maison des Emmery, d'un nom d'opérette, le Chalet.

Il avait connu la famille par l'entremise de son vieux maître, le professeur Hasselman, et celui-ci s'était réjoui d'apprendre que Théo s'était présenté à l'internat de Strasbourg. Strasbourg, pensait-il, devait apprendre au jeune homme bien des choses, et notamment la prudence. Strasbourg est une ville éminemment pédagogique. Si même Théo devait y prendre quelques coups, cela ferait partie de ses débuts dans la vie. Théo était (pensait Hasselman, plein de sagesse quand il ne s'agissait pas de ses propres intérêts) exagérément méditerranéen. Tunis, Paris, Strasbourg, un itinéraire qui lui ferait du bien.

Mais on fait toujours, à ceux qu'on aime, trop de crédit ou pas assez. Théo n'était pas aussi impulsif que le croyait Hasselman, père adoptif, vieux Juif sans famille qui comblait avec ses élèves une frustration patriarcale. Théo était de ces Méditerranéens rares qui gardent, avec l'acuité d'une intelligence cosmopolite, un appétit glouton de toutes les formes de la vie, et sous les apparences de la générosité, une rapacité levantine qui lui donnait un mystère ; il y avait en lui une caverne d'Ali-Baba où il accumulait les trésors acquis à bon compte, des sympathies bien placées, des fragments de culture soigneusement astiqués qui luisaient dans l'ombre de sa tonitruante personnalité. Il n'apprenait pas : il dévorait. Du professeur d'histoire naturelle qui était le père, de la dame d'œuvres qui était la mère de Martine et Laura, il ne fit qu'une bouchée. Les deux jeunes filles étaient de celles dont la grâce a la violence d'une provocation, jeunes seins bridés dans une robe retouchée de la maman, jeunes yeux brillant d'une ardeur que ne voilait aucune mise en garde.

Laura faisait avec une décente modération des études d'infirmière. Martine, de la musique, piano, orgue, sans excès, de quoi pouvoir donner quelques leçons, accompagner la chorale ; il ne s'agissait pas d'en faire des carriéristes, mais un peu de musique, un peu de philanthropie facile faisait partie de l'horizon des Emmery.

Théo pénétra dans la maison, recommandé par Hasselman ; sensible aux atmosphères et prêt à assimiler tout ce qui se présentait à lui, il la baptisa le Chalet à cause de ce quelque chose d'alpestre, noblesse et niaiserie mêlées, un air raréfié où ne poussent que des edelweiss. Tout le charma parce que tout lui était nouveau. Les amanites du professeur, les « bonnes œuvres » de Blandine, la mère, les pique-niques préparés huit jours à l'avance, la chorale, il n'en avait rencontré l'équivalent que dans certaines familles puritaines des Etats-Unis, où il avait fait des séjours linguistiques ; petites communautés proprettes vivant un passéisme en Cadillac, une austérité marginale mais bien tolérée, avec sur le visage cette avenante bonne conscience que l'Amérique choie comme un orphelin surdoué.

Un piège : mais il n'en avait pas conscience, servi

ou perdu par la générosité et la rapacité étroitement liées en lui, tirant leur force du même terreau. Il croyait conquérir (et rarement homme donna autant que lui le sentiment d'un conquérant pacifique, prêt à apprendre autant qu'à donner) s'avouant barbare, prêt à découvrir l'usage de la fourchette, de la brosse à dents, avec une désarmante bonne grâce, exhibant ses dents blanches, ses larges sourires (il avait, faisait remarquer Martine, une quantité de dents étonnante), ses grands yeux sombres au blanc presque bleuté — il se faisait plus que méridional, maure, presque négroïde, pour désarmer, et il désarma en effet. Il crut remporter des victoires ; les parents Emmery lui mangeaient dans la main, Martine elle-même, si caustique, prononça le mot « désarmant » et lui fit présent d'une aquarelle dont elle était l'auteur.

« Il faut le prendre comme il est », soupirait le professeur Emmery comme une absolution hebdomadaire ; la phrase avait remplacé le « regrettable » qui avait bien failli, lors des premières rencontres, marquer Théo au front et l'eût partout suivi (la fleur de lys de Milady, *La lettre écarlate* de Hawthorne). Mais comment *était-il ?* Le mieux caché de ses secrets était sans doute une espèce de génie, purement instinctif, qu'il ignorait lui-même, et qui eût, s'il l'avait appris, entamé son rayonnant égoïsme. S'il s'était trahi, il se serait attiré les inimitiés que suscite un homme exceptionnel. Mais il était protégé par sa cordialité, son appétit, une beauté fruste. On ne peut pas croire, en France, au génie de quelqu'un qui est vraiment en bonne santé. Seule Laura pressentait, soupçonnait, faisait un pas au bord du gouffre, s'éloignait après avoir jeté sur cet abîme le coup d'œil de Psyché. Seule Laura n'était pas dupe, car elle l'aimait.

Mille jeunes filles auraient mieux convenu à Théo. Mais lui aussi s'était approché du gouffre. L'amour qui avait éclairé Laura l'avait, lui, aveuglé. Et d'abord sur cet amour même. Il s'était raconté une fable raisonnable, donc dangereuse, il avait supposé à Hasselman des arrière-pensées que celui-ci n'avait peut-être pas ; il avait élaboré des plans pour séduire Laura, comme s'il ne l'avait pas aimée, comme si elle ne l'avait pas aimé, percé à jour, mis en danger au premier coup d'œil.

Aucun pressentiment ne les alerta. Les baisers follement passionnés, dans l'allée des sorbiers, qui jouxtait le Chalet, les rendez-vous à la sortie de l'hôpital, auxquels Laura arrivait essoufflée, avec quelque chose de farouche sur le visage, auraient dû le mettre en garde. Il n'y a aucune raison pour qu'une jeune fille à marier, rencontrant un célibataire pourvu d'une profession honorable, reçu chez ses parents, et vraisemblablement animé d'intentions sérieuses, prenne dans cette aventure une beauté désespérée. Et si l'on y pense un seul instant, la culpabilité, la fierté insensée de Laura n'avaient aucune raison d'être, alors que les Emmery devaient recevoir une demande en mariage avec un peu de regrets, certes, mais sans véritable indignation, la société, même à Strasbourg, n'étant plus ce qu'elle était.

Déjà le professeur Emmery, mis au courant du fait « regrettable » que le père de Théo avait été dans l'hôtellerie (façon pudique de dire qu'il avait

57

travaillé comme maître d'hôtel, pendant vingt ans, dans un grand hôtel, puis au Club Méditerranée), avait fait un effort notable et significatif en résumant ainsi la situation, avec un petit sourire à guillemets : « En somme, vous êtes un *self-made man* ? » Cette intrépidité avait frappé Martine ; l'effort des parents Emmery pour descendre de leurs alpages spirituels et pour prendre une tasse de thé dans le monde moderne avait été interprété par elle ; mais les questions, les allusions malicieuses de sa sœur, ne rencontraient chez Laura qu'une incompréhension égarée. Déjà, dans leur grand lit, sous l'*Assomption* de Murillo (très bonne reproduction sur toile), les Emmery pesaient gravement le pour et le contre, se demandaient si Hasselman « ferait un effort » pour Théo, son fils d'adoption en somme, s'attendrissaient devant ce « jeune amour », ne doutaient pas que Laura, quand elle aurait « vu clair dans ses sentiments », ne vînt se confier à sa mère et n'attendît ses conseils pour les suivre. Cette jeune fille nourrie des principes les plus élevés, était encore à mille lieues de penser au mariage. A mille lieues de cet attendrissement, de tout attendrissement. Elle aimait.

Laura était à cette époque une jeune fille élancée, aux longues paupières, plus fine que réellement intelligente, plus sauvage que timide, plus sensible que bonne : fière. Le nez droit, un peu long peut-être, une ossature fine, aiguë, quelque chose d'égyptien, un mystère qui n'était peut-être qu'un silence : elle était si sensible, qu'elle n'avait pas le temps de penser, elle absorbait tout par les pores, trempée de musique, d'amour, de désespoir, d'euphorie, comme on est trempé par la pluie, mais tout cela contenu. Un arc bandé. L'ignorance intrépide du monde, et à tout instant des ondes de ravissement, de surprise, passant sur le visage et réprimés avec pudeur ; elle était charmante.

Transparente et fragile comme le verre. Coupante aussi. Dès le début, elle sut tout de Théo, de l'amour, du danger. Elle regardait ses parents, Hasselman, Martine, Théo lui-même, faire des projets, des plans, avec la compassion détachée de ceux qui savent le malade condamné (alors qu'il dit : l'année prochaine) ou la fin du monde imminente. Hasselman était accouru de Paris pour faire la demande (puisque le père était mort et la maman retenue à Aix par de petites sœurs à rougeole). Il découvrait avec ahurissement que son vieil ami aux yeux myosotis avait fait des placements qui... détenait des parts de... bref, avait géré son patrimoine avec une vigilance attentive, et même parfois de l'intrépidité, ce qui lui permettait de donner à ses filles une dot appréciable, un bon départ dans la vie, disait-il avec le regard joyeux d'un enfant. Hasselman, vieux fou, s'étonnait. Les coucous répartis partout dans de petits vases, les robes des filles coupées à la maison, une frugalité mêlée de bonhomie et de ferveur, lui paraissaient incompatibles avec ces heureuses spéculations bancaires. La surprise de découvrir les petits arrangements rêvés par les Emmery (qui en esprit expulsaient et relogeaient déjà une vieille cousine, installaient les jeunes mariés dans l'appartement, idéal, de la Petite-France, vendaient des actions, envisageaient un investissement dans une future clinique), empêcha Hasselman de vanter les mérites de Théo comme il en avait l'intention. Tout eût probablement raté.

Les Emmery voyaient en Théo un garçon d'heureux caractère, travailleur, réaliste (un peu de calcul ne leur eût paru que simple bon sens), amoureux certes, mais conscient de l'importance sociale des Emmery et désireux d'entrer dans une famille de bon renom. Les Emmery, à Strasbourg, c'était le « tout bon milieu », ce qu'on appelle dans la couture une griffe, une marque de fabrique. Que Théo voulût acquérir ce label les flattait, en somme. Quant à l'argent, ils le savaient bien caché, surtout pour un regard étranger à Strasbourg, et se réjouissaient innocemment de lui en faire la surprise. On se faisait beaucoup de surprises chez les Emmery. Tantôt c'était une partition désirée par la maman, musicienne, et qu'une des filles allait chercher jusqu'à Paris, sous un prétexte (« rallye d'étudiants ») et qu'elle trouverait sur le piano, ou dans son assiette ; tantôt un spécimen pour la collection du professeur qu'il trouverait dans sa serviette en la dépliant : on s'était cotisé pour l'acheter, et justement c'était sa fête ! Un jour Laura avait remplacé le tube de dentifrice de sa sœur par un tube de cobalt (dont celle-ci avait déploré le prix) adroitement camouflé et quand Martine, distraite, avait appuyé sur le tube et vu sortir la couleur avec stupéfaction, elle avait entendu une cascade de fou rire sortir de derrière le rideau de la douche : sa mère et sa sœur s'y étaient tenues cachées ! Deux mois après on en parlait encore ! L'appartement de la Petite-France, les actions, la révélation des

60

influences qui permettraient aux Emmery d'agir sur l'hôpital, étaient des « surprises » qu'ils se promettaient de glisser dans la serviette de Théo (il « avait son rond de serviette » chez eux, ce qui avait fait jaser déjà les amis de la famille : « Il a son rond chez les Emmery... »). Cette sérénité, ces ressources cachées, ce désintéressement allié à cette administration judicieuse, avaient complètement décontenancé Hasselman, qui tournait au prophète, et auquel des nostalgies orientales avaient fait espérer des scènes, des cris et des refus qu'il aurait à vaincre par sa parole enflammée. Déçu, il se calma, accepta la liqueur au kirsch, on sortit Théo du « petit salon » où il attendait le résultat de l'entrevue dans un fauteuil à têtières, et ce furent les fiançailles. Hasselman, sorti de ses humeurs bibliques, retrouva sa malice et chuchota à Théo qu'il avait « bien visé ». Martine déclarait, mutine, qu'elle tombait des nues. Le professeur fit bien une allusion à l'absence de famille de Théo (au sens strasbourgeois du terme) mais conclut, magnanime, qu'il fallait marcher avec son temps. Des anges à guirlandes descendirent du plafond. Les jacinthes sur la fenêtre et le bouquet d'Hasselman embaumèrent consciencieusement. Mme Emmery alla chercher la fiancée. Laura versa quelques larmes, ce qui parut fort convenable.

C'était huit jours avant, dans la chambre de Sarah Finkelkraut, une interne en psychiatrie, qu'elle s'était donnée à Théo, avec un inimaginable sentiment de profanation.

Sorti d'un bref sommeil fiévreux, dont il ne mesure pas la durée, Martin ouvre les yeux pour voir sa mère, toujours assise au pied du lit, pensive.

— Qu'est-ce que tu fais là ? demande-t-il avec une irritabilité maladive. Pourquoi tu ne descends pas dans la salle à manger ? Je ne vais pas m'envoler, tu sais. A quoi tu penses ?

— A toi, mon chéri, répond Laura de bonne foi.

... Dans la chambre de Sarah Finkelkraut. Elle avait marché vers lui, grave, nue. Elle portait sa beauté devant elle comme une tête coupée. Elle portait sa naïveté devant elle, comme une tête coupée offerte en sacrifice. Elle allait à lui, croyant avoir coupé la tête au monde naïf des Emmery. Mais le monde naïf (édénique, alpestre) des Emmery avait en elle de profondes racines.

Il y a un lien entre la naïveté et la justice. Les Emmery étaient justes. Il y a un lien entre la naïveté et la magie : c'est un bricolage de l'imaginaire. Laura portait en elle un peu de cette magie. Théo a paniqué. On paniquerait à moins. Cette jeune fille qui avançait vers lui en créant le désert, cruellement offerte jusqu'à l'âme, terriblement stérile, une altitude irrespirable, un don sans arrière-pensées, un sol de cendres, si pur que rien n'y pousse : au-delà il n'y a que la fusion muette et lumineuse, la contemplation, Dieu, la mort. Qu'est-ce qu'il peut faire alors, aimant, oui, aimant, mais tellement vivant, imparfait, fécond, ce jeune homme solaire qui s'est voué au relatif de la guérison, qu'est-ce qu'il peut faire pour échapper à la terrible naïveté de l'amour qui marche sur lui ? Il l'épouse, vite fait. L'exorcisme.

Ça ne marche pas à tous les coups. Vingt ans après ils s'aiment encore. La naïveté a la vie dure.

Laura n'avait pas faim. Elle grignota un croissant qui restait sur le plateau du petit déjeuner.

— Tu sais ? Je ne t'ai jamais dit, un soir je suis venue t'entendre répéter... Je t'ai dit que je n'étais pas venue, mais j'y étais. Je n'avais pas été heureuse depuis que vous étiez partis, Blandine et toi, mais ce soir-là... Oui. J'ai l'impression que quelque chose continuait...

Il est couché à plat, maintenant, il respire lourdement, ses mains chiffonnent le drap comme on dit que font les mourants. Il ne répond pas.

— Ça m'avait, comment dire, soulagée. Parfois je me reproche de vous avoir fait une enfance trop heureuse. Tu sais, ce que tu disais, les concerts, les bougies... Les Noëls... Au fond je le faisais autant pour moi que pour vous.

— Je sais, dit-il.

Elle fut surprise.

— Tu sais ?

— Je me souviens. Tu sais que tu étais splendide, Man, quand en deux temps trois mouvements tu déménageais tout dans la salle à manger, quand tu faisais Schéhérazade avec un châle et deux potiches, ou le-vieux-Chinois-qui-sait-tout...

63

Tu étais extra, en vieux Chinois, avec les moustaches.

Ils eurent le même rire, à peine plus grave chez Martin. Cette légèreté irréelle, était-ce cela qu'ils étaient venus chercher à Strasbourg ? « Peut-être que je devrais appeler un médecin, d'urgence ? »

— Vous faisiez des fêtes comme ça, non ? Toi et tes amis ? Il me semble ? Il y a un ou deux ans ?

Elle parlait avec précaution, comme on débride une plaie, sans savoir où il avait mal.

— Ouais... Si on veut... Ils en faisaient avant que j'aie mis un peu d'ordre, là-dedans...

— Qui, ils ? Ce n'étaient pas tes amis ?

— Pas tous. Pas au départ. C'étaient... des types, des types du quartier, quoi. Des squatters, des musicos, des dealers je ne crois pas, enfin, des mecs qui abusaient de la situation, qui avaient accaparé le rez-de-chaussée, le local... Alors j'en ai viré une partie, pour rendre service à Marc.

Il répond de mauvaise grâce, et pourtant elle sent qu'il est content qu'elle l'interroge. Alors elle continue.

— Mais tu faisais bien de la musique avec eux ?

Il s'anime.

— Avec certains d'entre eux, nuance ! J'avais fait un tri. Pour toi, Man, j'ai toujours douze ans, mais dans le quartier, là-bas, si j'y suis resté, c'est parce que je savais me faire respecter. Ça te fait rire? Disons que j'essayais d'en avoir l'air.

— Non, ce qui me fait rire... Tu étais chez ton professeur quand même, tu n'étais pas dans la jungle.

— Ce serait bien mélo de te dire : la jungle est partout. Et pourtant...

— Oui.

— Oui quoi?

— Je croyais que tu me racontais... que tu essayais de me raconter...

— Comment j'en suis arrivé là, c'est ça? A ce point de dégradation?

Il avait mis dans sa voix une emphase comique, mais elle n'avait plus envie de rire. Il lui était de nouveau étranger. Elle fit un effort maladroit.

— Tu as été déçu, c'est ça? Par tes amis? Par Oph? Je peux comprendre...

— Est-ce que tu peux comprendre? dit-il avec lassitude. Oh! pas parce que tu es ma mère. Parce que tu es toi. Tu es tellement au-dessus de ça, Man, ou à côté, si tu préfères... Non, je n'ai pas été déçu par Oph. Oh... elle est géniale, Oph. Tu ne peux pas te rendre compte. D'ailleurs moi non plus je ne me suis pas rendu compte. Elle squattait chez Marc, dans la chambre que je voulais prendre, alors je n'ai pas eu le cœur de la vider, j'ai pris la chambre et la fille. Si tu veux le savoir, je la trouvais même... pas terrible. Un peu conne, dépassée, avec sa manie de manger écolo, de parler mai 68. Et sa déprime... Je n'ai pas compris tout de suite que c'était un désespoir, un

65

vrai désespoir. Je me trouvais chic, de ne pas l'avoir virée. Je jouais le bourgeois qui se farcit la bonne.

Laura eut un geste.

— Mais si. Aussi vulgaire que ça. Papa et Lucette. Oh! Man! Si on ne peut plus rien dire! Tu arrives à ne jamais y penser, à papa et Lucette, papa et Sylvie? Bon, d'accord, je n'en parle pas. Je voulais dire...

— Qu'elle était « géniale », dit Laura, froidement.

— Mais oui! Mais oui! Je sais qu'elle ne paie pas de mine, avec ses robes minables, elle les pique aux Puces, elle trouve ça branché, et je sais qu'elles sont minables, ses robes, et ses escarpins qui la font marcher de travers comme si elle avait bu et, souvent, elle a bu, ce n'est pas la peine de me le dire, merci. Elle sniffe un peu aussi, et même elle se pique, parfois. Elle a l'air de ces oiseaux qu'on voyait au Pyla, tu sais, avec un tout petit corps sur des pattes si hautes, et quand elle se fout en rogne, quand elle se marre, quand elle tremble de la tête aux pieds — elle est si maigre maintenant, que tout est trop violent pour un si petit corps — eh bien, elle est... elle est géniale, parfaitement.

« Et elle nous faisait tous chier, aussi. Moi le premier. Ça m'énervait qu'elle ne se lave pas les dents, tu peux rire, et le fric du chauffage, quand elle l'a filé à une copine pour se faire avorter, parce qu'elle avait passé la date, on a tous dit la même chose : pourquoi est-ce qu'on doit se les cailler parce qu'une connasse n'est pas fichue de lire le calendrier? Et plein de trucs comme ça. Tiens, mon pull en cachemire que tu m'avais donné, j'y tenais, pas parce qu'il était en cachemire mais parce qu'il était chaud, eh bien, quand elle l'a donné à Frédé pour son anniversaire et après, qu'elle m'en a rapporté un du marché de Montreuil qui était raide comme du carton, raide, je te jure, il tenait debout, qu'est-ce que j'ai râlé !

— Mais qu'est-ce que tu veux prouver ? demande Laura, dépassée. Que c'est une sainte ? Que tu l'aimes ?

— Que c'est une conne ! Que je ne l'aime pas ! crie-t-il.

Il se tait brusquement, les bras serrés sur l'estomac, repris de crampes, plié en deux, rongé.

La peur. Quand il s'est mis à l'admirer, il ne l'a plus aimée, voilà. Quand il a vu que ce n'était pas un cinéma qu'elle se faisait, mais qu'elle crevait, là, doucement, sous ses yeux, pour des raisons idiotes, exprimées de façon idiote, sommaire, ridicule, mais qu'elle crevait pour de vrai, des jambes en allumettes et le gros ventre, le Biafra, la pâle trouille, j'ai eu. Roméo et Juliette, fini. Elle était en clinique, et il l'avait voulu : il l'imaginait sur le lit hostile, le chevalet de saint Sébastien, et l'aspect épouvantablement comique de ce martyre dont les instruments de torture étaient des pots de yaourt et des plats de purée. Nicolas avait joué son rôle de Judas en pantoufles, de Iago : « Des tortionnaires comme ça, qui vous enfournent du poulet rôti, il y a des moments dans ma vie où j'aurais bien voulu en rencontrer ! » Minable. Mesquin. Mais il y a pas mal de gens, et même à Plaisance, et justement là, des vieux, des immigrés, des ouvriers français, qui auraient raisonné comme ça. Les prêches de bonne-maman quand j'étais petit, ces fameux petit Chinois à cause desquels il fallait manger. Et si je pesais cent kilos à force de les entonner, vos soupes, qu'est-ce que ça leur apporterait aux petits Chinois ? Argument de bonne-maman : apprécier ses chances. La force d'Oph, elle est complètement imperméable à ce genre de raisonnement. A toute forme de raisonnement.

— Au fond, elle a quelque chose de toi, Oph, dit-il à sa mère.

— Je suppose que c'est un compliment...

Non. Oui. Ce n'est pas un compliment, parce que au moment où il dit cela, dans une sorte de rêve éveillé, il se rend compte que s'il a cessé d'aimer Oph, s'il en a peur, il a parfois peur de sa mère, il cesse parfois de l'aimer.

Le plasticien était parti.

— Je l'avais bien dit, murmure Jean-Jacques, l'anesthésiste, catastrophé. Je l'avais bien dit qu'elle avait une sale couleur.

— Vous l'aviez bien dit, et après ? hurle Théo qu'on est venu déranger dans son bureau.

Mme Couraud, l'infirmière-chef, regarde Théo

avec compassion. Elle sait qu'elle va lui porter un coup. Mais elle a la main sûre.

— Eh bien, docteur, c'est incompréhensible, une femme si jeune... L'électro était bon pourtant... Enfin, elle vient d'y passer, en réa.

— Quoi?

— En somme, dit Jean-Jacques, blême (il se sent responsable), un accident. Un accident. Elle a dû prendre quelque chose, je ne sais pas, moi, qui explique...

— On a tout essayé avant de vous déranger, vous pensez bien, dit Mme Couraud.

— J'en suis sûr, absolument sûr que je n'y suis pour rien, dit Jean-Jacques.

— Décès pour cause inconnue, dit Mme Couraud. On saura par l'Institut médico-légal.

— L'autopsie? Il n'y a vraiment plus rien à faire? Elle est morte? demande Théo assommé par la nouvelle.

— Hélas, dit Mme Couraud d'un air de circonstance.

Comme il ne dit plus rien, l'infirmière et l'anesthésiste se retirent. Quand il se sera repris, il piquera une de ces colères! Mieux vaut prendre de la distance.

— Il faut que le docteur Jacobi ait eu vraiment un choc, dit Mme Couraud dans le couloir, il ne dit jamais ce mot-là.

— Quel mot? demande Jean-Jacques, encore sous le coup.

— Eh bien... mort, ou morte... dit Mme Couraud avec une légère répulsion.

69

Bon. Voilà comment ça s'était passé, c'était simple comme bonjour. Au printemps 81, il avait été trouver le Sénégalais, M'Ba, un grand type assez sympa, le visage grêlé de petite vérole, une trentaine d'années sans doute, et il lui avait dit qu'ils venaient répéter, autorisés par le propriétaire, et qu'il ne s'agissait pas de les emmerder.

— Mais on n'est pas installés ici, qu'est-ce que tu crois ? On a une chambre à nous, avait dit M'Ba avec orgueil. J'ai des parents qui sont venus parfois, une nuit, je ne dis pas...

— Un Japonais !

— Un frère ! Un garçon qui travaille ! Il vend des crêpes au coin de la rue de l'Ouest. Attention ! Des vraies crêpes ! Il ne traficote pas ! Il en file aux amis qui sont dans la détresse, il est très secourable, alors je lui ai permis...

M'Ba s'exprime, s'exprimera toujours avec une grande correction. C'est sa façon d'exprimer sa négritude. Les « super-sympa », très peu pour lui.

— Et vous êtes combien, là-dedans...

— Oh ! (M'Ba dévisage son interlocuteur, ils sont de même taille, le Noir plus costaud, plus lourd, Martin plus nerveux, plus agressif. Ayant jaugé l'adversaire, M'Ba se fait conciliant.) Il y en a un ou deux que je pourrais congédier...

— Et ceux que tu ne peux pas vider ?

— Deux, sûr. Un probable. Et moi. J'ai des affaires là-dedans, des statues rituelles, des mer-

70

veilles, un masque du Bénin... Ailleurs, on me les piquerait.

— J'ai la clé.

— Moi aussi, rigole M'Ba (tout de même, il ne faudrait pas le prendre pour un imbécile). J'en ai fabriqué une. Et quand je loge des gars ici, je les enferme à clé la nuit. Comme ça je suis tranquille.

— Bon, eh bien, la clé, c'est moi maintenant. Tu me donnes la tienne. Je vais mettre des trucs de valeur dedans, moi aussi. Et je ferme. Et je viens ouvrir le matin à tes copains s'ils veulent rester. Puisqu'ils ont l'habitude.

— Alors, c'est toi qui fais la loi ici, maintenant ?

— C'est moi.

— Tu es de la famille du...

D'un geste M'Ba désigne le premier où Marc-André, sans doute, travaille.

— Oui, a dit Martin, parce que ça simplifiait. Il ajoute, pris de scrupules : c'est mon prof.

Pour M'Ba ce lien est plus fort que le lien de parenté. Le vieux est le sage, le jeune est son disciple. Il l'admet.

— Ça colle. Je te dis qui vient : Hiroshi.

— Le Jap ?

— Oui. Mimiche, c'est un garçon bien qui joue de l'accordéon dans les bals. Il ne vient pas souvent. Et Sylla, c'est mon vrai cousin, il a de la bronchite. Il y a une fille aussi, quelquefois, une copine d'Hiroshi, Do. Mais pas souvent, pas souvent... C'est une fille très bien, son père est dentiste. Et sa sœur : Sophie. Il y a deux autres cousins, mais je les mettrai ailleurs. Il y a d'autres squatts dans le coin !

71

— Vous étiez tout ce monde-là ici ? demande Martin, tout de même surpris. Et il n'a jamais porté plainte, M. Rondeau ? Je me demande comment il pouvait le supporter.

— Moi aussi... dit M'Ba avec un geste vague qui indique qu'il a cessé de se le demander.

Martin est venu de temps en temps, avant le bac, avec Nico, Frédé et Jean-Paul. Il a jaugé la situation. M'Ba, pas gênant. Sylla, à vider. Hiroshi, Do et Sophie : bien utiles, avec leurs crêpes, et puis Hiroshi nettoie le local. Do et Sophie n'y dorment pas. Il a toléré Mimiche, qui ne vient qu'exceptionnellement. Il a aperçu Ophélie. Elle, elle loge dans l'une des chambres du grenier.

Tout ça s'est mis en place durant l'été. Un optimisme, une effervescence régnait après les élections, bien qu'aucun de ces jeunes gens n'ait voté. Mais tout de même, l'atmosphère était au changement. Les soirs de juin, de juillet, après les répétitions, Martin en parlait avec Marc-André.

Parce qu'il montait, le soir, par politesse, au premier étage, dans cet appartement biscornu, installé par la mère de Marc-André dans les anciens bureaux où se faisait la comptabilité des Textiles Réunis, par politesse, oui, par curiosité aussi, de le trouver toujours installé dans la cuisine exiguë, ou dans sa chambre à coucher petite aussi, et encombrée comme une cabine de bateau, comme la cabine d'un de ces marins d'autrefois embarqués pour une très longue traversée, deux ans, trois ans, et qui charmaient leurs loisirs en sculptant dans l'ivoire ou le bois, des statuettes, des échiquiers, des cuillères à tête de sirène.

Il montait, le soir, par politesse, par délicatesse, un peu embarrassé du bruit qu'ils avaient fait, de ce local un peu féerique mis à sa disposition sans qu'on lui demandât rien en échange, par curiosité encore, par désir ingénu de donner, lui aussi, quelque chose, sans se demander s'il avait autre chose à donner que sa fraîche, sa brutale et naïve jeunesse, et fasciné par l'attention, le silence, les grandes mains adroites de Marc-André s'arrêtant dès son entrée de consulter sous la lampe ses coupures de journaux, ses chronologies, le journal de bord d'une longue traversée entreprise en effet, vers les années 68, sans plus de camarades, sans plus d'illusions, sa mère, la Tchécoslovaquie ; l'histoire de la Commune abandonnée comme un rivage qu'on reverrait un jour. Marc-André qui s'était éloigné de la terre insensiblement (en 53, à la mort de Staline, en 56, au moment de la Hongrie et de la vente de la petite usine désaffectée en Picardie) a finalement largué les amarres, en 68, et pas seulement à cause de la Tchécoslovaquie : en mai, à Paris, au milieu du désordre, il avait espéré, marchant, le front baissé, retrouver quelques épaves utilisables et puis non. Un mois plus tard, il s'était retrouvé seul, il était déjà seul.

Il n'avait pas été un résistant à temps complet (la lettre dans la paume, les rendez-vous à mot de passe, ne l'empêchaient pas de poursuivre ses études en assumant en plus la comptabilité des Textiles, son fardeau, son héritage). Il n'avait pas été davantage un membre du Parti éminent, mais un simple militant de base, membre du syndicat étudiant, puis enseignant ; considéré et mis à l'écart par ses camarades comme l' « intellectuel » qu'il n'était pas. Aujourd'hui les stratèges d'arrondissement ou de chapelles culturelles le cantonnaient dans un rôle d'écrivain spécialisé, ce qu'il n'était pas non plus, et ressentaient à son égard l'éloignement instinctif qu'inspire l'homme dont les sentiments, la vie même, sont engagés avec la pensée. Seulement, il ne l'avait pas su, et tant qu'il ne l'avait pas su, il avait été presque heureux.

— Un solitaire, disait-il à Martin que cela faisait rire. Un vieux solitaire, un vieux sanglier.

Et le regard clair, sous ses sourcils broussailleux, de ses yeux de femme, démentait ces mots tristes et las.

— Mais avec tout ce monde, disait Martin, tout ce monde autour de vous...

Et il pensait au bruit, à Nico, à Frédé, à Jean-Paul et aux squatts que la présence des « musicos » avait en somme encouragés, et qui venaient là de plus en plus souvent (Hiroshi y faisait même des crêpes, parfois, qu'ils partageaient), au va-et-vient de M'Ba qui, lorsque les masques, les statues de la Fécondité et autres babioles étaient bloqués par la douane à Anvers ou à Cherbourg, mettait la main à la pâte et copiait de son mieux, sculptant dans du vieux bois, des œuvres « primitives » qu'il arrivait à liquider aux Puces de Montreuil. Il sculptait dans le jardinet, sous la fenêtre de Marc-André, serein, installé maintenant ; Nicolas venait écrire dans la journée, en dehors des heures de répétition ; les duplicata de la grosse clé qui ouvrait indifféremment les trois grosses portes, se multipliaient.

— Du monde, oui, disait rêveusement Marc-

André sous le rond jaune de sa lampe, du monde... Mais vous ne savez pas ce que c'est que d'avoir du monde autour de soi. Autrefois...

Et ses sourcils épais se relevaient, sa tête massive se redressait. Et il promenait autour de lui ce regard un peu égaré du marin perdu en mer depuis trop longtemps, qui craint de se tromper en apercevant une île.

Martin montait, le soir, par habitude. Par habitude, par fascination aussi, parce qu'il devinait derrière tant de tolérance, une ancienne rigidité; derrière tant de douceur, une force inutilisée, gênante comme un outil lourd qu'on traîne derrière soi sans s'en servir; il voulait comprendre et n'y parvenait pas, alors il se dépensait, parlait trop, dénigrait son père avec admiration, louait sa mère avec réticence, parlait de les quitter alors que tout, dans ses paroles, le montrait encore pris dans le filet de leur conflit.

— Au fond, dit-il un soir (c'était devant une omelette que Marc-André s'était offert gauchement à partager avec lui, qu'il n'avait pas su refuser, pas voulu refuser, qu'il souhaitait peut-être se voir offrir et refuser, ses sentiments étaient assez complexes. Il se plaisait sous la lampe insuffisante, dans la cabine de bateau, il redoutait un peu ce qui devait arriver, de ne plus pouvoir s'en évader). Au fond, la seule chose qui me plaise dans ma vie, c'est le groupe...

Et les yeux de Marc-André se levèrent vers lui, lumineux, avec une petite flamme d'espérance inquiète, qu'il ne comprit pas (car il avait dit « le groupe » avec un peu d'emphase parce que l'on dit ce mot pour parler d'un groupe musical, même aussi peu avancé que le sien, et il avait déjà le sentiment de tricher) et Marc-André dit doucement : « Parce que, tous, vous avez le sentiment que vous formez un groupe ? »

Et lui, par politesse, par curiosité, par ce sentiment qui pousse à s'approcher de l'ombre et du danger pour les provoquer parce qu'on les craint — et par ce sentiment qui fait que si peu de pouvoir qu'on ait sur les êtres qui vous sont fermés, il faut que l'on s'en serve, qu'on force, qu'on sache ce qu'il y a dedans, il dit : « Bien sûr. D'une certaine façon. C'est même curieux comme, en quelques mois... »

Et il sut qu'il avait commencé à mentir.

L'après-midi parut à Laura interminable. Dehors, il s'était mis à neiger.

— Maman, j'ai froid.

Elle ne savait rien de la drogue, rien, ou si peu, de son malheur, il voyait bien qu'elle était paumée, qu'elle se demandait quoi faire, qu'elle perdait sa douce et froide aisance, ça le vengeait.

— J'ai froid !

— Tu veux une couverture de plus ? Tu ne veux pas, vraiment, que j'appelle un médecin ?

— Un médecin ! pour me guérir de quoi ? cria-t-il.

Elle eut peur.

— Mais je ne sais pas, tu es fébrile, tu as froid,

ce sont des symptômes... enfin, est-ce que c'est normal ?

— Bien sûr que c'est normal. Tu ne le savais pas ? C'est tout à fait admis maintenant de prendre de la coke, de l'héro, de faire des overdoses, de l'anorexie, de la schizophrénie, de la paranoïa. J'ai même un copain qui lévite, oui, non, ce n'est pas un truc juif, c'est un phénomène qui consiste, sous l'emprise d'un délire mystique, à s'élever au-dessus du sol ou à le croire. Sa mère était affolée, tu penses, alors tu ne sais pas ce qu'elle a fait ? Elle a été lui chercher un petit chien à la S.P.A. Tu devrais trouver un truc comme ça, tu ne crois pas ?

— Martin !

— Mais si ! cria-t-il d'une voix que la nervosité rendait suraiguë. Tu serais soulagée de trouver un truc simple comme ça. Tu ne peux pas comprendre : c'est un problème de génération. La mère d'Oph, elle boit tout le temps, doucement, des liqueurs de ménage, mais elle n'a qu'une idée, la faire bouffer. La faire bouffer jusqu'à ce qu'elle étouffe. Mais comprendre, mettre son nez dans son vomi, pouah ! Elle, quand elle dégueule, c'est sympa, c'est convivial, ça ne va pas plus loin. Mais la pauvre Oph, c'est contagieux, c'est plein de microbes, ça s'attrape. C'est du vomi métaphysique, tu vois ? De l'expression corporelle. Elle dit « je ne peux pas l'avaler » et elle le démontre. Normal, ça aussi. Parfaitement normal ! C'est pas des générations perdues qu'on est, c'est des générations pourries ! Comme un fruit, comme un fromage ! Ça fermente, ça fait des bulles, et des bulles qui ne sentent pas bon. Je comprends que ça te dégoûte.

77

D'ailleurs tu as dû naître dégoûtée, noble et dégoûtée, tellement au-dessus des misères humaines ! Tu es comme bonne-maman, tu te penches sur ces misères, tu te penches, mais avec de la gaze sur la figure. Infirmière, oui, mais pas contaminée, hein ? Tu ne l'attraperas pas, la grippe espagnole !

— La grippe espagnole, c'était en 1919, il me semble, ça ne me rajeunit pas, dit-elle aussi calmement qu'elle put.

Elle ne voulait qu'endiguer cette fureur, se reprendre, mais il la regarda avec impuissance, avec désespoir.

— Enfin, est-ce que tu comprends ou est-ce que tu ne comprends pas que j'ai voulu me tuer ?

Il criait très fort, comme s'il craignait de n'être pas entendu. Il y avait dix-huit heures qu'ils étaient à Strasbourg.

Jocelyne est morte. La nuit même de l'intervention, elle a pris peur, elle s'est bourrée d'antidépresseurs, de psychotoniques, une saleté qu'elle avait dans son sac ; l'anesthésie là-dessus, un état général pas brillant... L'explication est simple. C'est la peur qui ne l'est pas. Peur de souffrir, de mourir ? Pas du tout. Peur de guérir, peur de vivre. Cette peur-là, on ne peut en parler à personne. On n'en parle pas. Surtout à la clinique.

La clinique. Un magnifique appareil digestif. Rachetée à Mme Hasselman, à Sylvie, veuve d'Hasselman, par Théo, avec la dot de Laura et la bénédiction des Emmery. Dirigée par Théo. Animée par Théo. Mais la clinique existe aussi par elle-même, machine à guérir, machine à normaliser, machine. Elle avale à un bout ces corps qu'on lui apporte, défectueux, les pétrit, les malaxe, analyse leurs composantes, modifie les données, coupe par-ci, greffe par-là, leur injecte des liquides translucides, orange, bleus, éjecte enfin à l'autre bout du complexe de verre et d'acier un paquet d'organes remis à neuf, bien ficelés, avec l'adresse dessus en caractères bien nets. On pense à la légende de Chicago : le bœuf entrant dans les abattoirs modernes pour ressortir sous forme de conserves et de saucisses. Consommable. Consommable et prêt à consommer. Guéri. Les poumons dégagés, prêts à supporter de nouveau la pollution, l'estomac bien en place, prêt à ingurgiter la vie comme une soupe bien grasse, un bouillon de culture. On pense à ces infirmeries de fortune, en 14-18, où les petits soldats blessés, vite fait bien fait, étaient recousus par les moyens du bord pour pouvoir servir encore une fois. « Vous êtes contents ? Vous allez pouvoir sortir ! » Théo (ou l'infirmière) penché sur un lit blanc. « Vous allez pouvoir sortir ! » Ce qui se passera après, mon Dieu... Il faut se tenir à sa spécialité ; ils ne font pas le service après vente. Le sein de Jocelyne, l'appétit d'Ophélie, la prostate d'un député, un foie, une vésicule, passionnant. Mais la sortie, la nudité frissonnante sous le regard des autres, l'alibi de la maladie brusquement arraché (arracherait-on sa canne à un boiteux, à un aveugle ?), ce n'est pas leur problème.

Et est-ce qu'on peut leur dire cette hésitation sur le seuil, ces exhortations qu'elle s'est cent fois adressées à elle-même, Jocelyne, dans un salon, dans un bureau, sous le regard indifférent des autres, ou encore attendant devant un café crème, dans une de ces brasseries où il y a encore des banquettes en moleskine : « Allons, ce n'est pas si terrible ! »

Mais si. C'est terrible. Les insomnies sans espoir de deux heures, trois heures du matin, parfois, rarement, mais enfin parfois étendue à côté d'un autre corps hermétique, bien bouclé dans son sac de peau, déjà absent, déjà parti. Les heures lentement traversées dans ce bureau où malgré tous ses efforts minutieux elle sera toujours ignorée, pis, encombrante, un meuble qu'on contourne. Les efforts exaspérés de Sylvie, les secoue-toi, les arrange-toi, tout cela ne menant à rien. C'est terrible. Alors la clinique. Enfin elle existe, reconnue, récompensée ; l'effort même de respirer lui est compté, est un mérite. Ses ingestions, ses déjections sont des exploits. On la roule dans les fauteuils, on la couche sur des civières, elle se fait pesante. Elle est là. Alors, guérir ? Porter fièrement ce sein qui témoignera qu'elle est rentrée dans le rang et ne mérite plus aucune considération ? Plus de chuchotements, de regards gênés, d'inquiétudes ? L'égide, le bouclier devenus inopérants ? Mais refuser l'opération serait se trahir ! Trahir Sylvie ! Alors, la nuit de l'opération qui sera forcément « réussie » Jocelyne a pris beaucoup, beaucoup de petits cachets jaunes. Pour se donner du courage. Elle n'aura plus

80

jamais besoin de courage. Elle n'aura plus jamais à sortir de la clinique, dans la rue.

Voilà, il y avait une explication. « J'en étais sûr. On ne meurt pas comme ça. » On ne meurt plus, aujourd'hui, parce que c'est le sort commun, une réalité admise. On meurt par inattention. On meurt parce qu'on fume trop, parce qu'on boit trop, parce qu'on se drogue, parce qu'on mange mal, on meurt parce qu'on fait trop l'amour, ou pas assez, on meurt, parfois, parce qu'on a un mauvais médecin. On meurt parce qu'on se laisse aller, parce qu'on s'affole. Puisqu'il y a une explication à la mort de Jocelyne (les tubes retrouvés dans son sac), pour Théo, le problème est réglé. Appeler demain le médecin légiste (Fernet, un vieil ami) pour confirmation. Mais il est bien tranquille. Reste à s'occuper de Sylvie, mais rien ne presse ; prise d'une crise de nerfs, pauvre chou, à l'annonce de la nouvelle, elle est restée à la clinique, sous sédatifs.

— Laura ! Laura !

Il se souvient, jetant son manteau dans l'entrée, il se souvient qu'elle est partie. Déjà Lucette accourt, avenante, ceinte d'un grand tablier bleu. Le vendredi, jour de sortie de la bonne, elle prépare le repas avant de rentrer chez elle.

— Voyons, Théo, vous vous rappelez bien que je vous ai dit hier matin qu'elle était...

— Partie, d'accord. Donnez-moi le numéro, je

81

vais l'appeler. Elle aurait tout de même pu attendre mon retour...

— Elle a pensé qu'il y avait urgence, dit Lucette, rougissant comme une coupable. Elle a pensé qu'il valait mieux éloigner Martin immédiatement. Elle a dit qu'elle appellerait elle-même.

— C'est un comble ! Et partir au moment où...

— Je sais, murmure Lucette. Mme Couraud m'a prévenue. Quel malheur, docteur ! Quel choc pour Mme Hasselman ! Mais il y a sûrement une raison.

Lucette dit toujours ce qu'il faut dire.

— Bien sûr, il y a une raison. On a mis le doigt dessus. Mme Hasselman se repose à la clinique, point final.

Il entre dans la salle à manger.

— Sers-moi quelque chose en vitesse, une viande froide, n'importe quoi, en triple vitesse, je sors.

Laura n'aurait pas dit : il y a sûrement une raison. Et le malaise de Théo, loin de s'apaiser, se serait alourdi de son silence. Il y a une raison à la mort de Jocelyne, une raison médicale, consignée sur un registre. Mais quelque part au fond de lui, il reste le malaise. Parce qu'il a pratiqué une intervention sans nécessité réelle, parce qu'il a pratiqué une intervention magique. Parce qu'il a pénétré, d'une certaine obscure façon, dans l'univers de Laura.

Ça a duré trois mois d'été, les répétitions, les conversations, l'été du bac, puis Théo s'est énervé; il a voulu « jouer les pères », pense Martin. « Non seulement il m'engueule, mais encore, au fond, il s'en tape... »

— Tout ça c'est très joli, tu passes tes vacances comme tu l'entends, mais enfin, est-ce qu'on peut te demander quels sont tes projets d'avenir?

— Eh bien j'hésite, je suis très sollicité...

Théo prend le parti de sourire, bien qu'il n'aime pas beaucoup l'humour des autres.

— Je veux dire : en dehors de cette ridicule inscription en Lettres, tu envisages bien une autre faculté?

— Je n'ai aucune faculté, pour rien.

— Tu ne vas pas continuer à traîner sans rien faire!

— Je fais un tas de choses. Je joue de la clarinette, je répète tous les soirs, je contacte des gens, je bricole dans la journée pour payer le loyer du loft, tiens, j'ai posé des carreaux à quatre fenêtres cette semaine. Tu ne me savais pas ces dons?

Ce qu'il y a de vexant chez Théo, c'est qu'il vous engueule debout, la serviette sous le bras, cherchant son imperméable, enfin manifestant à la fois son mécontentement et son désintérêt.

— Je te le répète, tout ça c'est bien gentil, je n'ai rien dit quand tu as voulu prendre une inscription en Lettres, je n'ai rien dit quand tu as refusé de passer l'été à la villa, je n'ai rien dit quand tu m'as demandé l'argent de tes vacances et que tu n'as pas pris de vacances...

— J'ai acheté du matériel. Je préfère acheter des baffles dont j'ai besoin que de faire un voyage à la con...

Là, Théo a tout de même fait un effort. Il a posé son imperméable et s'est rassis devant la table encombrée du petit déjeuner. Laura se tait.

— Je ne te le fais pas dire, reprend Théo avec toute la patience dont il est capable. Tu as passé des vacances à ta façon. A faire de la musique, d'accord, à bricoler chez ton professeur, d'accord. Mais ce sont des vacances. Et dans un sens, un an de fac de Lettres, ce seront des vacances aussi. Culture générale, soit. Mais dès maintenant il faut tout de même envisager l'avenir. Les lettres, je te l'ai déjà dit, ça ne mène à rien, tandis que...

— Je suis bien de ton avis, dit Martin, un peu petit garçon tout de même, avec une forfanterie appliquée. C'est pourquoi je ne l'ai pas prise.

— Quoi??

— L'inscription en fac de Lettres. Je ne l'ai pas prise.

Théo en reste muet.

— Tu veux dire, intervient Laura avec consternation, que tu n'es inscrit nulle part?

— Nulle part. Consternant, n'est-ce pas? Pour vous, toute la question c'est d'être inscrit quelque part, n'importe où. Mais j'ai le droit de choisir ma vie! Je serais inscrit dans n'importe quelle fac et je ne foutrais rien, vous auriez de l'indulgence. Il est jeune, il peut bien perdre une année; le tout serait que je porte un label sur le dos. A la limite vous

84

voulez pouvoir dire à vos amis : mon fils fait son droit ou sa médecine, parce que vous auriez honte de dire : mon fils bricole, fait de la musique, il cherche, il est dans la vraie vie, il prend le temps de réfléchir. Culture générale, comme dit papa. Je ne veux pas faire n'importe quoi pour gagner ma croûte et avoir une étiquette !

Après, c'est la scène ridicule, bateau. Théo se met à hurler.

— Parce que tu préfères que ce soit moi qui la gagne, ta croûte ! Evidemment, c'est plus pratique ! Une vie de parasite, voilà ce que...

Laura gémit :

— Mais tu m'avais promis...

— Ah ! Maman, j'ai passé mon bac, j'ai déjà donné, répond Martin plus brutalement qu'il ne le voudrait.

— Je t'interdis de parler sur ce ton à ta mère !

— Enfin, Martin, ne serait-ce que pour ta culture...

— Votre culture, je me la mets...

Ils ont été tous les trois ridicules.

— Alors tu vas continuer à te clochardiser à mes frais ?

— Sois tranquille, tu n'auras même plus à payer mes repas, je quitte cette maison !

— Je suis bien tranquille ! Tu seras là dans trois semaines si ce n'est pas dans trois mois, la main tendue ! Et je serai assez bête pour te redonner une chance !

— Jamais !

— Martin !

Ridicule. Théo et Martin s'en rendent vaguement compte. Laura, toute bonne foi, est catastrophée.

— Mais qu'est-ce que tu vas faire? Qu'est-ce que tu vas devenir? implore-t-elle pendant que Martin empile ses affaires dans un sac à dos.

— Rockefeller! répond-il en plaisantant.

Il n'est pas tout à fait aussi faraud qu'il le paraît. D'abord parce qu'il peine sa mère qu'il adore. Ensuite, parce qu'il sait qu'il aurait été moins résolu s'il n'avait pas eu la certitude que Marc-André ne refuserait pas de l'héberger, au moins momentanément. Il y a le loft, d'abord, et au grenier, il a déjà depuis quelques semaines repéré une pièce...

Le soir, Théo, quand il apprend son départ, n'est pas non plus si triomphant. Il ne se serait pas fâché aussi fort si Laura n'avait pas été là. Après tout, qu'est-ce que c'est qu'un diplôme?

— Ne te tracasse pas, conseille-t-il à Laura. J'ai gueulé pour le principe, mais ça lui apprendra peut-être quelque chose? Tu le verras revenir, va, ton fils.

Deux ans, trois ans, il n'est pas revenu.

Marc-André est monté au second, étage de greniers où il ne va jamais.

— Mademoiselle? Mademoiselle Lamart?

Elle est accroupie, dans sa jupe trop grande, sur le bord du matelas posé à même le sol. Elle surveille une boîte de conserve qui se réchauffe sur la flamme d'un butane de camping. Ainsi représentait-on autrefois les bohémiennes voleuses de poules. Marc ne sait rien d'Oph, comme elle se fait appeler, sinon qu'elle est la nièce de Mme Lamart, la concierge du 5, et que venue pour un « dépannage » de quelques jours, elle est là depuis plus de six mois. Dans le long grenier, divisé par une demi-cloison en deux parties, elle a fixé avec des épingles à linge ses trois robes fripées, que pourtant elle ne doit guère laver. Sur le sol, le matelas, le butane-camping, la radiocassette qui hurle la nuit, un peigne, deux assiettes. Quel ascétisme !

— Vous pouvez dire Oph...

— Mademoiselle ? Mademoiselle Oph, je voulais vous dire... Vous prévenir...

— Je suis virée ?

La voix est traînante, mais douce, provocante peut-être. En tout cas, Oph ne paraît nullement gênée, alors que Marc-André est au supplice. Sous ses longs cheveux qu'elle a fait décolorer récemment, on aperçoit de grands yeux noirs, un petit bout de figure ronde, boudeuse, pas déplaisante.

— Non, ce n'est pas ce que je veux dire ; c'est-à-dire... Vous avez dû rencontrer quelquefois les jeunes gens, les musiciens qui viennent répéter en bas ?

— J'en sais rien... Je fais pas la différence...

— Peu importe (il n'aime pas cette fille), l'un

d'eux se trouve momentanément sans logement, et je lui ai promis, je lui ai permis, d'utiliser le logement contigu à celui que vous habitez.

— Ce que vous parlez bien ! Contigu ! Et vous avez peur que je gêne votre ami ?

— Ce serait plutôt le contraire, dit Marc-André un peu raide. Enfin, ce devrait être le contraire. Comme il n'y a qu'une seule issue, j'ai pensé...

Ophélie secoue ses cheveux, et le visage rond et boudeur apparaît dans son entier.

— C'est un truc ?

— Un truc ?

— Pour me vider ?

— Mais pas du tout. Si je le souhaitais, je n'aurais du reste pas besoin de trucs. J'ai seulement craint que vous ne soyez gênée...

— Rien ne me gêne, monsieur Rondeau. Vous pouvez m'installer un escadron dans le grenier. C'est eux qui seront gênés. Je suis naturiste, vous savez ? Je ne bougerai pas, j'écouterai ma musique au casque et je baisserai les yeux quand il passera tout nu. Pas besoin d'avoir peur pour votre ami.

Le ton trahit une ironie qui agace Marc-André. Mais il ne trouve pas la force de mettre fin à une occupation qui dure depuis six mois.

— De quoi voulez-vous que j'aie peur ? dit-il avec la sécheresse courtoise qui faisait effet sur ses élèves.

Oph n'est pas impressionnée. Elle rit, d'un petit rire sans gaieté.

— De toute façon, au bout de quelques jours,

vous n'aurez qu'à lui dire de redescendre, s'il ne se trouve pas bien, dit-elle de sa voix traînante qui contient peut-être une insinuation.

— Je n'ai aucune intention de lui dire de descendre. Tenez-vous-le pour dit.

Il redescend de mauvaise humeur. Décidément, il n'aime pas cette fille. Quelques jours après Martin débarque avec son sac à dos, plus une petite valise faite par sa mère, et s'installe sans perdre de temps en vaines formules de politesse. Si la fille veut rester, elle a intérêt à se tenir à carreau.

— L'eau et les chiottes sont dans l'escalier, l'informe-t-elle mollement.

— Tu ne dois pas l'utiliser très souvent, l'eau !

— Je ne te plais pas ?

— Un peu débarbouillée, ça pourrait aller !

— Ça se trouve bien...

Un peu surpris, il la regarde. Les cheveux sales, les yeux trop faits, un air de lassitude blasée qui est aussi un maquillage.

— Comment tu t'appelles ?

— Ophélie, Oph.

— Quel âge tu as ?

— Dans les vingt-deux... Et toi, le flic ?

— Martin. Martin Jacobi. J'ai dix-neuf ans.

Il se vieillit un peu. Il s'en faut de deux mois.

— Qu'est-ce que tu bouffes ?

— Du thon.

— Tu aimes le thon ?

— Pas spécialement. Mais c'est les boîtes les plus petites, c'est les plus faciles à piquer au

Prisu. Seulement, c'est pas un vrai Prisu, c'est un genre de Coop, alors ils ont que du thon au naturel. Le meilleur, c'est aux aromates...

— Fournis-toi ailleurs.

— Faudrait que j'y aille, ailleurs...

Laissant ouverte la porte rudimentaire qui sépare les deux sections du grenier, Martin commence à déballer son sac, remarque que sa mère, comme s'il partait en vacances à douze ans, a ajouté au linge son canif scout, un ouvre-boîtes, un tire-bouchon, du fil et des aiguilles. Perfectionniste, toujours. Il s'attendrit un peu.

— Tu sais, dit Ophélie de l'autre côté de la cloison, si tu ne veux pas faire les frais d'un matelas...

Il réapparaît dans l'embrasure. Il a beau avoir dix-huit ans, avoir connu deux putains et une camarade de lycée, tant de facilité le surprend et, secrètement, l'émerveille.

— Tu... tu n'as personne ?

— Puisqu'il n'y a personne dans le grenier... répond Oph du ton de l'évidence.

C'est ainsi que Roland épousa la belle Aude. C'est ainsi que Martin Jacobi trouve une chambre et une petite amie. Cela le confirme dans son idée qu' « au fond, il n'y a qu'à vouloir ». Oui. Il n'y a qu'à vouloir pour tomber sur un joli nœud de problèmes.

L'échec originel, l'injustice originelle : l'héritage de Marc-André. Enfant, Marc-André porte en lui les promesses du père. La belle tête aux traits trop appuyés, l'application farouche, un peu obtuse, la gravité de ceux qui abritent une flamme entre leurs mains. Adolescent, il porte le poids des angoisses maternelles : la tête devenue trop massive s'enfonce dans les épaules, elles-mêmes trop larges pour un corps ramassé. On croit qu'il va bondir, il ne bondit pas. Il sait déjà ce qu'il en coûte de vouloir sortir du rang. Et que c'est beau, et que c'est inutile. Marie-Amélie, sa mère, qui a voulu pour lui les mêmes initiales, Marie-Amélie ne manque pas de panache, mais ce n'est pas celui de Cyrano. L'héroïsme à ras de terre. Ça existe. Encore un héritage. Et la hargne laborieuse du grand-père ; et le courage malheureux du père, Marie-Joseph Rondeau, mort d'épuisement pour avoir voulu préserver le château de cartes. L'héroïsme petit-bourgeois de Marie-Amélie Rondeau, née Labourdin d'une famille d'avoués (déclassée !), a épargné au petit garçon en costume marin le spectacle d'un père mourant d'une classique maladie de poitrine sous des palmiers de moins en moins fournis. Le grand-père Labourdin hochait la tête. Ça devait arriver. Loyale, combative, Marie-Amélie rompit avec son père, privant ainsi un Marc-André de dix ans d'un chemin de fer électrique attendu pour Noël. On a sa dignité. Les stocks n'arrivaient déjà plus, adieu les bonnes odeurs de toile, de satinette glacée, adieu les beaux noms mystérieux, madapolam, finette. La petite usine fermait, en Picardie. On licenciait, on fermait les registres, avec des soupirs. On avait de l'honneur, on évitait les huissiers, on transigeait, on signait des traites, c'était une ruine bien gérée. On quittait l'appartement cossu, on camperait sur place, on n'abandonnerait jamais, jamais, le bâtiment des Textiles, dans ce quartier au joli nom, Plaisance. Ce serait renier, devait penser Marie-Amélie, l'amour de jeunesse, le beau hussard au nom de fille, Marie-Joseph, qui l'avait aimée pour sa dot, intelligence comprise ; roman réaliste dont elle parlait bien. D'elle-même, elle disait : « Je n'étais pas belle, mais j'étais intéressante. » Et de lui : « Un corps d'athlète » avec un soupir bref. Et le fameux : « Il avait visé trop haut » qui clôturait l'histoire. Bonne mère, bonne ménagère, elle avait perdu un mari, elle ne perdrait pas son fils. Il serait fonctionnaire. Mais, si elle avait connu le mot, elle aurait exprimé son espoir qu'il « les » noyauterait ; l'Etat, les monopoles, le capitalisme, la Société Fermière, le député d'arrondissement, la préfecture et jusqu'aux P.T.T. Tout l'ordre établi était responsable de la mort, de l'échec des Rondeau. Tel un monument commémoratif, une pyramide égyptienne, le bâtiment des Textiles Réunis devait rester au cœur de Plaisance, le tombeau de famille, la protestation de l'individu, drapeau noir flottant somptueusement (les frais !) en face des Pouvoirs. De ce monument Marc-André serait le gardien.

Gardien d'une injustice. Gardien d'un espoir avorté qui ne laisse derrière lui qu'une longue bâtisse en brique, qu'un jardinet noirâtre, qu'un fronton dérisoire avec son inscription et sa poulie inutile. La société bouge peu. Le sacrifice de chaque instant (la baraque était un paquebot sans cesse à calfater : les toitures ! les gouttières !) est vain, le château vide, ne serait-ce l'activité incessante de Marie-Amélie qui ne cesse jamais le combat. Car retranchée dans son premier étage, aménagé, tant bien que mal, avec des matériaux de récupération et l'aide de cinq ou six employés récupérés eux aussi quelques semaines, la minuscule Mme Rondeau, dépassant à peine le mètre cinquante, avec une ossature d'oiseau, continue, de toute son âme chimérique et frondeuse, le bon combat. Prête à batailler pour un malheureux qu'elle estime lésé, pour un animal maltraité dont elle harcèle le propriétaire. Elle accompagne les immigrés à la poste pour rédiger leurs imprimés et ferrailler un peu avec les postières qu'elle terrifie. Elle semonce les ivrognes les plus virulents. Bienfaisante, ô combien ! mais éprouvant aussi le plaisir malicieux de David devant Goliath, de l'esprit triomphant des puissances terrestres (Sécurité sociale, service de reclassement, bureau de chômage) ; elle se rend au bureau de perception ou au service de la voirie avec l'allégresse de qui va faire une promenade au Bois, par un air sec et sain. Avec une touche de piété aussi : elle rend hommage à la Justice, à l'époux tombé au champ d'honneur du Travail, elle va au cimetière. Alors pour Marc-André à quinze ans, dix-sept ans, la guerre, c'est un soulagement. Trop jeune pour se battre en 40 ; bientôt d'âge à être menacé, donc à se battre, modestement, à sa façon. Les petits services rendus à des étrangers aux beaux noms de guerre, de « Verdun » à « Libertador »,

pouvant entraîner la déportation ou la mort, res-
semblent aux combats féroces et minuscules de
Marie-Amélie. Ce sont des hommages, des
offrandes au pied du monument des Textiles. En
même temps, ces camarades entrevus, ces brèves et
violentes amitiés de coin de rue, de café, et de
cigarette partagée, l'initient à un malheur plus
vaste, à une solidarité plus étendue : il se met à
aimer, de façon secrète et passionnée, ces passants,
ces fugitifs, ces hommes traqués qu'il assimile à son
père, et le murmure hâtif des consignes passées sous
un porche lui rappelle celui qui a accompagné son
enfance, un bruit de fond, un frémissement, les
roseaux du roi Midas menaçant toute sécurité :
« Pneumothorax... Liquidation... Faillite... Radio-
graphies... » Enfin cette menace, cette insécurité, il
la partage avec tous les hommes.

Alors, inscrit dès 46 au Parti communiste avec
Axel, Suzy, Jérôme, partageant la chaleur, les mots
d'ordre, les indignations, les revendications... Une
double vie : les études reprises, patientes et difficiles, les livres lus, de plus en plus de livres ; il lit
lentement, chaque mot restant enfoncé en lui
profondément, comme un couteau planté dans un
arbre. Dans les réunions de cellule, il parle peu, il
écoute, il est heureux ; il comprend la cause des
malheurs de Marie-Joseph, Axel lui fait lire
325 000 francs de Vailland, mais il ne peut pas renier
l'entrepôt, la baraque, le château. C'est là sa
distance, sa double vie, son secret. A la Sorbonne
non plus il ne parle pas des Textiles. Mais il se
demande s'il ne pourra pas, plus tard, en faire une
maison de jeunes, pour les étudiants communistes,

un atelier populaire, une communauté, un refuge, afin de réparer un peu l'injustice originelle.

En lui, à cette époque, vingt-cinq ans, trente ans, il y a déjà cette place vide où circulent librement les rêves, les aspirations, les utopies, les affirmations, les certitudes : la naïveté ?

A trente ans, Marc-André est un peu empâté, les cheveux descendent bas sur son front, noirs, rudes ; il a un chic prolétarien bien à lui, qu'Axel parfois lui envie : la canadienne en faux cuir doublé de faux mouton, les chaussures impeccables en carton bouilli, la chemise extrêmement propre, élimée au col et aux manchettes, un pantalon gris ou marron, usé, mais d'honnête origine. On pense en le voyant à la Belle Jardinière, magasin qui prôna il y a quelques années une sorte de « confection sur mesure » tentant de concilier le luxe de la singularité avec la modestie des ressources par le truchement d'un appareil appelé Bodygraph. Eh bien, le Bodygraph, la vie de Marc, c'est tout un. Il tente d'adapter la folie des Textiles à l'austère joie de ses convictions. Timidement, il en parle à Axel, à Suzy. Mais Suzy est d'avis de « donner la baraque au Parti et de s'en laver les mains. — Et ma mère ? — Ah !... » tandis qu'Axel suggère de la vendre et d'aller tous les trois faire un beau voyage, peut-être en U.R.S.S. ? « Et ma mère ? — Ah... » Pourtant, la perspective d'un voyage avec Axel et Suzy... Peut-être, si ce voyage se faisait, verrait-il plus clair dans ses sentiments, pourquoi Suzy est devenue sa maîtresse après avoir été celle d'Axel, et pourquoi il n'est tout à fait à l'aise ni avec l'un ni avec l'autre, peut-être verrait-il plus clair en lui si ce voyage se faisait ? Mais le voyage (Et ma mère ? Et mon père ? pourrait-il dire aussi) ne se fait pas, et le cœur de Marc-André reste vide, avec cet espace plein de battements d'ailes...

Il enseigne maintenant, avec douceur, avec autorité. Il s'agit de ne pas faire de fautes, de ne pas laisser la douceur, la palpitation, s'emparer de lui. Ne pas viser, aimer, rêver trop haut. La discipline du lycée, celle du Parti, lui sont bonnes. La bâtisse des Textiles est là pour lui rappeler l'histoire de la Chute. Il enseigne. Pas *Le Petit Chose*, non. Mais la tristesse de ceux qui portent en eux une source murée. Il craint par-dessus tout de compromettre sa dignité toute neuve, conquise au prix de tant d'angoisses nocturnes, de peines, de tempes battantes. Et ces enfants que rien n'enflamme sont parfois si décourageants ! Secrètement, il se désole ; il voudrait être aimé, enseigner vraiment, de vraies choses... La palpitation... Il prête un livre, marmonne un conseil inaudible, tend une main hésitante vers une épaule, une chevelure bouclée, la laisse retomber. Un peu ours, le prof. Un peu ours, le militant de base, rigide, se tenant à la ligne comme à une rampe d'escalier, le premier à assurer une permanence, une vente de journaux en plein air, à faire des polycopiés, des collectes. Un militant, pas un intellectuel. A travers le tiers monde, le défilé du 1er Mai, tous à la manif, j'ai récolté deux cents signatures, à travers tout cela, la source, la flamme, il répare, il colmate les brèches, sans viser trop haut il ajoute sa petite pierre à un monument, à des Textiles Réunis qui atteindront le ciel. Bien sûr il faut parfois couper, tailler, exclure, traverser la rue pour ne pas serrer une main (passer le front sévère comme Axel, il ne pourrait pas) mais une fois la bataille gagnée, quel soulagement de tout l'être. Il cédera à la douceur, à la palpitation. Il n'attend que ce moment, il ne combat que pour ce moment. C'est peut-être ça, la naïveté ?

En 68, il y a 68, la Tchécoslovaquie et la mort de sa mère. Un éclatement. Marc-André se retranche, bouleversé, au premier étage des Textiles. Dans son désarroi, il commence cette biographie de Victor Hugo pour laquelle il accumulait des matériaux depuis si longtemps. Mais écrire, est-ce suffisant pour préserver la naïveté ?

De tout temps il y a eu en Marc-André la place d'un grand amour malheureux. Une place, un vide où il respirait à l'aise mais qui un jour serait rempli, comme un ventre de femme écartelée par l'enfant de plus en plus pesant. C'est cet espace qui lui fait mal, après 68. Un rêve y circulait comme de l'air. De petites tâches meublaient la perspective. Tout à coup, le désert s'étend à perte de vue, avec seulement cet amour indifférencié pour l'espèce humaine, qu'il regarde encore à distance avec une tendre convoitise, une tendre myopie. Est-ce qu'il peut encore quelque chose ? Est-ce qu'il n'a pas, à sa façon, visé trop haut ?

On résiste, on résiste... Les élections du printemps 81 l'ébranlent, ces grands mouvements de foule, ces voitures klaxonnant sur les berges de la Seine, la nuit enfin habitée de rumeurs. Mais il résiste. Trop de déceptions, d'élans retombés, d'amitiés rompues... Puis Martin, avec sa modeste requête, la maison se peuplant, reprenant vie, les galopades dans les escaliers, un marteau qui frappe un clou tôt le matin, un appel : « M'sieur, vous n'auriez pas un tournevis ? Marc, est-ce que je peux tout brancher ? Ça va peut-être faire sauter le compteur... » Il souriait, il donnait le tournevis, il autorisait, il était au centre de quelque chose qui, lui semblait-il, se structurait... La palpitation. Il a pris un cahier gris tout neuf, d'un format un peu long, qu'il réservait à des notes, et il a écrit en haut d'une page : « Septembre 81. Martin vient loger chez moi. Une expérience de groupe se dessine peut-être. » Peut-être. La palpitation. A ce moment-là, le cahier n'a pas de titre. Il s'enquiert avec précaution :

— Et... tous ces jeunes gens sympathisent entre eux ? Je veux dire... Il doit y avoir des divergences de vues, quelquefois ?

Les « vues » que peuvent avoir M'Ba, Hiroshi et Mimiche sont profondément indifférentes à Martin. Quant à Do, qu'elle fasse des crêpes et qu'elle la boucle. Enfin, qu'elle la boucle est une façon de parler, elle a un assez bel aigu qui pourrait venir à propos dans le groupe.

— Il y en avait un ou deux que j'ai dû virer, répond-il avec circonspection, car il suppose, c'est logique, que Marc-André désire que l'harmonie règne entre ses « locataires », mais dans l'ensemble, ça peut aller... Plein de bonne volonté, il ajoute :

— Le Japonais, Hiroshi, est très chic. Il nous refile des crêpes. Nous mangeons quelquefois ensemble. Nous pensons, peut-être, à prendre une fille comme chanteuse... dans le groupe, vous savez ?

Marc-André lui paraît un peu distrait.

— Un groupe, oui... un groupuscule... mais
beaucoup de choses sont sorties, parfois, d'un
groupuscule... Martin ?

— Marc ?

Ils ne se tutoient pas encore, mais Marc-André a
cessé d'être « le prof ». Pas un copain, non, mais
une sorte d'ami, de parent, un peu comique, un peu
prestigieux aussi. Derrière ses mots Martin devine
les grandes illusions défuntes.

— N'ayez pas d'ambition. Partez de là. C'est
une base.

Il a de ces phrases ! Recommander à Martin le
manque d'ambition, n'est-ce pas lui en supposer
une ? Il en est flatté, même s'il a une petite envie de
rire. Et il ressent la même émotion gentille que
devant sa mère, devant certains adultes puérilement sérieux. Ils sont assis, tous les deux, dans la
cuisine-bureau, sous le rond jaune de la lampe, qui
donne à leur conversation un air de confidence.
Jamais Martin n'a eu cette impression d'être admis
dans l'intimité de quelqu'un, sauf, peut-être, petit
garçon, à Strasbourg, quand son grand-père
Emmery lui faisait voir, sous la suspension de la
salle à manger, ses fossiles...

— Ça vous paraît dur, ce que je dis ?

— Ben...

— Oui. Je comprends. Pour une jeune imagination... Et pourtant j'ai raison. Vous avez déjà une
réussite à votre actif. Ces jeunes gens d'horizons,
d'intérêts, si différents, vous les avez rassemblés.
Laissez-leur le temps de se connaître... Une osmose
se fera... Déjà, vous prenez vos repas ensemble.

C'est énorme. Les faits primitifs, rompre le pain, ce sont les plus importants. Vaincre les préjugés de race, de classe sociale...

— Est-ce que tout ça n'est pas un peu dépassé ? ne peut s'empêcher de dire Martin. Nous autres, vous savez, les races, les classes sociales, Hiroshi et M'Ba, l'autre jour, parlaient, histoire de rire, d'ouvrir un bistrot qui s'appellerait *La Crêpe africaine,* ou *La Crêpe Tokyo-Dakar...*

— Mais pourquoi pas ? Vos amis pourraient en effet aménager le loft en une sorte de cantine, semi-privée bien sûr, une sorte de rendez-vous de la jeunesse... Les autorisations ne devraient pas être difficiles à obtenir, j'ai gardé des contacts avec la mairie... Ce serait un point de départ. Mais ne méconnaissez pas la force des préjugés... Des sentiments... Avez-vous lu, je m'excuse de vous demander ça, mon *Histoire des mouvements saint-simoniens au XIXᵉ siècle* ? Non ? C'est bien naturel d'ailleurs, surtout ne vous y sentez pas contraint, bien qu'il y ait des détails... enfin vous y verriez le regroupement, par affinités, des polytechniciens autour d'Enfantin et Bazard... la scission et le départ de Rodriguès... Quand on veut aller trop vite...

Martin opine. Il ne veut pas aller trop vite. Il ne sait guère où il va, il veut prouver à son père qu'il « se débrouille », que son groupe, comme tous les groupes, veut faire un disque, et s'il peut trouver une combine pour les faire manger gratuitement, surtout Nico qui est salement fauché, ce sera tant mieux...

— Oui, soupire Marc-André... Quand on veut aller trop vite...

Et son regard s'en va au-delà de la petite cuisine, vers tous ces inconnus qui ont voulu aller « trop vite », « viser trop haut », et Martin se sent mal à l'aise. Il n'a pourtant rien dit qui ne soit l'expression de la plus stricte vérité. Mais il commence à connaître les mots qui font sortir Marc-André de sa réserve un peu sévère, et à savoir s'en servir. Si on ne peut plus se servir des choses...

Ils s'étaient, certains d'entre eux, rassemblés par affinités (les amis de Martin, les musiciens), par nécessité (M'Ba, Hiroshi et Do) et les sentiments s'étaient mis de la partie : Mimiche, l'accordéoniste, suivant Nicolas comme un chien ; Frédé, le bassiste du groupe, attiré par Ophélie. Mais ils n'avaient aucune intention de former ce que Marc-André appelait un groupe ou même un groupuscule. Encore moins une communauté. Ces idéologies-là, c'était loin derrière. Ils croyaient plutôt, dans l'ensemble, à un mode de vie presque sauvage. Tarzan dans la jungle des villes. On pouvait vivre de peu, presque de rien, sur l'habitant. Des amis, bien sûr, dans le secteur, on fraternise forcément avec ces animaux qui, à la même heure que vous, vont sniffer ou vont boire. Mais à une certaine distance tout de même, par méfiance, par peur des « histoires ». Les bandes, c'était bon pour les dealers, les vieux hippies, il en restait ; du folklore. Trop se lier, c'était ressusciter les élans d'après 68, les niaiseries des sectes, les départs d'autrefois pour élever des moutons en Dordogne ou des oies en Béarn, et ça se soldait par des faillites, des bagarres, des expulsions ou pis encore, on devenait adjoint au maire de Tourtoirac, directeur de la Coop de Sainte-Colombe... Et ces tentatives du passé c'était pire que décourageant : c'était ridicule. C'était boy-scout, Hare Krishna, c'était tunique indienne et flûte de pan : dépassé. Ils réinventaient Tarzan, les singes, les serpents, l'individu, le qui-vive. Squatts ou musiciens, au départ, ils se méfiaient.

Les musiciens avaient commencé à répéter en mai (avant le bac) ; interminables soirées de printemps, limpides comme un verre d'eau bu lentement. La musique passait à travers eux comme une rivière qui emportait tout. C'était cela qu'entendait Marc-André de sa fenêtre. Ils finissaient par oublier la répétition et ils jouaient longtemps, longtemps, et ce gentil quartier de Paris, avec ses airs banlieusards, où de petites épiceries à fouillis côtoyaient des cafés à néon, leur fournissait un public. Les vieilles gens venaient sur le seuil de leurs portes, les dealers distribuaient quelques pincées gratuites, les clodos partageaient leurs puces et leur vin. Tout était facile, en mai, en juin. Un gros garçon blême, dans une Porsche, vint les entendre et parla d'un disque. Martin l'avait dégotté dans un concert, à la Mutualité, en train de faire des cassettes pirates. Mais c'est à peine s'ils firent attention à lui. Nico inventait des textes « cruels » : ils riaient comme à la maternelle. Do vint pour la première fois leur offrir des crêpes gratuites. Ils l'invitèrent à s'installer dans le jardin le 14 Juillet, comme ça, parce que ce serait drôle. Si Marc voulait bien. Il voulait bien. Tout était si facile, en juillet. Do et Hiroshi firent la cuisine pour tous ceux qui voulaient, et pour la permanence chez le bougnat, Do délégua sa sœur Sophie, une cruche. Quelques retraités s'amenaient avec des chaises pliantes qu'ils installaient le long de la grille du jardin. Ça ne les gênait pas que ce soit du rock. Do chanta. Elle chantait bien. Elle apprit quelques-unes de leurs chansons, et les enseigna à de petites Portugaises avec de grands nœuds sur la tête, que leurs mamans amenèrent là, deux ou trois dimanches. « C'est un loft ou une garderie ? » Nicolas râlait. Tout le monde dansa sans autorisation, le 14 Juillet. On ne pouvait pas refuser ça aux gens du quartier, tous plus ou moins fauchés pour des raisons diverses. On vendait beaucoup de crêpes, il y eut jusqu'à vingt-deux motos devant la porte et des types à mine patibulaire qui apportaient leurs bières. Le lendemain, Marc fut convoqué au commissariat, pour la première fois depuis la mort de sa mère, il s'y rendit, le cœur en joie, et arrangea le coup avec le commissaire qui était un ancien de la section du XIVe. Tout était facile, c'était l'été. La voisine, Mme Lamart, venait réclamer tous les jours qu'on vidât les poubelles, qui attiraient les chats, mais tout le monde aime les chats, ou presque, alors ? Oph allait piquer ses boîtes à la Coop, régulièrement, comme on va au marché, et Frédé la suivait parfois. Martin ne la regardait pas, à cette époque-là. Il avait d'autres soucis. En août, l'homme à la Porsche, qu'il avait circonvenu, réapparut ; il arrivait de vacances en chemise à fleurs et bermuda, il dit que c'était pas mal ce qu'ils faisaient mais il faudrait revoir le tout dans un esprit plus rapp ou plus reggae, ou plus rock, trouver un créneau. Enfin, si Do chantait avec le groupe, c'était O.K. mais elle devrait travailler sa voix, pas assez « trapue », c'était son mot, voilà une adresse. Do dit : « Il faudra en vendre, des crêpes, pour payer ces cours-là », et ce fut septembre.

Martin se disputa avec son père et vint s'installer rue de Plaisance, Marc-André jugea bon de le mettre en garde. « N'ayez pas d'ambition. Partez de là. C'est une base. » Pauvre cœur disponible...

Martin pensa : « Je vais les prendre en main... »

A dix heures du matin, samedi, Théo arrive à la clinique, exaspéré. Toute la nuit il a attendu l'appel de Laura. Rien. Bien sûr, s'il y avait quelque chose de grave, elle aurait appelé. Mais ce mépris ! Cette indifférence ! Enfin, tout de même, c'est mon fils ! se dit-il de bonne foi.

— Elle a téléphoné pour dire que ça pouvait aller (Lucette).

— Mais il fallait me la passer, pauvre conne !

— Elle a raccroché.

Puéril. S'enfuir avec son gosse comme si je n'étais pas le plus qualifié... Et où ? OÙ ? Pas chez sa mère ? Chez les Duroc ? Pierre me l'aurait dit. Velma aussi. Ce sont des amis. Laura n'a pas d'amis à elle. Il s'entend penser avec une surprise qui dissipe un instant son humeur. C'est pourtant vrai qu'en dehors de sa mère, des enfants, de lui, Laura n'a personne. En dehors de lui, Laura n'a personne.

— Jeanne ! Jeanne !

En voilà encore une qui se met à disparaître !

L'infirmière-chef se présente, l'air effaré.

— C'est Jeanne que j'ai appelée, pas vous !

— Vous avez dû vous tromper de bouton, murmure-t-elle, avec ces nouveaux appareils, on ne s'y retrouve plus...

Il a dû appuyer sur plusieurs boutons à la fois, car voilà le petit anesthésiste, Jean-Jacques, qui arrive en courant.

— Mais c'est un moulin, ici ? Je vous ai appelé aussi, sans doute ?

— Ce n'est pas ça, patron. (Le beau Jean-Jacques, aujourd'hui décomposé, se laisse tomber sur une chaise sans y être invité.) Je voulais vous parler, je m'excuse, je...

Un tel trouble est rare chez celui que tout le service appelle ironiquement « le maître nageur » parce qu'il fait de la musculation, à ses heures de loisir, et n'en est pas peu fier. Théo reprend le contrôle de la situation.

— De quoi s'agit-il, mon petit (il y aurait un volume à écrire sur l'emploi du « mon petit » dans les hôpitaux. Théo le fait très bien passer) ?

— C'est Mme Hasselman, docteur. Mme Couraud sait déjà.

— Quoi, Mme Hasselman ? La dépression s'aggrave ?

— Si vous appelez ça de la dépression, soupire le malheureux. Elle est partie hier en faisant un tapage... un scandale... vous n'imaginez
pas...

— Mais c'est l'affaire des sorties, ça, mon
petit! Ça ne vous concerne en rien. Je ne vois
pas pourquoi vous vous frappez comme ça!

— Mais parce que c'est moi, gémit le malheureux, parce que c'est à m... moi...

Bègue, maintenant! Toutes les qualités!

— Parce que c'est à moi qu'elle veut faire un
procès! Pour faute professionnelle!

Théo reste immobile un instant, comme fou-
droyé. Jean-Jacques et Mme Couraud respirent à
peine. Et puis, monstrueux, tonitruant, le rire
du docteur Jacobi éclate, remplissant le bureau,
déferlant jusqu'au couloir, de l'autre côté de la
vitre, où un assistant s'arrête, inquiet.

— Un procès! C'est la meilleure! Un procès!
Eh bien, s'il n'y a que ça pour vous couper les
jambes, mon petit Jean-Jacques, vous pouvez
retourner tranquille à vos barres parallèles!

— Vous avez les résultats de l'autopsie, docteur? hasarde Mme Couraud d'une voix à peine
perceptible.

— Officieusement, madame Couraud! Je
viens d'appeler Fernet. Attendons le rapport. Il
confirmera ce que nous supposions. Mais je
vous dis, moi, autopsie ou pas, que ce n'est pas
demain qu'une petite morveuse viendra me faire
un procès à moi, dans ma clinique! Allez, filez!
Laissez-moi! J'ai autre chose à faire!

Il se dresse, jovial, effrayant, riant de sa propre colère. Mme Couraud et Jean-Jacques n'ont plus qu'à se taire, rassurés et épouvantés à la fois.

— C'est un monstre... murmure Jean-Jacques en battant en retraite.

Et l'infirmière, déjà rassérénée :

— Il sait ce qu'il dit, croyez-moi, mon petit.

N'empêche que toute la journée, Théo est poursuivi par une impression agaçante. Pour la première fois il pénètre dans le bloc opératoire avec inquiétude, comme s'il lui manquait quelque chose, ses gants, le calot... Et il rentre chez lui, le soir, moins triomphant que d'habitude, malgré une jolie ablation de vésicule biliaire, admirablement réussie. L'appartement est vide. Il claque la porte rageusement. Laura disparue, Lucette qui n'est jamais là quand on a besoin d'elle (c'est samedi, le seul jour où elle s'absente pour aller voir sa mère) et, là-haut, Sylvie, en train d'ourdir des complots puérils. Entouré de folles, d'hystériques ! Il a failli monter droit au troisième pour la secouer, lui faire cracher son venin, mais si Laura téléphonait ?

Dans l'entrée, il jette son imperméable, saisit le petit vase violet que Laura a rapporté un jour de Strasbourg, elle s'imagine que c'est un Gallé, pauvre chérie, elle croit s'y connaître, elles se croient toutes infaillibles, et il le précipite sur le carrelage, l'écoute éclater avec soulagement. Tant pis pour Laura. Il a besoin d'action. Il rouvre la porte, monte chez Sylvie en trois bonds. Sonne, n'obtient pas de réponse. Resonne, deux fois, dix fois. Elle ouvrira. Elle ouvre. Il l'écarte, entre comme une tornade, il la saisit par les épaules, il a toujours besoin, dans l'amour comme dans la colère, d'un contact physique.

— Qu'est-ce que c'est encore que cette histoire ? Il paraît que tu veux faire un procès à la clinique maintenant ? Je comprends bien que tu sois secouée, moi-même j'ai eu un choc, je peux te le jurer, mais il ne faut tout de même pas sombrer dans la paranoïa ! Enfin, Sylvette ! Si tu avais le moindre doute sur la façon dont s'est passée l'intervention, tu pouvais venir m'en parler, il me semble !

— J'en parlerai à mon avocat, ce sera plus simple.

Debout devant l'entrée du salon, comme si elle voulait l'empêcher d'en franchir le seuil, elle le défie. Pâle, les yeux barbouillés du rimmel de la veille, elle porte un peignoir de satin gris argent, doublé de rose, mais chiffonné. Elle est décoiffée.

— Ton avocat, c'est mon avocat, d'abord. Qu'est-ce que c'est que ce cinéma ? Tu dois bien savoir que l'autopsie est en cours ? Tu ne peux pas attendre que le rapport...

— Le rapport !

Elle ricane.

— Le rapport, parfaitement. Le médecin légiste...

— Le médecin légiste ! Tu joues au bridge tous les mardis avec les Fernet ! Alors le rapport... D'ailleurs, je vais changer d'avocat. Tu serais capable de l'influencer !

Ce qui exaspère particulièrement Théo, c'est l'aspect négligé, presque misérable de Sylvie. Quand Hasselman est mort, elle n'a pas témoigné le quart de ce désespoir. Il ne manquait pas une bouclette à l'appel.

— Et qu'est-ce que tu fais collée à cette porte, comme si j'étais un cambrioleur ? Tu ne sais même pas...

— Je sais qu'elle est morte ! Je sais qu'elle est morte ! dit-elle haletante.

— Mon petit, c'est vrai, c'est lamentable, mais écoute-moi...

— Non, je ne veux pas t'écouter ! Je ne t'écouterai plus jamais ! Tu as tué ma sœur !

Elle ne crie pas, elle siffle de rage impuissante, de fureur. Elle sait que si elle le laisse parler, c'est lui qui aura raison, encore une fois, lui avec ses belles paroles, son argent, ses relations, son énorme vitalité, et ça, elle ne veut pas, elle ne le veut pas !

— Je ferai un procès ! Je la traînerai dans la boue, ta sale clinique ! Je te la ferai, ta publicité ! L'infaillible chirurgien ! Une opération toute simple, tu m'avais dit, tu te rappelles ? Mais j'en parlerai dans les journaux, j'en parlerai à tout le monde, je...

Sa voix s'étrangle, elle n'a pas de larmes mais des sanglots secs, rageurs ; sous les restes de maquillage, le satin froissé, c'est la petite fille laide de la rue Ordener, brûlant de prendre sa revanche sur la vie, qui réapparaît, la figurante brimée, devenue jolie à force de le vouloir, les bras malingres, avec cette pâleur de volaille plumée qui, en bikini sur le bord d'une rivière glacée, se serait fait tuer plutôt que de céder sa place devant la caméra ; la jeune mariée triomphante au bras du vieil homme las, marchant à l'autel avec ce même regard de défi rageur.

— Ça suffit ! gronde Théo.

Il l'écarte de son bras puissant, entre dans le salon comme chez lui. D'ailleurs, il s'y sent chez lui. N'est-ce pas lui qui l'y a installée, qui a choisi le décor, lui donnant de judicieux conseils ; les tentures, est-ce qu'il ne les a pas dénichées lui-même dans une liquidation, alors qu'elle voulait en faire poser par un décorateur minable ? Quand on se meuble en 30, on se meuble en 30 ! Bref. Il se laisse tomber sur le canapé.

— Tu vas m'écouter, oui ou non ?

Elle l'a suivi, mais elle reste debout, butée, pour lui signifier qu'elle ne cède pas. Elle ne sait pas qu'il a de quoi lui clouer le bec. Pitié ? Il est tout à sa colère, parce que amoureuse de lui, elle ne l'a jamais été, elle n'est pas capable d'être amoureuse, mais fascinée, mais à contrecœur reconnaissant sa vassalité, oui ; et avec sa naïveté d'homme, il s'indigne de bonne foi qu'elle puisse échapper à cette fascination.

— Non, je ne veux pas t'écouter ! Va-t'en ! Sors d'ici ! Je ne veux plus te voir !

— Je m'en irai quand tu auras compris ce qui s'est réellement passé, dit-il brutalement. Tiens, Mme Couraud t'a mis un petit mot où elle t'explique ce qu'elle a trouvé dans la chambre. Ton imbécile de sœur, ta malheureuse imbécile de sœur s'est bourrée d'antidépresseurs la veille de l'intervention sans consulter personne, ce qui fait...

— Ce n'est pas vrai ! Ce n'est pas vrai ! hurle-t-elle, elle saisit le papier, le déchire et le lui jette à la figure. — Naturellement, elle a inventé quelque chose, Couraud, pour ce que ça lui coûte ! Vous êtes tous d'accord, vous étouffez n'importe quoi, mais moi on ne me fera pas taire, on ne m'intimidera pas, assassin ! Assassin !

Qu'elle hurle, qu'elle perde le contrôle de ses nerfs, après ce choc, les calmants qu'on lui a donnés à la clinique, et elle a dû boire en rentrant, c'est normal. Qu'il lui saisisse les poignets, l'asseye de force, et même la gifle, c'est normal encore. Mais qu'il la gifle (et lui seul le sait) avec haine, ce n'est plus tout à fait normal, et il en a conscience.

Il se lève.

— Si tu ne la boucles pas, j'appelle une ambulance, et en avant pour l'hôpital psychiatrique, tu entends ?

Décoiffée, affalée sur son joli fauteuil rose, elle la boucle. Elle la boucle parce qu'elle sait qu'il est, pour le moment, plus fort qu'elle, parce qu'elle sait, de naissance, qu'il y a des moments où il n'y a qu'à la boucler. Mais elle le hait, de toutes ses forces, de tout son regard et reste étonnée de ce que sa haine rencontre un écho. A-t-elle, sans le savoir, touché un point sensible ? Elle en est encore à se le demander que, sans ajouter un mot, il s'en va.

Il est redescendu quatre à quatre. Dans l'entrée, il bute dans les débris du petit vase violet. Laura. Sylvie. « Je l'aurais étranglée », s'avoue-t-il avec stupeur. Rien à se reprocher pourtant, rien. Qui aurait pu deviner que cette pauvre tordue allait se bourrer d'I.M.A.O. avant de passer sur la table ? Evidemment, il aurait pu sentir sa panique, sa répulsion (c'est Sylvie qui exigeait l'intervention, pas Jocelyne), mais enfin, je ne suis pas un psy. J'ai fait mon boulot, Jean-Jacques a fait le sien, c'est l'un des meilleurs anesthésistes de Paris, il ne pouvait pas, lui non plus, deviner... Alors ? Ce qui rend Théo fou, ou furieux, ou fou furieux, c'est qu'il a toujours eu le sentiment inexplicable que cette intervention banale, cette intervention sans risques (si cela existe), il ne fallait pas la faire. Il le sentait. Comment ? Une intuition, un « feeling » comme dit ce petit con de Martin, une voix intérieure enfin qui ne lui a jamais fait défaut, parce qu'il l'a toujours écoutée. Et s'il s'est laissé fléchir, s'il a passé outre à ce qu'il faut bien appeler un pressentiment, n'est-ce pas à cause de ce qui, dans la demande de Sylvie, lui a paru participer d'une certaine façon à son éternel conflit avec Laura ?

« Elle ne peut pas continuer à vivre comme ça, diminuée ! » avait dit Sylvie. Ou, plus exactement, plus vulgairement « Ce n'est pas une vie ! ». Et lui : « Si, justement, c'est une vie. »

Est-ce parce qu'il a vu dans ses yeux un très pâle reflet du mépris de Laura ? A-t-il réagi pour la défier (moi aussi je suis capable de comprendre ces raisons-là) ou pour lui complaire ? A Sylvie ou à Laura ? Théo est malhabile à l'analyse, il déteste ça. Alors il entre dans la cuisine, sa pièce préférée, et, dans le désordre laissé par Maria (encore une qui a filé Dieu sait où, Madame n'étant pas là), il ouvre le frigo pour manger quelque chose, du poulet, des œufs qu'il va se fricasser lui-même avec un peu de jambon, est-ce que je sais, quand, sommet de la détresse, il s'aperçoit qu'il n'a pas faim. Pas faim, après une journée de douze heures, les consultations, le bloc, Laura disparue, Sylvie en pleine hystérie et Martin tout de même, Martin sur le sort duquel il ne faut sans doute pas s'inquiéter dans l'immédiat, mais dont tout de même il voudrait bien avoir des nouvelles, qu'on lui cache... Et Jocelyne morte, et Sylvie, et une menace de procès, et Laura, et Laura... Et pas faim! Il saisit l'assiette du jambon, la précipite au sol. Tiens! Et le compotier bleu, et les œufs, et un verre, deux verres, la carafe... La sonnerie stridente du téléphone (sonnerie spécialement installée pour le tirer de son sommeil compact, sans rêves, en cas d'urgence) l'arrête en plein carnage. Pour comble, c'est brouillé, plein de parasites. S'il tenait le ministre des P.T.T., là, sur une table d'opération, il vous le découperait en lanières!

— Allô? Alors, quoi, ça vient? Comment? Je n'entends pas. D'où appelez-vous?

Il entend vaguement bredouiller quelque chose, au milieu de sifflements, de craquements.

— Oh! Et puis merde!

Ce n'est qu'après avoir brutalement raccroché qu'il se rend compte que ce qu'il vient d'entendre, c'est le mot « Strasbourg ».

— Ce n'est pas vrai, dit Laura avec une mauvaise foi passionnée, tu n'as pas voulu te tuer. Ce n'est pas vrai.

— Tu voudrais bien.

113

Elle étendit les mains devant elle, aveugle, suppliante.

— Ce n'est pas vrai, dis ? Ce n'est pas vrai ?

Il se taisait. Elle se rendit compte qu'elle implorait un mensonge, sa fierté lui revint. Elle marcha vers le lit, le prit aux épaules.

— C'est vrai ?

— Je ne sais plus, dit-il, plein de pitié pour elle, pour lui. Je voudrais être sûr. Mais si ce n'est pas vrai, c'est pire...

— Ah ! je te comprends ! dit-elle d'un élan.

Elle comprenait trop. Il la détesta de nouveau.

— Après tout, tu ne t'es pas tuée non plus, dit-il sauvagement.

Elle tint tête.

— Je vous avais.

— Oui. Tu nous as eus. On peut même dire que tu nous as bien eus.

— Martin !

— Mais ça ne pouvait pas durer toujours, le camouflage, les maisons Potemkine. Blandine, peut-être qu'elle y croit encore. Mais moi je sais ce qu'il y a derrière une enfance protégée.

— Quoi ?

— Une chose qu'on ne peut pas appeler par son nom, comme les choses dont on a peur dans son lit, à cinq ans. Une chose terrible et toute simple que tu as voulue garder pour toi, porter sur toi, ma pauvre, ma pauvre petite maman, toi que je n'ai jamais vue décoiffée ni les yeux rouges, c'était courageux. Tu te jetais entre la vilaine chose et nous, tu faisais écran de tout ton corps, tu chantais des berceuses, tu plantais tes décors... Et puis il y avait tes yeux...

— Tu te trompes, je te jure que tu te trompes! Un peu de tristesse, oui, parfois, rien n'est jamais tout à fait ce qu'on avait rêvé...

— Maman, j'ai vu d'autres yeux depuis.

Il ne put aller plus loin. Assis sur le lit, il se pencha, posa sa tête sur les genoux de sa mère.

— Faut-il que tu en aies peur, de cette chose, pour mentir, Maman, toi qui ne mens jamais! Vous mentez tous, toi, Marc... Il n'y a qu'Oph qui ne ment pas et elle en crève... Il n'y a pas d'amour, Maman.

Elle avait cru, quand elle l'avait tenu inerte dans ses bras, qu'elle ne pouvait pas souffrir davantage.

Hasselman venait de se marier avec Sylvie qui avait quarante ans de moins que lui. C'était cette année-là, ou la suivante. Peut-être les souvenirs de Laura s'étalaient-ils sur plusieurs années. Elle faisait couler du sable entre ses doigts, assise face à la mer, tandis qu'Hasselman et Théo discutaient sous la véranda. Sylvie faisait aussi couler du sable entre ses doigts, demandait qu'on lui frottât le dos avec une lotion super-bronzante, abandonnait un magazine sur la plage, écoutait dix fois la même cassette sur son transistor. « Je crois qu'elles se plaisent ici », disait Hasselman. Sylvie, Laura, pour lui, des semblables, des pareilles. Naïveté? Sagesse? Savait-il profondément qu'il faut se contenter, dans l'amour, d'un geste gracieux, d'une silhouette qui passe, un matelas de plage sur l'épaule, d'un fruit tendu, d'une inflexion de voix ? Ou le fait que Sylvie avait une sœur jumelle l'avait-il accoutumé à considérer toutes les jeunes femmes de cet âge comme un peu jumelles, un peu parentes ?

Théo les regardait, étendues, le corps de Laura un peu plus bronzé que celui de Sylvie, l'une et l'autre gracieuses, minces (Laura un peu plus que Sylvie dont le corps plus plein, plus féminin était bien celui d'une reine de beauté pour stations estivales), mais enfin, semblables, oui, deux jolies baigneuses, deux jolies femmes, deux paraphes sur le sable blanc, la page blanche. « Il voit la différence », pensait-elle avec l'orgueil de son amour. La voyait-il ? Les manèges coquets de Sylvie, les cils baissés, levés, les peignoirs de bain glissant des épaules avaient un sens déchiffrable : elle cherchait une preuve, elle aussi, une preuve très différente de celles que guettait Laura. Elle voulait que Théo la confirmât dans son statut tout neuf de jolie femme, qui la fit exister ; elle était toute âpreté. Laura laissait faire. Le peignoir, les cils... Puéril. Théo déchiffrait. Déchiffrait-il ? Elle sortait et les laissait ensemble dans la pénombre de la salle à manger, dans la promiscuité de la cabine. Elle était sûre. Qu'il la trompât, il reviendrait les yeux dessillés. Il ne l'avait pas tout entière acceptée. Qu'il la trompât, il verrait clair. Sauvagement elle le souhaita, si même Sylvie devait s'en mordre les doigts. Elle attendait, elle faisait couler du sable entre ses doigts, elle laissait couler les heures, levait les yeux vers la véranda, et Théo recevait ce regard sombre et doux comme une menace : le serpent caché par Cléopâtre au milieu des figues à goût de miel. Il ne voulait pas y voir clair. Il ne voulait pas l'aimer au-delà des apparences. Il la trompa tout de même, inutilement, pensa-t-elle. Hasselman versait du Campari dans un verre, y pressait un pample-mousse, le portait à Sylvie, recevait son regard raisonnablement reconnaissant, revenait paisible. Un niais ? Un sage ? Pas incompatible.

Théo commençait cet été-là à nourrir une vague inquiétude. Cet été-là, un été tout à fait intemporel, sur une plage sans identité, quelques pins, une étendue, une villa sans caractère isolée au bord d'une mer si basse qu'elle semblait lagune, ils auraient tout aussi bien pu se trouver en Egypte, lieu mythique où il situait Laura, qu'en Amérique, sur la côte Ouest, où il avait vu de ces longues plages abandonnées, avec une baraque au bout, dont la peinture s'écaille et dont l'enseigne bat au vent. Une mélancolie chaude, l'infini... Laura. C'était pour penser à autre chose qu'il l'avait trompée. A sa façon, il avait fait la différence. Elle ne le sut pas.

Elle essaya d'être simple. Elle laissait couler les heures entre ses doigts, s'étonnant, encore à demi amusée, des changements qui se faisaient autour d'elle, l'association de Théo avec Hasselman, le futur rachat de la clinique qu'ils négociaient, un déménagement, une clientèle accrue, ce qu'on appelle la réussite et qu'attestait ce trop grand appartement du boulevard Raspail où les tapis, les tableaux, venaient se poser l'un après l'autre, surgis du néant, comme dans un film publicitaire.

Alors Blandine, Martin. Un garçon, une fille. Ses enfants. Le rachat. Cette femme fine et froide, au feu caché, si peu faite pour être mère (alors que Théo rêvait d'une nombreuse famille, d'une « smala » disait-il), voulut, aima ses enfants. Sa belle-mère qui la détestait en fut stupéfaite. Dans sa haine jalouse, elle avait supposé que déçue par Théo (que seule sa mère pouvait supporter), Laura reprendrait ses études, travaillerait au-dehors, deviendrait une de ces femmes modernes qui rentrent le soir exténuées, avec des cernes qui ne sont pas de plaisir, bientôt amères et élégantes, aussi peu érotiques que possible, ces femmes qui paient elles-mêmes leurs bijoux. La métamorphose de Laura ressembla aussi peu que possible aux prévisions de sa belle-mère. Laura s'adoucit au contraire ; son feu sembla mourir en cendres douces (avec çà et là l'embrasement subit d'une brindille) : elle redevint jeune fille. Son rire fut clair, sa beauté s'atténua, et quand elle présentait aux invités de Théo les petits, en pyjama, avant leur coucher, leur exclamation « on dirait leur grande sœur » était plus vraie qu'ils ne le pensaient. Elle avait retrouvé, avec ses enfants, Strasbourg, sa propre enfance, le microclimat inhumain du Chalet. Elle se pardonna d'avoir aimé.

Elle crut pardonner à Théo et l'entoura dès cet instant d'une indulgence un peu tendue. Parfois, le temps d'un éclair, elle se souvenait : ces baisers, cette plage... Ce sourire chaleureux demeurerait toujours présent, même quand Théo serait mort.

Car il mourrait. Et alors, elle pourrait l'aimer enfin. Elle n'aurait plus à rougir de la pente qui l'entraînait vers lui, comme vers une tentation un peu basse, une honte intime, plus cuisante par là même qu'un crime, honte qu'elle ressentait à chaque incursion dans le domaine charnel qu'elle s'était interdit — écœurée, blessée (parce que accueillie avec tant de cordialité, d'inconscience) mais la prochaine fois, peut-être ? Et quand tous les espoirs sont déçus, bafoués, pire, sereinement ignorés, qu'est-ce qui reste, à cinq heures du matin ? L'insomnie, le drap froissé, le roman rejeté dix fois comme un buisson d'épines (chaque mot la faisant sursauter : le mot femme, le mot homme, le mot corps), qu'est-ce qui reste, quand on aime encore, que cette pensée nue : il mourra, je mourrai ?

Sombre amour de Laura. Elle était comme une marée qui s'avance, écumante de colère de ne pouvoir résister à cette pulsion cyclique, et se retirant de toutes ses forces, s'arrachant au sable, au gravier (quelquefois il semble que la frange plate de la mer est comme collée au sol, s'en arrache aussi douloureusement qu'un épiderme). Heureusement, il y a la paix du large, des profondeurs claires, des îles. Blandine, Martin. Eux, ne devaient pas mourir.

Elle passa dans sa chambre. Elle avait remarqué le téléphone dans la salle de bains. Elle s'enferma, demanda Paris à voix basse. L'entendre seulement, comme on appuie sur une blessure. Elle n'obtint pas de réponse. Savait-elle seulement l'heure qu'il était ? C'était la nuit.

— Redemandez-le dans quelques minutes, madame. La ligne est encombrée...

Rentrer dans la chambre sûre d'elle, s'écriant « si, il y a l'amour ! » ? Elle savait qu'il y avait l'amour, et que ça ne servait à rien.

Appuyée contre le lavabo, regardant dans la glace son visage pâle et net, fébrilement elle cherche, comme assaillie brutalement, une arme, n'importe laquelle, cendrier, coupe-papier, bouteille. Elle se souvint de la poésie. De l'existence de la poésie.

De ses vacances de Pâques avec Blandine, en Floride. Leurs rapports : affectueux, tendres même, sans la moindre intimité. L'exubérance de Blandine, beauté brune épanouie, sous son béret rouge, son grand sourire, ses envies subites et enfantines d'une paire de boucles d'oreilles fluorescentes, d'un sachet de pop-corn, d'un Mickey en peluche, d'un jogging orange, semblent la définir tout entière. La mère et la fille vont côte à côte, en parfait accord. Au moment de sa révolte adolescente, Blandine qualifiait volontiers sa mère de « bourgeoise oisive », pour en arriver, la paix revenue, à la considérer comme une « mère d'autrefois », se complaire à cette image (bien américaine), lui réclamer des colis de spécialités françaises, des tricots faits main, l'appeler en P.C.V. pour une précision sur la recette du canard aux navets, rétablir ce lien unique d'une mère à sa fille, un grand élan viscéral et mille riens, et maintenant elle parle de sa mère aux étudiants de Floride, comme de « la vraie femme française » experte dans l'art de vivre, presque une geisha, et laisse entendre que cette « vraie femme » sommeille en elle, en sus de ses rares capacités intellectuelles.

Laura retrouve Blandine, chaque année, sans appréhension. Les mots sortent de la bouche de Blandine, comme ceux des bandes dessinées, prisonniers d'une bulle, inoffensifs. Elle est enchantée de l'école de dessin industriel où elle s'est inscrite, elle est mécontente de sa « room-mate », une chimiste de Chicago qui fume des gauloises, elle sort avec un Israélien pas mal, elle a découvert un petit restaurant bulgare formidable, il faut, il faut absolument qu'elles y aillent toutes les deux !

Elles y allaient. Et il fallait, il fallait absolument qu'elles aillent ensemble visiter le centre expérimental des prototypes, Epcott, un de ces immenses parcs d'attraction qui jalonnent la Floride, et elles y allaient, la mère et la fille, avec leurs silhouettes juvéniles (Blandine, plus grande, plus épanouie, paraissait même plus femme que Laura), leur pas souple, allongé, elles marchaient autour du lac, parmi les fontaines lumineuses, les pavillons de verre et d'acier, les néons bleus, les néons roses, le fabuleux « New World », le conte de fées programmé sur ordinateur, que l'Amérique propose là, et regardant de l'autre côté du lac les charmants pavillons du passé, de l' « Old World », de l'Europe devenue village : « Tu te rends compte, Maman ? Une fausse tour Eiffel ! Génial ! » s'écriait Blandine, jubilant et marchant, riant, admirant cette féerie technologique, les diplodocus grandeur nature dans

121

les fausses grottes préhistoriques, les cinémas circulaires. Laura se sentait soulagée, confirmée dans cette apesanteur que lui communiquait sa fille. Belle, intelligente, affectueuse Blandine, passionnée par le métier qu'elle s'était choisi (elle disait : je suis une manuelle, comme papa) et possédant cette faculté d'émerveillement qui est un des plus beaux dons de la vie et que Laura retrouvait avec elle... Parfaite Blandine, saine comme un fruit, et tant pis si après quatre ans en Amérique, elle oubliait un peu le français, les amis, les problèmes. Tant pis, tant mieux. Elles marchaient dans un espace intemporel, affectueusement, comme elles avaient marché, quand Blandine était petite, dans les jardins de Strasbourg, dans les rues de Paris.

L' « Old World » n'était pour elles qu'attraction, divertissement. De ce côté du lac, les restaurants étaient japonais (une pagode), mexicain (une pyramide), italien, français (près de cette fausse tour Eiffel qui enchantait Blandine) : tout était faux, charmant, magique. A l'intérieur de la pyramide, un faux ciel clignotait au-dessus d'un lagon ; dans la pagode un chef japonais, beau comme un samouraï de cinéma, faisait cliqueter ses couteaux à découper comme des sabres. Et l'immense bulle illuminée, de l'autre côté du lac, la montgolfière, balle de tennis gigantesque à l'intérieur de laquelle des automates retraçaient toute l'évolution de l'homme, les grottes de Lascaux, le théâtre grec, Léonard de Vinci, promettait des envols futurs, une autre planète, une autre vérité.

122

— Ils ont tout, ici, disait Blandine. Ils ont l'imagination, les concepteurs, la technique, le fric. Qu'est-ce qu'on peut faire contre ça ?

— C'est vrai, disait Laura.

Et elle pensait, en marchant entre les pyramides de lumière, les vertigineuses murailles de miroirs que Blandine, elle aussi, avait tout : la force, l'intelligence, la beauté, qu'elle était une enfant magique. Que si elle était Blandine-en-Amérique, avec ce que cela comportait d'éblouissement, d'aveuglement, elle pourrait ne plus jamais souffrir... Et tout à coup, au sein même de l'enchantement, comme une fontaine qui jaillit de terre, ces vers avaient jailli en elle comme une royale, une majestueuse dénégation : « Entends, ma chère, entends la douce nuit qui marche. »

La poésie, l'existence de la poésie, avait reflué en elle, ardente et douloureuse : oui, elle existe, elle résiste. Et elle avait voulu, dans la surprise de cette révélation, dire à Blandine ce qu'elle venait de ressentir avec tant d'évidence : elle n'avait pas pu.

L'enfant magique, la nuit magique, ne devaient pas être entamés. L'autre côté du lac devait continuer de scintiller pour ceux qui s'en contentent. Elle avait été de ceux-là. Et que la poésie, que l'amour fussent, soient, différents, que se mêle l'amertume à l'émerveillement, elle devait le garder pour elle.

— A quoi penses-tu ? avait dit Blandine.

— A Martin.

— Je comprends. Ce serait bien qu'il partage cela avec nous, qu'il soit là. Pauvre Martin.

Pauvre Martin, doutant, cherchant, perdu,

inquiet. Pauvre Blandine. Se taire, encore? Pauvre Laura.

Elle rentra dans la chambre. Elle dit :

— Est-ce que je me tue, moi? Est-ce que je me drogue? Tu dis que je n'ai pas su vous donner le change, mais est-ce que je n'ai pas essayé de vous montrer ce qui était plus important que le bonheur? Que le confort moral que vous cherchez tous? Est-ce que je me suis plainte?

— Ça aurait mieux valu, peut-être...

Elle eut un mouvement de colère, d'indignation. Devait-elle s'abaisser jusqu'à se justifier, montrer ses plaies comme les mendiants devant les églises?

— Non. Je ne suis pas à plaindre. Je ne me plaindrai jamais. Tu vois, ce que nous souhaitons de toutes nos forces sans y atteindre, c'est déjà un privilège de l'avoir entrevu. C'est même peut-être un privilège de ne pas l'avoir obtenu.

Il faisait noir tout à fait. C'était la troisième nuit qui commençait. Elle sentait, autour de l'hôtel, Strasbourg qui les entourait, dont elle eût pu nommer chaque rue, chaque canal, presque chaque jardin, la ville de l'enfance tout autour d'elle comme une douce tentation sombre. Une dangereuse lassitude la gagnait.

— C'est amusant, dit-il d'une voix distraite. C'est amusant la façon dont tu me réconfortes.

— Je ne te réconforte pas, dit-elle, raffermie. Je te parle.

— D'ailleurs, comment pourrais-tu réconforter quelqu'un ? Si forte, si sûre de détenir la vérité... Si fière de la supporter... Comment pourrais-tu réconforter un type aussi minable que moi ? Parce que tu me trouves minable. Ne proteste pas. Tu as raison. Tu en es si sûre que tu ne me poses même pas de questions, tu as bien trop peur des réponses. Eh bien, je vais tout de même t'en donner deux, de réponses ; non, je ne crois pas que je recommencerai. Est-ce que j'étais de bonne foi, seulement ? J'ai eu trop peur. Je suis un lâche. Et encore, le mot fait trop grandiose, trop déserteur de la Légion au cinéma... Minable, moche, médiocre. C'est un peu pour ça que j'ai voulu... Si tu savais... Oph, elle a au moins le courage de se laisser mourir. Moi, rien que la sonde, j'avoue tout ce qu'on veut, je bouffe un éléphant. Et Marc, il vit un peu somnambule sur les bords, mais il va au bout de quelque chose... Ils me font honte de moi.

Alors, elle s'élança et marcha dans le feu.

— Crois-tu que tu sois le seul ? dit-elle.

« Ça commence comme ça : la honte de n'être pas aimée. Et puis la honte de sa propre exigence. Est-ce que j'y ai droit ? Est-ce que je mérite ce que je demande ? Mais où est le mérite là-dedans ? Je me suis éloignée de Dieu, c'est vrai, mais ce n'est pas parce que je ne le méritais pas. J'ai toujours su que je n'avais pas à le mériter. Seulement, je ne pensais pas à Dieu ; je perdais petit à petit, je te parle du début, d'avant la honte, je perdais tout ce qui était véhicule vers ces moments d'éternité : la

125

musique, la beauté, la compassion. Je n'avais pas besoin d'aimer les autres. Qu'ils viennent se chauffer à mon feu, il suffisait de m'approcher. Il n'y avait que lui, dans le désert, dans le silence. La honte s'est approchée de moi sur la pointe des pieds, sans que je m'en rende compte, sous le couvert de l'indulgence. Je l'excusais d'être distrait, absent : le surmenage. De me tromper, d'avoir des flirts (je pensais comme ça, j'ai été élevée d'une manière si « vieux genre » comme dit Blandine). L'indulgence, oui. Il ne peut pas, tout le temps, être disponible. Je me suis même raconté de jolies histoires niaises de collection à trois francs, celles qu'on trouve dans les gares : son sacerdoce, les hommes en blanc. Je me suis enthousiasmée, en me forçant un peu, pour son génial bricolage d'une vessie, pour la prostate des chefs d'Etat. Le sort d'un pays dépendant de la plomberie de mon mari, tu vois le genre ? Et un jour, je me suis dit : c'est moi cette idiote ? J'ai donc tellement besoin d'être heureuse, que je me raconte des histoires ? Regarde les choses en face, Laura, tu n'es pas aimée comme tu aimes, donc tu n'es pas aimée du tout.

« J'ai été assez contente de moi, une heure ou deux. Je me souviens, comme si j'avais subi une intervention chirurgicale, que mes oreilles s'étaient débouchées : j'entendais de nouveau la parole humaine, j'entendais la musique. J'ai même prié, ce jour-là. Je disais : " Mon Dieu, revenez dans mon âme libérée ".

— C'est tout ? murmura-t-il dans l'obscurité.

— Si c'était tout ! Tu trouverais ça très ridicule si je te récitais un poème ? Oh ! Et puis on n'en est plus là. « Quand j'ai connu la vérité, j'ai cru que c'était une amie. Quand je l'ai comprise et sentie, j'en étais déjà dégoûté... »

— C'est de qui ?

— Musset, je crois.

— C'est pas si bête.

— C'est pas si bête, comme tu dis. J'en étais déjà dégoûtée, de ma vérité, de ma fierté. Je n'étais plus sûre. Le jardin, la musique, le jour où il m'avait dit telle parole (mais était-ce bien ces mots-là), et ces baisers... Ce n'était peut-être rien d'autre que du bonheur, du bonheur bête, basé sur une tromperie, disons un porte-à-faux, rien de cette révélation que j'avais cru y trouver. Alors je doutais, ce n'était pas encore toucher le fond, mais alors, j'avais soif, tu m'entends, soif comme on n'a soif qu'en enfer, de cette tromperie, de ces mots qui n'avaient plus leur poids. De ces baisers.

Et dans la pénombre il la vit, non pas baisser la tête comme l'aurait fait une autre femme, mais relever son front étroit et pur, s'offrant à son jugement. Il eut envie de l'arrêter, n'osa pas.

— Alors ?

— Alors, j'ai cédé, parfois. Pas souvent. J'ai accepté les mots, les gestes. Pas souvent. Mais parfois. Une femme va toujours plus loin qu'un homme dans la grandeur et dans l'abjection. As-tu jamais lu les rubriques, dans les journaux féminins, où l'on explique comment retenir, rattraper un homme, comme on rattrape une mayonnaise ? Ignoble. Ignoble, et c'est peut-être aussi une déchirante humilité. Je les ai lues. J'ai changé de coiffure, je lui ai demandé des nouvelles de ses malades ; j'ai

127

lu des livres de médecine ; j'ai acheté du lait pour le corps.

— Maman ! dit-il, blessé.

— Tu parles de la peur ? Il avait peur de moi. Non, pas parce qu'il me... trompait (elle avait hésité un peu sur le mot, puis l'avait franchi d'un élan et dès lors ne s'arrêta plus). Parce que je l'aimais. C'était de cela, d'abord, que je ne m'apercevais pas, et puis il se dévoilait le temps d'un éclair, si bref que je me disais que j'étais folle. J'étais allée vers lui d'un élan et je croyais qu'il m'avait acceptée comme je me donnais, totalement. Et puis, de toutes petites choses. Un besoin de distraction, presque fébrile, une façon de me tenir en dehors de son travail, n'envahis, ne contamine pas aussi cela ; je l'excusais avec des raisons comme aurait pu en trouver ta grand-mère : un homme avait besoin d'avoir son domaine, ses amis. J'étais même assez heureuse, fière, de m'effacer, de n'être pas envahissante. Je serai son chat, me disais-je, ce n'était pas encore déshonorant, je me croyais aimée. Mon bonheur était d'écouter de la musique avec lui, le soir, quand il disposait d'une heure. *La Suite en si, Les Arabesques*... J'ai aimé la musique. Et puis je l'ai perdue, jusqu'à toi. Je m'asseyais au pied de son fauteuil, je lui tenais la main. Bien que notre différence d'âge ne soit pas bien grande, je le sentais comme mon aîné, plus sage, connaissant plus de choses, qu'il me communiquerait un jour. J'écoutais la musique, je tenais sa main, je touchais à une fusion si parfaite qu'elle ne laissait rien à désirer. Littéralement. Tous ces mots qu'on dit comme des images, n'étaient pas des images.

Quand je dis rien à désirer, je dis rien. Le désert. La nudité. Un soir, il a retiré sa main.

« Je ne sais pas comment te faire comprendre. Je l'aurais vu embrasser une autre femme, cela m'aurait fait moins d'effet. J'ai essayé de me raconter des histoires : qu'on ne peut pas être au même moment dans le même état de recueillement, d'extase. Qu'il avait eu une distraction, une crampe. Je me suis raccrochée à cette crampe. Déjà, la lâcheté. Ce n'était pas une crampe, c'était la peur. J'étais loin devant lui et je me racontais qu'il était encore à mes côtés. Un jour nous sommes allés nous asseoir au Luxembourg, près d'un arbre. Assis, dans la nature, les arbres qui s'agitaient doucement, l'été. Il me tenait la main, encore. Il me disait qu'il m'aimait. Les mots étaient les choses. Il m'aimait. L'été, c'était l'été. Et quand je dis, c'était le Paradis, je ne dis pas c'était comme le Paradis. C'était réellement, littéralement, le Paradis. J'y étais. Tout ce qu'on m'avait promis enfant, vaguement, dans un avenir indéfini, que même enfant j'acceptais comme une légende, s'accomplissait. J'étais dans un instant d'éternité. Et je suis sûre, et je serai sûre jusqu'à mon dernier jour, qu'il y était aussi. Un moment. Alors, il s'est levé, un peu pâle ou un peu rouge, comme quelqu'un qui a fait une rencontre désagréable, qui a croisé une relation qu'il aurait préféré éviter, il a vaguement parlé de se dégourdir les jambes, et puis de repiquer les hibiscus à la villa, je ne sais plus, il m'avait pris le bras, il ne m'abandonnait pas, mais il fuyait.

« Tu trouves tout ça bien romantique ? Tu veux que je te parle de ses caresses ? On parle de ça maintenant, à ses enfants, très librement, n'est-ce pas? Du lit, des problèmes sexuels, ça paraît plus fort, plus intime, et ce n'est qu'une seule et même chose, va. Oh! il venait, il venait à moi, plutôt deux fois qu'une, tout y était, il me serrait fort, il me découvrait, il n'avait rien à m'apprendre, je savais tout : je l'aimais. Et puis venaient les terribles mots dévastateurs, qui réduisent les gestes aux gestes, à l'insignifiance : c'était bien, c'était mieux, c'était ça, ce n'était que ça. J'étais une femme pour lui, une femme comme Lucette, comme Sylvie, comme les autres que je devinais. Une femme un peu plus aimée que les autres ; mais quand on dit " un peu plus ", " un peu moins ", ce n'est jamais assez, ce n'est rien.

« Tu as voulu te tuer, n'est-ce pas? Même si ça n'a été qu'un instant. Aller jusqu'au bout. Moi aussi, il faut que j'aille jusqu'au bout maintenant. Même si ça ne sert à rien. J'ai fait des confidences. Ça ne te paraît pas bien coupable? Ça l'était. Laisser d'autres femmes dont je savais qu'elles n'étaient pas capables de me comprendre mettre leurs sales mains dans mon histoire, leur livrer des phrases, qu'elles retournaient pour se faire une opinion, comme on retourne un poisson pas frais, me donner des conseils, et quelquefois, les suivre... Et tu crois que je ne sais pas ce que c'est que la honte! Et aimer quand même, de cette façon dégradante, aimer malgré soi, recueillir des bribes de tendresse, des caresses d'habitude, comme des trésors... Une carte postale banale (" Bien tendres pensées de Chicago ") portée entre le chandail et la peau. Un parfum, choisi bien différent ou bien semblable à celui d'une autre femme. Ça te dit ? La porte, le soir, qu'on laisse entrebâillée : si jamais l'idée lui venait. Le décolleté qui s'ouvre. La bonne qu'on paie en cachette, les étrennes trop importantes qu'on donne à la secrétaire, parce que le Dieu est un peu près de ses sous...

« Oui, je sais, je deviens vulgaire. C'est le dépôt, la lie de l'âme. J'ai fait pire, selon le jugement de bonne-maman, le jugement des Emmery. Un soir, à Arcachon, dans la villa des Hasselman, je suis descendue à la buanderie, où je savais qu'il rencontrait Sylvie, j'ai collé mon oreille à la porte, je voulais savoir s'il lui disait les mêmes mots qu'à moi. J'ai failli entrer, pourquoi pas ? J'étais folle. Mais pour moi le pire c'était la bonne : " Tenez, Maria, prenez cela, Monsieur ne se rend pas toujours compte... " Parce que je n'osais pas lui dire en face : " Tu exploites le dévouement de cette fille, tu exploites les sentiments de Lucette... " J'avais peur d'une ombre dans sa voix, dans son regard. Je ne pouvais pas vivre, certains jours, sans cette dégradante espèce d'amour qu'il me donnait.

« Lucette. Oui, pauvre Lucette. Je n'ai pas été la chercher, mais je suis bien contente de la trouver. Le paravent, l'alibi. Je peux passer par elle sans me salir les mains : " Lucette, vous donnerez à Maria... " J'aurais pu éviter Lucette en jouant les matrones, les mères de famille, les jalouses. Peut-être même aurait-il aimé ça ? Peut-être aurait-ce été une preuve d'amour de descendre jusque-là ? Le haut par le bas, en quelque sorte ? Lucette n'a aucun mal à faire ces acrobaties. Peut-être qu'elle vaut mieux que moi, plus amoureuse classique, chrétienne, Grisélidis, Justine, la victime-née... Une sainte, si elle l'avait épousé. Tu pourrais dire la phrase classique : ma mère est une sainte. Je ne sais pas si ça te réconforterait, mais enfin tu pourrais le dire.

— Ça ne me réconforterait pas, dit-il tendrement. Tu es mieux que ça. Mais...

— Mais ?

— Mais lui... tout ce que tu me dis là... Qu'est-ce qu'il en pense ? Vous en avez parlé, quelquefois ? Enfin, de certaines choses ?

— Je ne crois plus beaucoup en Dieu, dit-elle farouchement, mais s'il y a un Dieu, Dieu merci, je ne crois pas qu'il s'en soit jamais aperçu.

— Et la honte, aussi, qu'ils ne s'en aperçoivent pas, dit-il de façon inattendue. Je veux dire... qu'à côté d'eux, on mène une double vie...

— Tu parles d'Oph ? demanda-t-elle, incertaine.

Il eut un rire un peu tremblant.

— Tu as dit Oph ! C'est la première fois... Non, bien sûr, je parlais de Marc.

Marc-André :

— Il y a eu un fil, quelque part, qui s'est rompu, il me semble. Au XIXe siècle, il en restait quelque chose, c'est ce que j'aime dans les tentatives d'Enfantin dont j'ai pas mal parlé. Il y avait le bonheur des hommes, les maisons communes, les ateliers populaires, oui, mais il y avait aussi les affaires avec les banquiers, il y a eu le canal de Suez et ensuite le P.L.M. Et même le goût de l'aventure, du voyage, du dépaysement... et des aventures sentimentales, pourquoi ne pas le dire ?

— Les demoiselles du Barrage, en Egypte ?

— Et d'autres, et d'autres... L'idée d'un bonheur humain... Finalement, aujourd'hui, on parle beaucoup de justice et beaucoup moins de bonheur, d'harmonie. Il est vrai que c'est si dangereux.

— Le bonheur ?

— Ce qu'il y a de plus dangereux au monde, mon petit Martin. C'est pourquoi ce que tu essaies de faire est moins modeste qu'il ne paraît... Les conditions du bonheur humain... Et le rôle de la musique ! Toi qui es musicien, tu devrais lire quelques-unes de ces vieilles utopies. On s'en est beaucoup moqué, et je me demande aujourd'hui si on ne s'en est pas trop moqué... Tout cela reviendra, tu verras... Tiens, l'idée de créer de nouveaux langages, aujourd'hui où les langages (la langue de bois !) sont tellement contestés, tu trouves ça, pour ne pas chercher plus loin, dès le XVIIe; quelques-uns introduisirent dans leurs beaux récits des expressions, des noms fictifs ; mais il y en a qui élaborent de véritables grammaires nouvelles, Foigny, Veiras... Bien sûr, on ne lit plus tout ça... Godwin, Cyrano qui avaient inventé un véritable langage musical... Enfin, on peut dire que vous l'avez inventé aussi... Quelquefois je le trouve même assez bruyant !

— On vous gêne ?

— Vous me donnez tant de joie... murmura Marc.

Pauvre cœur disponible ! Si prompt à renaître, l'espoir ; si prompte la légère griserie de la vie qui se partage, se ramifie. La palpitation.

L'activité avait été considérable, cet automne 81, dans la vieille baraque. Martin prenait très au sérieux la remise à neuf du local et ne permettait pas à ses amis de se dérober. On clouait, on frottait, on huilait les gonds des vieilles portes, la maison craquait, vibrait de musique électrique et de coups de marteau. Le grondement des motos ou des vélomoteurs s'arrêtait devant la grille du jardinet noirâtre, qu'Hiroshi, le Japonais, repeignait. Les bruits et l'odeur de peinture montaient jusqu'au premier étage où Marc-André compulsait ses fiches, feuilletait ses dossiers (il vivait le premier automne de sa préretraite et reprenait son histoire de la Commune inachevée) et devant la table en formica de la cuisine, écrivait, de cette écriture à jambages qu'il tenait de sa mère et qu'on pouvait voir encore sur des pots de confiture, dans l'armoire : « Fraise-groseille 65... Cassis 67... » Il n'avait pas eu le courage de les entamer. Parfois, écartant le dossier ouvert devant lui, il prenait le long cahier gris caché dans le tiroir et notait rapidement, furtivement, comme s'il craignait d'être surpris : « Je crois qu'une vraie amitié se noue entre les amis de Martin et ce qu'il appelle " mes squatts ". M'Ba participe volontiers à la réfection du rez-de-chaussée. Par contre son cousin Sylla a disparu. Martin a-t-il fait acte d'autorité ? Et faut-il l'en féliciter ou le mettre en garde ? C'est

134

déjà le problème de toute collectivité, si modeste qu'elle soit, qui se pose à lui. Sélectionner ou laisser régner le désordre. »

Il se mit à faire froid. Mme Lamart, la concierge du 5, la tante d'Ophélie, cessa de geindre sur les poubelles qu'on ne sortait pas, car elles étaient gelées. Jean-Paul quitta sa chambre de bonne de la rue de l'Ouest et retourna chez lui sous prétexte que sa mère était malade : en réalité, il ne supportait pas d'avoir les pieds froids. Les autres se trouvèrent désemparés.

« Martin organise une sorte de campement aux Textiles. Il a décidément le sens de l'organisation. Le poêle à crêpes est installé dans la grande salle. Les jeunes gens prennent de plus en plus souvent leurs repas ensemble. Nécessité, sans doute, mais ne vont-ils pas découvrir ainsi une solidarité nouvelle ? » Marc lui-même vivait recroquevillé sur son radiateur électrique, quand il n'était pas à la Nationale. Hiroshi et Sophie, Do, Mimiche, tous étaient si insuffisamment chauffés dans leurs squatts et chambres de bonne qu'ils restaient collés toute la journée à ce fameux poêle. Frédé s'installa carrément au grenier avec Oph et Martin : M'Ba dans un débarras du rez-de-chaussée qu'il décora aussitôt de coquillages, de masques et de fleurs artificielles, d'une natte et d'une véritable lampe de chevet. Nicolas manifesta son indépendance en ne couchant sur place qu'un jour sur deux (on supposait que le reste du temps, il le passait dans le métro) et il s'allongeait n'importe où, roulé dans son manteau. Mimiche cachait que ses ressources (il gagnait gros dans les bals, avec son accordéon)

135

lui permettaient de s'offrir l'hôtel. Il avança d'ailleurs une petite somme à Martin pour que « les copains » puissent de temps à autre s'offrir autre chose que des crêpes. Marc offrait aussi, timidement, une aide que Martin comptabilisait aussitôt. Il avait décidé de ne rentrer chez lui que triomphant, il n'allait pas lâcher au premier hiver. Il leur insufflait de l'énergie. On bricolait, on faisait la manche, on vendait des crêpes, on se débrouillait, on se serrait, on était de plus en plus « on », qu'on le voulût ou non.

Au printemps, Do se mit à chanter avec eux. De toute façon elle en avait plus que marre des crêpes. Elle cédait la place à Sophie, sa sœur, qui depuis quelque temps faisait tout le travail, et si elle et Hiroshi n'y suffisaient pas, pourquoi ne pas demander l'aide d'Ophélie, qui traînait toujours à ne rien faire ? Martin insista tant qu'elle consentit, de temps à autre, à leur prêter une aide réticente : « Si tu y tiens... », disait-elle à Martin, qui avait à peine le temps de remarquer qu'elle ne faisait jamais rien si on ne l'en priait pas. Même pas manger. C'était son truc, il fallait la supplier de vivre. Comme s'il n'avait pas autre chose à faire ! Pourtant, quand elle ne descendait pas, il lui montait des crêpes dans une assiette en carton, et il restait là jusqu'à ce qu'elle les eût mangées. Elle était fichue de les balancer au chat. En attendant qu'elle eût fini, il se demandait s'il n'y aurait pas moyen d'ouvrir dans la salle du bas une cantine. Payante. Tant qu'à nourrir les gens...

Dès que Do, en février-mars, avait commencé à répéter, on avait entendu le premier « je suis crevée ». Elle ne voulait plus rien faire d'autre. Le gros garçon pâle qui s'intéressait à eux suggéra qu'elle prît quelques leçons de chant, et quelqu'un, ce devait être Nicolas, fit observer que Do avait peut-être besoin de leçons de chant, mais qu'Oph quand elle relayait Sophie aurait intérêt, elle, à suivre des cours de cuisine. D'ailleurs, pourquoi avaient-ils tous pris le pli de manger là ?

La question demeurait sans réponse en mai. Ophélie, offensée, avait regagné ses hauteurs solitaires, et Nicolas venait manger là tous les soirs. Les autres aussi d'ailleurs. C'était commode, et ils attendaient vaguement que quelque chose se dessinât, c'était un mot de Do qui vocalisait avec espoir. Ce qui fait que le 20 mai, quand le gros garçon réapparut plein de coups de soleil (il arrivait des Baléares, il ne s'embêtait pas), porteur d'un bermuda et annonça qu'on allait commencer le disque, ils furent tous soulagés. Bermuda (le surnom lui resta) disposait d'un petit studio pas cher, mais le *sound* était très bon. Evidemment ce n'était pas Londres, mais ils s'emballèrent, même ceux qui ne jouaient pas, ils étaient devenus frileux pendant cet hiver, et voulaient bien vivre en groupe, mais préféraient vivre un peu mieux...

« Autant je me méfie maintenant des grands bouleversements (avec de petits espoirs, quand même), autant cette expérience modeste, que j'observe au jour le jour, me paraît une forme d'avenir. Avec leurs propres moyens, artisanaux, ils vont faire un disque. Je pense à cette *Valse des astres* de Félicien David qui rapporta quelque argent aux saint-simoniens... Il y a aussi ce projet de cantine,

137

bien séduisant, qui élargirait notre horizon... Je ne veux pas me laisser griser, mais quand j'entends quelqu'un comme M'Ba employer tout naturellement l'expression *le groupe*, je me dis qu'autour de moi, quelque chose que je n'attendais plus, tout doucement, bouge... »

Marc écrivait cela. Le vent soufflait dans les voiles du vieux bateau, le vent dans la vieille âme fatiguée qui craquait, qui vibrait, qui hésitait encore au bord de l'Océan.

Et il les mettait en garde, pauvre cœur ! M'Ba avait entrepris d'aménager un peu le loft qui servait dorénavant aussi de cantine, et il leur parlait de Cabet, qui avait imaginé pour son Icarie des menus légaux, un « mobilier légal », identique pour tous, afin de respecter l'égalité. Et il les mettait en garde, pauvre cœur, contre la rigidité, le sectarisme, l'écueil des utopies, et quand Nicolas écrivait au marqueur des poèmes dans les toilettes, à bonne hauteur, afin que l'occupant fût contraint de les lire, il lui rappelait que dans William Morris, l'instruction n'est pas obligatoire, étant encore une forme d'oppression, et il leur lisait (à ceux qui voulaient bien l'écouter) la description du British Museum délaissé... Et il notait, pauvre cœur frémissant de tout ce grand vent dans ses voiles qu'il sentait, qu'il croyait sentir. Il notait leurs réactions, dans ce long cahier gris, son journal secret, son journal de bord : la légende des Textiles, la légende de Martin.

La fin du printemps amena quelques problèmes. Les musiciens snobaient les autres, disait Mimiche toujours cantonné dans les bals avec son accordéon.

Mais qu'est-ce que vous voulez qu'on fasse d'un accordéon dans un groupe rock? Mimiche parlait d'un certain Blanchard qui... On le faisait taire. Hiroshi se plaignait de Sophie qui couchait avec tout le monde, et Jean-Paul de Do qui ne couchait avec personne. Martin faisait les comptes. Il fallait bien que quelqu'un les fît. Puis il montait prendre un café avec Marc-André qui, lui, le comprenait. Oph était par trop défaitiste. Nicolas s'enregistrait toute la journée sur une petite radiocassette pourrie et ne savait plus si c'était l'appareil qui était minable, ou lui qui jouait comme un pied. Il eut une violente altercation avec Jean-Paul quand il apprit que celui-ci, ayant tapé ses parents, était allé en secret prendre des cours avec un prof du conservatoire. C'était à Bermuda de payer les cours, si quelqu'un avait besoin de cours, et pas aux parents des uns et des autres. Et les parents de Nicolas ne pouvaient pas, eux, lui payer de cours, vu qu'il n'avait pas de parents. Il s'était fait tout seul. « Le résultat n'est pas probant », dit Jean-Paul, et ce fut la lutte des classes. Finalement, ils partagèrent le prof, et Jean-Paul ne prit plus qu'une leçon sur deux, Nicolas prenant l'autre, mais en juin le prof mangea le morceau aux parents parce que Nicolas, histoire de rire un peu, lui avait dit que la gamme classique c'était facho, voir Attali.

Alors personne ne prit plus de leçons et ils enregistrèrent. Martin ne dit rien à ses parents. En fait, sauf Frédé, aucun d'eux ne dit rien à ses parents, et quant aux parents de Frédé (le père était O.S., la maman nettoyait des bureaux), ils ne le crurent probablement pas. Pour eux, leur fils vivait dans un monde fabuleux d'où il rapportait des histoires et non des tranches de foie de veau et il n'y avait pas de raison pour que ça change. Pendant l'été 82, une impression d'irréalité flotta. Jean-Paul, Nicolas et Frédé vivaient dans un rêve un peu angoissant. Do se voyait vedette. Comme s'ils allaient prendre un bateau, un avion, mais pas tout à fait pour la destination qu'ils avaient souhaitée. Comme s'ils avaient gagné sans billet un objet de loterie dont ils ne savaient trop quoi faire. Ça agaçait Martin. Le disque passait de temps en temps à la radio. Il fallait préparer autre chose, ne pas s'endormir. Et puis, tout de même, on aurait pu lui être un peu reconnaissant !

Il se donnait un mal ! Il cherchait des clients pour la marchandise de M'Ba, et « tant qu'à faire », ce fut son mot cette année-là, lui conseillait de ne plus importer de masques ni d'objets rituels ; il était tout à fait capable de les fabriquer lui-même, et même d'innover. Le jardinet se transformait en atelier, et prolongeait le loft. Martin avait ainsi trois zones d'influence dans la bâtisse des Textiles. Le rez-de-chaussée où musique, crêperie et menuiserie se mêlaient, le premier où il « rendait compte à Marc-André » et prolongeait avec lui des veillées interminables ; et le second où il cohabitait avec Oph et dont il arrivait de temps en temps à la faire sortir.

Martin exigea des heures fixes de répétition, il conseilla à Frédé de se raser les cheveux qu'il avait teints en rouge et de les laisser repousser de couleur naturelle. Frédé obtempéra. Fort de cette victoire, Martin dit à Nicolas qu'il pourrait, en

140

s'adressant à l'omnipotent blondinet, châtier un peu son langage. Tout dépendait de lui.

— Je refuse de me censurer ! hurlait Nicolas.

— Tu préfères faire foirer l'affaire ?

— Je n'ai besoin de personne pour gratter ma sèche ! Il y a des années que je fais la manche, ça n'est pas pour me faire récupérer par des marchands de crêpes !

— Il n'y a rien de plus facile à remplacer qu'une guitare sèche, dit Martin.

Il avait toujours été un peu impressionné par Nicolas, ses provocations, son indépendance ; mais après tout, il entreposait ses affaires dans un débarras, ce qui était plus commode que de les trimballer dans des gîtes de fortune, il venait se sustenter chaque fois qu'il était à sec, et même ses rapports passionnels et exaspérés avec les autres étaient devenus des liens.

— Dis tout de suite que tu me fous dehors !

Sous l'indignation perçait une certaine inquiétude. Accuser Martin de l'expulser était, en somme, lui en reconnaître le droit. Il se sentit un pouvoir.

— C'est à toi de choisir, dit-il.

Il lui était venu ces semaines-là, quand il parlait aux autres, une voix sans inflexions, neutre, dont il était content. Enfin, il maîtrisait son émotivité.

Cet été, « Les Minables » allèrent à Lille, à Hénin-Liétard, à Montceau-les-Mines, « C'est mon circuit », disait Bermuda le Blond avec fierté (sauf pour ses vacances naturellement) et en fin de compte, contrairement à tous les poncifs, il se conduisait correctement, ne râlait pas trop devant les demi-salles, leur fit faire des radios libres, des télés régionales, leur payait à bouffer. Il était pédé mais correct, il avait un petit faible pour Nicolas auquel il passait la main dans les cheveux, mais ça n'allait pas plus loin et Nico se contentait de hausser les épaules. Finalement, ils s'aperçurent que ce n'était pas son argent qu'il dépensait largement, mais celui d'un inaccessible Vieux, administrateur de sociétés. Ça les rapprocha : il n'avait pas un vrai statut d'adulte, on l'adopta. Il marquait à Martin des égards tout particuliers.

C'était déjà le deuxième automne et Frédé finit par coucher avec Ophélie. Petit problème. Non que Martin se fût formalisé : à peine un pincement au cœur, un froissement d'amour-propre. Alors elle dit : « C'est tout ce que ça te fait ? » et il vit qu'il ne s'était pas assez formalisé. Mais dur à rattraper. Oph était déjà retombée dans son inertie provocante. Frédé de son côté, qui « ne voulait pas donner dans le rapport de forces », ce qui se produit forcément quand on est deux, avait trouvé une idée lumineuse qui était de proposer Ophélie à Jean-Paul, parce que alors ils seraient trois et que ça arrangerait tout. Jean-Paul s'était récusé pour des raisons qu'il n'avait pas à expliciter, n'est-ce pas ? « Snob », avait dit Frédé et Nicolas, mis au courant : « Monogame ! » Ç'avait encore été à Martin d'arranger le coup.

— C'est intéressant, dit Marc, comme ils en parlaient un soir, sous la lampe jaune, devant un repas hétéroclite fait de sardines, d'œufs mayonnaise et d'une part du gombo de M'Ba... C'est intéressant parce que ton ami Frédé, sans le savoir, réinvente une partie de l'enseignement saint-simonien, et la partie la plus provocante, la plus révolutionnaire, la communauté sexuelle, qui a été cause de la scission Bazard-Enfantin, au cours d'une scène. Mais tu étais donc le... l'ami d'Ophélie ?

— Je croyais que tu t'en doutais, dit Martin aussi légèrement que possible, plongé dans le gombo, dans l'assiette à fleurs, son grand corps s'agitant nerveusement sur sa chaise.

— Tu ne me l'avais pas dit, fit Marc-André avec simplicité.

Il était un peu plus calme que d'habitude. Il avait demandé à Martin de le tutoyer, une quinzaine de jours avant. Martin eut le sourire charmant, désarmant, dont il usait avec sa mère.

— Il fallait que je te le dise ? La scène Enfantin-Rodriguès ?

Il savait lui parler, maintenant. Et il avait lu, enfin, parcouru ses livres.

— Il n'y a pas de rapport ! protestait Marc. Entre Enfantin et Rodriguès, il y avait Euphrasie, femme de l'un, maîtresse de l'autre, et quand Enfantin révèle la vérité à Rodriguès, son intrigue avec sa femme, c'est pour créer un choc psychologique, à la Gurdjieff, une prise de conscience... Je ne vois pas...

— Ben oui. J'ai toujours trouvé ça assez salaud. Pas net, tu vois ? Le rapport c'est que moi je trouve que les chocs, il faut plutôt les éviter...

— Mais ça ne me fait pas un choc de penser que toi et Ophélie... Je suis surpris, c'est tout, dit Marc-André, le cœur serré, éperdument sincère.

S'il regardait Martin à ce moment-là, il verrait,

143

sur ce visage irrégulier, charmant, encore si jeune, une expression singulièrement mûre, d'indulgence, d'ironie, de tendresse et d'admiration mêlées. Mais il ne le regarde pas. Ses mains s'appliquent à décortiquer une sardine avec calme. Ce regard d'homme dans ce visage d'adolescent, il ne le verra que trop tard.

On n'attendit plus que la patente pour donner à la crêperie une existence officielle. Marc alla à la mairie. Bermuda promit d'intervenir. Ophélie était malade, une déprime, un manque d'appétit, rien de bien net. Elle maigrissait. Sa tante en fit tout un foin et l'envoya à l'hôpital où on la garda trois jours. Nico s'indigna. Do dit qu'elle avait bien le droit de maigrir, Oph, si elle voulait. Et elle se mirait dans les vitrines avec complaisance. Le médecin incrimina la drogue, elle s'était piquée quelquefois, pour imiter Frédé, mais pas souvent, la crise de la jeunesse, les régimes idiots, lui administra des fortifiants et la renvoya avec une tape sur la joue. Ils trouvèrent tous l'épisode ridicule et cessèrent de saluer Mme Lamart. Marc regardait parfois Ophélie avec inquiétude mais elle lui tournait le dos. Il la privait de Martin un soir sur deux et elle n'aimait pas être seule le soir, une faiblesse.

Fin octobre, Bermuda invita toute la bande à *La Coupole*. Il avait eu la délicatesse de convier aussi Hiroshi, Oph et Sophie, et même Mimiche réapparu (il avoua par la suite que, grâce à ses économies, il avait passé deux mois dans un hôtel de V.R.P. ; la honte l'avait empêché de se manifester). Ils mangèrent beaucoup, burent du vin en carafe, et au dessert, Bermuda, se tournant vers Martin, annonça une nouvelle vraiment surprenante : le 45 s'était vendu. Oh! ce n'était pas les Rolling Stones ni Téléphone! mais enfin il s'était vendu « gentiment ». Le Vieux n'en était pas de sa poche, Bermuda n'avait pas perdu sa peine, alors, qu'est-ce que vous en dites? Et jouissant de leur surprise, il commanda le champagne. Ils le burent, naturellement, ils le burent. Jean-Paul et Frédé affichèrent même un contentement bruyant. Mais ils étaient tous secrètement bouleversés. Quelque chose prenait corps avec le mot « gentiment ». Il ne s'agissait plus de rêver. Un échec ne les eût pas surpris : ils avaient les uns et les autres essayé et abandonné mille choses. Un triomphe eût été d'aussi peu de conséquences : ils étaient prêts à rouler en Rolls, à partir pour le Mexique, à épouser des Japonaises, à porter des diamants à l'oreille. C'était absurde, c'était acceptable. Mais voilà Bermuda, appuyé sur son « gentil succès », qui parlait de « planifier leur carrière », d' « améliorer le sound », d' « investir dans de l'électronique », redevenu soudain étranger, adulte, enseignant, V.R.P., producteur en somme.

— Tu étais au courant? demandait soupçonneusement Nico à Martin, qui regardait ses mains.

Gêné le mec. Il y avait quelque chose là-dessous. Et Bermuda dit tout naturellement :

— Comme il est en quelque sorte votre manager, j'ai vu Martin la semaine dernière. Votre truc de crêperie, ça peut juste vivoter, mais la localisation est bonne, et de ce côté-là il y a peut-être aussi quelque chose à faire. Cramponnez-vous, les enfants, vous tenez le bon bout !

Ils revinrent à pied, à peine ivres, donnant des coups de pied dans les bornes, n'osant se communiquer des sentiments complexes. Do et Ophélie se tenaient par la taille, bien qu'elles ne s'aimassent guère, et Do dit distraitement : « C'est fou ce que tu as maigri ! »

Jean-Paul bourra le poêle en rentrant aux Textiles. Bermuda paierait. Un silence contraint planait dans la grande pièce froide, insuffisamment éclairée. C'était dimanche, jour de fermeture. Ils s'assirent sur des bancs, ils burent du cidre (ils attendaient aussi la licence pour l'alcool) et Nicolas dit à Martin avec un certain accablement :

— Tu nous as bien eus.

— Vous devriez me remercier, protesta Martin, mais il manquait de conviction.

— Te remercier ! Quand tu joues les éminences grises, l'homme qui venait du froid, le concombre masqué ! Tu l'as vu ton copain ? Et les contrats, et la crêperie, il prend tout en main, bientôt il va embrigader M'Ba et son petit commerce et créer un Prisu africain.

— Mais je veux bien, moi ! protestait M'Ba qui n'avait pas assisté au déjeuner, et Hiroshi ajoutait qu'avec des plaques électriques, un petit investissement de rien, il pourrait servir dix fois plus de crêpes, s'évader de la crêpe pour aller vers des plats plus élaborés...

— Bouclez-la, le tiers monde ! gueulait Nicolas.

Hiroshi protestait, M'Ba, non violent, étendait les bras d'un geste bénisseur, Sophie restait bouche

146

bée, Frédé s'interrogeait, Oph s'était précipitée dans l'escalier pour échapper au vacarme, Marc-André, au premier, entendait cette rumeur avec sérénité, c'était la créativité de la jeunesse, et Martin luttait contre un furieux sentiment d'injustice.

— Si c'est comme ça, je m'en lave les mains ! cria-t-il soudain, et même Nico se tut. Je vous trouve un local, je vous trouve un contrat, je vous trouve de l'argent, tout est sur des rails, tout baigne, et vous vous plaignez ! Qu'est-ce que vous vouliez alors ? Que ça foire ?

Il les planta là et monta à son tour. Trop c'est trop. Dans l'odeur aigre de la chambre, Ophélie se déshabillait. Elle était à moitié nue : de sa culotte de grand-mère sortaient deux jambes étiques que le hâle de l'été ne déguisait plus ; ses clavicules saillaient, même le ventre était creux, elle n'avait plus de chair que sur les seins, deux seins menus, ronds et gais, qui contrastaient avec ce corps de petite vieille.

Martin s'aperçut qu'il ne l'avait pas regardée depuis l'été. Il la saisit dans ses bras, la porta sur le pèse-personne de Do : 42 kilos. « Et ça, c'est aussi ma faute, sans doute. » Il se sentit responsable, coupable. Toute cette journée où ses projets avaient commencé d'aboutir, se terminait dans un désarroi : il se rendait compte à quel point ils avaient, tous, spéculé sur l'échec. Il les croyait plus solidaires, plus unis. Il s'était laissé intoxiquer par Marc.

Samedi soir. Sylvie, au fond de son lit, dans l'appartement silencieux, que le désordre envahit. Des journaux froissés, une assiette salie. « Même si vous ne vous levez pas, Madame, je peux faire un peu de ménage ? » a proposé Maria. Non. Pas de ménage. Elle s'inflige le désordre, le repas fait d'une boîte de conserve réchauffée. N'est-ce pas ainsi que se nourrissait Jocelyne, maintenant hors d'atteinte, irrécupérable ? Fini les manucures, les psychiatres, que Sylvie amenait à sa sœur avec l'espoir de la sortir d'une langueur sans grâce. Ce visage qui s'excusait avec aigreur d'être laid, ces mains posées sur les genoux avec une gaucherie agressive, se figent dans le souvenir : plus aucune retouche n'est possible. Sylvie se regarde dans le miroir à main. La bouche fardée qui est dans son visage une touche voluptueuse et désolée faisait de Jocelyne un clown triste. Avec un Kleenex, elle efface rageùsement le rouge de ses lèvres. Elle n'a pas maquillé ses yeux gris. Les mêmes yeux, se dit-elle, mais elle savait bien, qu'en passant de l'une à l'autre, l'abandon se faisait laisser-aller, la mélancolie maussaderie ; ne parlons pas de la minceur devenue maigreur chétive, du drapé qui se mettait à pendre... Et que nul ne redressera plus. Sylvie pleure l'œuvre inachevée à laquelle elle s'acharnait autant que sa sœur. Maintenant, devant ce fantôme sans grâce, elle ne sera plus jamais sûre d'elle-même.

Les biens qu'elle a conquis de haute lutte se sont toujours transformés, offerts à Jocelyne en colifichets dérisoires. Elle ne s'est pourtant jamais lassée de parader couverte de vison, de soie sauvage, entourée de meubles et de tableaux, entourée de figurants qui l'ennuyaient mais lui semblaient indispensables, dans ce décor de vases chinois et de lourdes draperies. Quelqu'un va s'arrêter et admirer le tableau. Mais Jocelyne est là (il faut qu'elle soit là, qu'elle participe au tableau, sans quoi, où est la victoire?). Jocelyne est là, brune ou blonde, selon les saisons, mais ayant toujours l'air, vêtue de la robe la plus coûteuse, de l'avoir empruntée (et même, disons le mot, piquée) à une élégante patronne. Alors tout remonte à la surface, les cartes grasses, les réussites de la maman, le placard impossible à fermer plein de hardes fripées, repoussées du pied quand on a « une visite », le poisseux carafon à porto du salon. Et puis les débuts, les misérables prestations de figurante, pour lesquelles on emprunte une robe, tout le quotidien, le plat, les odeurs de cuisine dans l'ascenseur étroit, la poubelle à descendre... Enfin Hasselman, la capture.

Mais Jocelyne, installée dans un appartement coquet, couchée dans un grand lit aux draps roses, une liseuse en cygne sur les épaules, arrive à recréer, au moyen d'un verre sale à son chevet, d'un journal froissé sur le lit, où elle a coché au crayon les résultats du tiercé, d'un flacon de médicaments, de deux cotons à maquillage, l'atmosphère d'échec satisfait, de la rue Ordener. Sylvie vient tous les jours, range, pomponne sa sœur, lutte. Parfois on lui dit « votre sœur vous ressemble » mais au fond d'elle-même elle sait que c'est elle qui ressemble à sa sœur. Et dans ce combat hargneux et tendre, elle n'a jamais été sûre d'avoir le dessus, puisque c'est aussi Jocelyne que le vieil Hasselman, un jour, a épousée. Elle s'en est rendu compte assez vite. Pas intelligente, Sylvie, mais fine ; et hypersensible à certaines nuances. La bonté dans les yeux d'Hasselman : l'horreur. Les cadeaux disproportionnés, les robes. La compensation. Il a pour elle les attentions qu'on a pour un handicapé. Il la voit, lui, la tache de graisse minuscule, le cerne noir sous les ongles, qu'elle a le sentiment de ne jamais pouvoir faire disparaître. Vous appelez ça de l'amour ? « Mais j'aime beaucoup ta maman, ma chérie. Elle est tellement drôle, quand elle raconte les histoires du quartier ! » Et il apporte des médicaments à la vieille femme, « son » sirop, « son » magazine, il joue aux cartes avec elle, quelquefois plaisante sur ses peignoirs dans lesquels elle se traîne à quatre heures de l'après-midi, ses bigoudis. « On se fait belle, on va au bal en cachette, belle-maman ? » Il emmène Jocelyne en vacances. Il les aime bien, oui, il ne fait pas semblant, le vieux professeur vénéré, le vieux Juif érudit, un peu sorcier et, disent les infirmières, les internes, « d'une bonté d'enfant ». D'enfant, oui. D'enfant qui montre du doigt l'œil qui louche, la verrue. Il n'y voit pas de mal, il n'y a pour lui ni beauté ni laideur. Des particularités, c'est tout — des maladies ? Rien que la variété de la vie. Et il caresse Sylvie comme il caresserait, chez lui, un chat, au zoo le museau tendu d'une girafe. Mais alors, qu'est-ce qu'elle a conquis, Sylvie, à quoi lui a servi de devenir jolie, d'acquérir un vocabulaire, une aisance, de prêter une attention constante, animale aux faits et gestes de ceux de l'autre espèce ?

Il ne lui résistait pas. Par amour ? Par bonté ? Lourde, intolérable bonté. Pour lui un chat et une girafe sont égaux en droit, et de plus, de plus, il sait avec l'instinct des persécutés, des minoritaires, qu'il y a des gens qui persécutent les girafes, que si les girafes baissent la tête, c'est qu'elles savent qu'elles ont le cou long, et qu'on est arrivé à les persuader que c'est laid ; elles n'ont pas appris à revendiquer leur statut de girafe, leur girafitude, et lui, il a orné le long cou de pendentifs et de colliers pour réparer, vieux Messie plein de pellicules, pour réparer le tort fait par l'humanité entière aux girafes, à Jocelyne, à Sylvie. L'horreur.

Mais si Jocelyne se transfigurait... Il n'y aurait plus de réparation, plus de bonté. Elles passeraient toutes les deux de l'autre côté du miroir, dans des salons peuplés de brillants causeurs, elles seraient d'élégantes silhouettes parmi les autres, délivrées de la tare originelle, acceptées de plein droit. Elues. Toutes les deux.

La vieille danseuse, la concierge qui avait l'air d'une cartomancienne, le personnage démodé, comique, qui de son énorme langue violette léchait jusqu'au bout le fond des petits verres de prunelle, était morte, enfin (Sylvie a pensé « enfin ». Jocelyne a pleuré un peu). Et Jocelyne a commencé à se plaindre. Grosseur au sein, visite à Théo, il diagnostique un cancer du sein, peu avancé, opérable. Il opère. Enfin Jocelyne est le centre de l'attention. On compatit, on craint une récidive, et puis, non, ça a l'air de se tasser. Sylvie, sans se le formuler, espère une métamorphose. La mort qu'elle a frôlée de près donnera-t-elle à Jocelyne une dimension qui lui manque ? Une pulsion ? La comparaison avec l'arbre qu'on taille lui vient à l'esprit tout naturellement, tout férocement, on a tout de même été obligé d'amputer une bonne partie du sein droit. Le mal prestigieux, mythique, qu'on n'ose nommer, la « longue et cruelle maladie », le « mal qui ne pardonne pas » va-t-il enfin auréoler, racheter le double honteux et tenace qui s'accroche à l'élégant sillage de Sylvie ?

Las ! Pendant quatre ans, Jocelyne hésite entre la maladie et la santé, entre la tragédie et le miracle, sans se décider. Pas de récidive, mais une fatigue, une convalescence interminable. « Que veux-tu, maintenant qu'on m'a amputée, je suis une infirme, je ne suis plus une femme, je n'ai plus envie de vivre... » Ce n'est pas qu'elle en ait jamais eu tellement envie... Le sein manquant devient une montagne, un prétexte à toutes les négligences, à toutes les démissions. Et avec ça Jocelyne n'est pas tragique, mais lamentable. Elle vit son amputation, son mal, comme un éternel rhume de cerveau. Elle se plaint d'aigreurs d'estomac, de boutons sur le visage : elle ne digère pas les médicaments, entre en conflit avec la Sécurité sociale. Constante humiliation de Sylvie, qui perd entre-temps son mari et porte le deuil du vieillard mal aimé avec la pompe d'Andromaque. Alors à Théo, déjà depuis longtemps son amant épisodique : « Fais-lui une greffe », « guéris-la ». Elle se répète, jour après jour, malgré les objections du grand homme : « Il est bien tard... » « Il est bien tôt... le choc opératoire... » et même : « Qu'est-ce que ça changera dans sa vie ? » Sylvie, avec acharnement, prêtant

152

toutes les vertus au sein mythique, au sein absent :
« Tu peux le faire, tu peux lui rendre le moral, tu
peux la guérir. Tu peux. » Là où la compréhension
de Lucette, l'exigence de Laura avaient échoué, elle
avait su trouver le point faible de cet homme fort. Il
pouvait. Il pouvait guérir même un mal qui n'existait pas. Il pouvait transfigurer, il pouvait tenir
dans ses mains la délicate palpitation de la vie, la
bricoler pour qu'elle prît un autre rythme, la
débarrasser des brides, des adhérences qui l'entra-
vaient. Alors sorti de là, la porte refermée sur le
bloc opératoire, lavées les mains du miracle, était-il
vraisemblable, voyons, était-il vraisemblable, que
le pouvoir de Théo prît fin ?

Il s'est laissé tenter. Jocelyne s'est laissée
convaincre. Sylvie s'est suggestionnée. « Si on
arrive à lui refaire un sein normal... » Alors Hasselman mort, la rigolarde mère morte, Sylvie et
Jocelyne, enfin jumelles, connaîtraient l'assomption, la libre et grande vie des femmes nées riches,
nées jolies, nées élégantes, nées sans péché.

Jocelyne est morte. Elle est couchée dans sa
tombe avec un sein qui n'a jamais servi. Jamais
Sylvie ne sera rachetée. Elle se hait d'avoir cru que
c'était possible, elle hait Théo de s'être laissé
convaincre. « Il devait me dire que c'était inutile
d'essayer de faire de sa vie quelque chose de
propre ! » se répète-t-elle doucement, en faisant
tomber des miettes de pain dans ses draps.

La nuit se traîne sans nouvel appel de Strasbourg. Théo a mal dormi. Mais puisqu'on vous dit
qu'elle avait pris des I.M.A.O. en douce ! Je ne suis
pas responsable de toutes les conneries que peuvent
faire les malades en dehors du bloc ! Si j'avais su, je
lui aurais mis une camisole de force ! Il n'est pas
responsable, mais il se sent responsable. S'il avait
su communiquer à Jocelyne la chaleureuse
confiance qu'il éprouve, qu'il transmet d'habitude,
elle n'aurait pas pris ces antidépresseurs, elle ne
serait pas morte. Bon. Il y en a d'autres qui
meurent. Elle n'est pas la seule. Il compte plutôt
moins d'échecs à son bilan que les autres chirur-
giens. Le chirurgien les ressent, sans doute, plus
durement que les autres médecins. Pas d'intermé-
diaires entre la mort et lui. Mais pourquoi a-t-il
consenti à pratiquer une intervention qui ne lui
plaisait pas ? Lui inspirait une sorte d'appréhension, un pressentiment si on veut ? Et à cause de ce
pressentiment, et parce qu'il ne croyait pas qu' « un
sein de plus ou de moins », comme il l'avait répété à
Sylvie, pût changer la triste vie de Jocelyne, il n'a
pas su lui inspirer confiance. Et elle a pris des
I.M.A.O. Et le cœur a lâché. Bon, je rabâche.

Elle souffrait. Bon. Mais qui est-ce qui ne souffre
pas plus ou moins ? Ça fait partie de la vie. Est-ce
que je ne souffre pas, moi ? se demande-t-il avec cet
égoïsme ingénu, enfantin, qui séduit les femmes.
Est-ce qu'on me plaint ? Et pourtant c'est un coup
dur, parce qu'il aimait bien Jocelyne, parce qu'il
déteste l'échec, parce que personne ne peut savoir

ce que c'est, sauf un chirurgien, que d'essayer encore de capter une palpitation, de réussir une ligature, alors que le corps inerte le trahit et passe, quel que soit le sens qu'on donne à ce mot, de l'autre côté. Et c'est sur ce coup dur que Sylvie menace, que Laura disparaît, que... Il cherche à recenser les injustices dont il est l'objet, et trouve encore la statuette Khmer qui lui a échappé à Drouot et la complication du foie d'un accidenté de vingt ans, de ceux qu'il appelle « les motos du samedi », de petits cons qui, au sortir du bal, se lancent sur des véhicules volés ou non et qu'on retrouve en bouillie dans le caniveau. Enfin! Celui-là râle, proteste, il s'en sortira. Jocelyne avait un bon électrocardiogramme, on ne pouvait pas prévoir... Il cherche pourquoi le pressentiment, pourquoi la culpabilité, il cherche la faille par où la vie a pu s'échapper, lui échapper... Il ne trouve pas. Il ne pouvait pas prévoir. Pas plus qu'il ne pouvait prévoir le moment où Laura a commencé à lui échapper, ou Martin. Bavures. Vous avez entendu parler d'un chirurgien, d'un homme à qui jamais, jamais ça n'est arrivé?

Et la réaction de Daumal. Encore une injustice. Le salaud triomphait. Il va courir raconter sa version de l'affaire à la Fondation et essayer de me supplanter pour New York. Si jamais il entend parler d'une menace de procès...

Non, ce qui est curieux, c'est le pressentiment. Je ne pouvais pas deviner qu'elle allait se bourrer de saloperies... Et il est si confiant d'ordinaire, si convaincu qu'on peut presque toujours tenter quelque chose, bricoleur génial, passionné, prêt à amputer, à raccorder, à dévier... En général ça marche. Au moins quelque temps. C'est si acharné, la vie, ça s'accroche d'une façon que certains peuvent trouver sordide, mais que lui a toujours admirée. La seule force devant laquelle il se sent humble.

Inutile d'essayer de se rendormir. Dans l'appartement vide il se lève, va jusqu'à la cuisine se faire un café. Eclats de verre, assiettes cassées, le spectacle ravive sa colère de la veille, l'indignation éprouvée devant le monstrueux départ de Laura. Martin? Pas grave, accident de parcours. Tous les jeunes aujourd'hui... Et s'il s'est laissé emmener par maman, c'est qu'il veut s'en sortir. Mais elle? Elle lui arrache son fils, et pas un mot, pas une adresse. Et si ça se savait? Daumal! Mais il sait bien que la plaie profonde n'est pas là. Elle a voulu lui signifier qu'il ne peut rien ni pour Martin ni pour elle. Elle a sauté sur l'occasion de l'humilier, de se venger, et avec le meilleur des prétextes. Qui reprochera à une mère d'emmener son petit drogué à la campagne?

Zigzaguant au milieu des débris, il a réussi à atteindre la bouilloire et attend, les pieds nus sur le carrelage, que l'eau chauffe. Impatient. Il l'est toujours. « Si ce soir je n'ai pas de nouvelles, je mets un flic discret sur l'affaire », décrète-t-il en versant l'eau pas assez chaude sur le Nescafé trop abondant. Dégueulasse.

Oui, mais il faudra expliquer. Expliquer quoi? Il l'entend, le flic, l'ami, dire avec tact : « Elle a peut-être un autre attachement? » Un amant, elle? Se mettre dans son tort, Laura? Rien que pour m'emmerder, elle ne prendrait pas d'amant. Pour

156

me faire sentir que rien ne nous sépare que ma propre indignité. Est-ce qu'elle se rend compte, seulement, de tout le travail qu'il a abattu en vingt ans ? Vingt ans ? Vingt-cinq ans, trente ans ! Depuis l'âge de douze ou treize ans, il n'y a pas un moment où il ait cessé de travailler, d'apprendre, d'assimiler, d'inventer. Il oublie seulement le plaisir qu'il y a pris. C'est peut-être ce que Laura lui reproche implicitement ?

— Vous vous querelliez fréquemment ?

Jamais. Jamais. Il a essayé. Elle se dérobait, le regard tourné en dedans, souriante. Est-ce qu'il osera demander, le flic, l'ami : « Vos rapports physiques étaient normaux ? » Oui, je la prenais dans mes bras, ses lèvres fraîches contre les miennes, oui, je la serrais à la faire crier, oui, près d'elle j'entrais dans un enchantement silencieux comme dans un jardin, frais et torride comme un jardin, plein d'odeurs que le soleil de midi lui arrache, plein de zones d'ombre et de repos où je posais ma tête. Et elle, le feu aux joues, le regard égaré, ce cri bref d'hirondelle atteinte en plein vol... Mais jamais un mot. Jamais. Même au début : une gravité douce, une patience... On eût dit qu'elle portait le deuil de leur amour avant même qu'il ne fût mort.

Etait-il mort ? Non, il s'était toujours dit que non, même quand il posait la main sur son épaule et sentait ses muscles se raidir ; et quand elle flanchait, faiblissait, il le savait bien tout de même qu'elle le désirait, même quand alors elle tournait la tête, posait sa main sur ses yeux, défendait quelque chose en elle qu'elle lui dérobait toujours. Et

157

brusquement, quand avec ce petit cri aigu, triste, son corps dans un sursaut s'abandonnait, ce n'était pas seulement délivré du plaisir, mais d'autre chose, d'une obligation secrète d'être Laura, que ce corps mince et mat se libérait. Alors il arrivait qu'elle rît, d'un rire nerveux qui montrait ses petites dents blanches, aiguës, d'animal à ossature fine, et elle le mordillait, se frottait à lui, toujours en silence, le couvrant même parfois (il y a longtemps?) d'une multitude de petits baisers secs, méchants, de petits coups de langue frustrants (sa langue râpeuse, féline) et si elle approchait sa bouche furtive du sexe de l'homme, il lui arrivait, à Théo, de penser un instant à ces louves de cauchemar qui castrent les hommes, peut-être par amour.

Le reste, peccadilles. « Vous-même, n'aviez pas quelques liaisons qui... » Bien sûr. Est-ce qu'on allait lui reprocher de ne pas rester sur sa faim? Et Lucette, c'était vraiment le pain, la nourriture essentielle voracement avalée. Bien sûr il avait voulu qu'elle vînt travailler tous les jours, bien sûr il avait dit « pour l'avoir sous la main », bien sûr Laura n'avait pas commenté; mais enfin, Lucette, son cri ample, généreux, sa bouche, ses seins, son corps fondant et résistant comme une terre meuble, c'était son minimum vital, son repos, sa petite sœur, son fauteuil, sa télé — en aucun cas une pute. Il l'adorait, Lucette, elle était dans sa vie, immuable, il l'aimait comme un vieux fauteuil, comme la statue de Mercure, si moche, dans l'entrée, il l'aimait comme ce qui lui appartenait, il l'aimait comme sa femme : il s'en foutait complètement. Laura, il l'aimait comme ce qui ne lui appartenait pas.

— Et le jeune homme, là-dedans ?

Le flic, l'ami, suppose a priori que si un jeune homme de famille honorable fait des bêtises, ce sont les fréquentations, c'est l'époque, le relâchement des mœurs, que sais-je ; le psy accusera les parents, un secret traumatisme. Mais tout ça, c'est une question d'estomac. On digère ou on ne digère pas. En bloc. Martin, malgré sa grande carcasse, a, apparemment, ce que nos grand-mères appelaient « une petite santé ». D'accord, il n'y peut rien ; qu'il se soigne, qu'on le soigne, d'accord. De là à en profiter pour le transformer en otage.

La nuit se traîne. Il a fini son café, il regarde sa montre, il est cinq heures du matin, il est sans nouvelles de Laura depuis deux jours. Il éternue, il a les pieds froids, il retourne dans sa chambre et enfile un peignoir de bain.

Strasbourg, c'était sûrement elle. Il s'assied sur le lit, il regarde le téléphone. C'est peut-être la première fois qu'il attend.

Il est cinq heures du matin. Il y a deux jours que Martin est à Strasbourg. Il dort. Du moins est-il dans ce faux jour intérieur où il peut se demander s'il dort ou non, subterfuge utilisé presque inconsciemment (et dont la drogue n'a été qu'un signe tangible) pour échapper à un conflit mal formulé.

159

Ainsi des épisodes entiers de sa jeune vie se sont-ils déroulés, ces deux dernières années, dans le clair-obscur. Sa bonne foi même était alors comme une lampe voilée. Une lueur filtrant à travers ses cils à peine disjoints, il regarde sa mère qui va et vient silencieusement entre leurs deux chambres, pliant un linge, rinçant un verre.

« Elle a l'air calme », constate-t-il sans en tirer de conclusion. Malgré la répugnance qu'il a à reprendre un corps à corps où il ne sait pas si elle cherche à lui maintenir la tête hors de l'eau, ou si elle l'enlace pour disparaître avec lui ; malgré la répugnance qu'il met à s'analyser, il sait déjà qu'une certaine forme de calme, qu'on trouve en soi aux moments désespérés, a une double signification, comme un grand manteau jeté sur la terre a une invisible doublure, grouillante d'insectes fouisseurs.

Elle doit avoir sommeil. C'est la nuit. La troisième nuit. Il ne connaît pas l'heure et ne souhaite pas la connaître. Ce serait supportable, la vie, s'il n'y avait que la nuit, le silence, des silhouettes. La caverne de Platon. Une chanson de Damia. « Je voudrais que la nuit ne s'achève jamais... » Le calme.

Il la voit retirer les épingles d'écaille de son chignon, secouer la tête, avec un soupir presque voluptueux de soulagement. Elle s'étire, elle bâille. Elle sourit dans le vide, d'une façon indéchiffrable et il a carrément honte. Il ferme les yeux très fort et brusquement lui revient en mémoire un soir. Il était venu lui parler, avait pénétré dans l'appartement avec sa clé, et l'avait trouvé vide. Il était dans cet état de lucidité exaspérée qui ressemble au rêve, qui

160

en est peut-être un, et qui décape la réalité de son vernis.

Il avait regardé l'entrée, la porte restée ouverte du cabinet paternel, avec un intérêt coupable, comme s'il avait pénétré par effraction chez des inconnus : les animaux en bronze, les bibelots, témoignages de reconnaissance de malades impécunieux, une paire de gants très jolis, brun et vert, qui appartenaient à Laura, jetés sur la huche (d'une consternante banalité — du rustique normand). Les gants l'avaient amusé. Laura était une des dernières femmes de Paris qui ne sortît jamais sans gants, et cela lui avait paru bien significatif. Un poster accroché par Blandine, et qu'on avait respecté. « Ma famille », s'était-il dit, avec une sorte de stupeur. Un père riche, considéré, jovial, tolérant en somme ; une mère fine et sensible, belle de surcroît ; une sœur, mon Dieu, pas pire qu'une autre (c'est ainsi qu'il se dissimulait le fossé qui l'avait séparé de Blandine). Une famille, oui, tout à fait possible. Alors, qu'est-ce qui l'avait fait fuir ? Le mauvais goût cossu de la salle d'attente, du cabinet, le bric-à-brac du salon (tenture congolaise, jeté de lit persan, fauteuils faux Louis XV mais vrai Napoléon III, le tout témoignant de toquades successives de Théo et de l'indifférence de Laura) expliquaient-ils quelque chose ?

Dans le silence du samedi soir (la bonne au cinéma, Lucette chez sa mère, ses parents sans doute à un dîner) il rôdait dans l'appartement comme un voleur, comme un espion, cherchant un objet précieux, un indice.

La chambre à coucher trahissait un départ

161

précipité : une paire de chaussettes d'homme, au pied du lit, un collier fantaisie jeté sur la commode. Il y avait deux chambres à coucher, l'une étant celle du couple, l'autre celle de Laura. Et Martin remarqua pour la première fois combien il était curieux que Théo, qui d'eux tous paraissait avoir la plus forte personnalité, n'eût pas de chambre à lui ; qu'il ne réservât à son usage personnel, en somme, que son cabinet — et peut-on considérer un cabinet de consultation comme un endroit personnel ? Mais il était partout chez lui, n'est-ce pas ? Les yeux fixés sur les mocassins abandonnés de son père, Martin se rendait compte que la moindre trace de Théo dans la maison l'exaspérait — et Dieu sait qu'il n'en manquait pas. Rivalité classique ? Sans doute. Mais là, seul dans l'appartement silencieux comme un mausolée, il lui fallait bien reconnaître que plus que ses défauts évidents, ce qui l'exaspérait et même, subtilement, le troublait, c'étaient, chez son père, des qualités qui n'étaient ni voulues ni conscientes. C'était l'impossibilité de séparer ces qualités, générosité, joie de vivre, altruisme écrasant (les trois quarts de son temps libre se passant à mettre en rapport des gens qui auraient, d'après lui, intérêt à se connaître, à susciter des entreprises qui auraient, d'après lui, intérêt à voir le jour, à « caser » des jeunes gens, fils d'amis ou de parents pauvres, à donner des conseils éclairés et à écrire des lettres de recommandation — et avec cela imbattable sur les déclarations d'impôts, sur le régime de Sécurité sociale des immigrés — sur quoi n'était-il pas imbattable !), des défauts énormes et évidents qui leur servaient de contrepoids, de faire-valoir — du bénéfice que Théo tirait sans scrupules de sa propre bonté!

Et même, était-ce de la bonté? C'était un besoin d'agir, de se dépenser, de voir autour de lui des visages souriants, un goût du pouvoir débonnaire et d'autant plus pernicieux, une autosatisfaction flagrante, sans aucune arrière-pensée, qu'il étalait comme un obèse son ventre. Que pouvaient, devant ce bloc de certitudes, la finesse, la fierté de Laura?

Il poussait du pied l'une des chaussures abandonnées. Il aurait pu la mettre. Il avait les grands pieds, les grandes mains, la stature de son père. Laura n'avait pu qu'affiner les traits, que marquer le regard. Encore cette empreinte lui avait-elle fait autant de mal que de bien. Dans le miroir de la coiffeuse, il s'aperçut, les mains pendantes, dégingandé, image même de l'indécision. Non, il ne ressemblait pas à sa mère. Il lui suffisait de se regarder dans les yeux, ces yeux bleuâtres, étirés vers les tempes, qu'on lui disait si beaux quand il était enfant; derrière ces yeux obliques, comme derrière des meurtrières, Laura était retranchée; lui, était prisonnier. Et parfois il allait jusqu'à lui en vouloir, à cette mère adorée, qui avait mis en lui, comme un écho affaibli de sa révolte, une trop faible nostalgie.

Et cette soirée où rien ne s'était passé émergeait dans son esprit, cette nuit-là, à Strasbourg, comme un moment important, significatif, le moment où libéré par leur absence, il avait pu parler à ses parents, en les priant, dans son désarroi, de démêler en lui ce qu'ils avaient mis de l'un et de l'autre, de démêler l'indémêlable, de dissocier l'indissociable, et de rendre la paix à son esprit troublé. Et il avait erré longtemps dans l'appartement désert, redressant un flacon renversé, se versant un porto qu'il n'avait pas bu, raccrochant le téléphone intérieur comme s'il s'était promené au milieu de ruines, d'un champ de bataille abandonné, alors qu'il n'y avait pas eu de bataille, puisqu'il n'avait rien dit, puisqu'il n'avait rien pu dire, ce soir où il était venu leur annoncer qu'Ophélie était enceinte.

Leur annoncer ? Leur demander conseil ? Même pas. Leur demander, tout bêtement, de l'argent puisqu'elle avait, comme son amie, comme tant de filles sur lesquelles il se refusait à s'interroger, laissé passer la date légale de l'I.V.G. ? Sans doute. Pas seulement. Car il eût pu sans peine inventer quelque prétexte, ne fût-ce qu'auprès de son père, et se procurer cet argent. Non, s'il avait dû demander à ses parents un quelconque secours, un éclaircissement, c'eût été celui-ci : devant cette banale péripétie, pourquoi cette lâcheté, cette horreur ? Il ne manquait pas de prétextes à dérobades : l'existence d'un garagiste épisodique, celle de Frédé ; mais la seule possibilité d'avoir, peut-être, une part de responsabilité dans l'état d'Ophélie le terrifiait. « Une part ! » C'était ainsi qu'il pensait. Mais est-ce qu'on fait une part d'enfant, un morceau ? On fait un enfant tout constitué, qui vient au monde, grandit, pose à son tour des questions, à son tour souffre et juge... Je ne veux pas. Je veux que tout s'arrête à moi. Je ne veux pas être complice, je ne veux pas que ça continue... Terreur enfantine, refus, reproche... Il s'était senti menacé par un piège beaucoup plus dangereux que celui, banal, de la reconnaissance ou du mariage, où Oph ne songeait pas, d'ailleurs, à l'entraîner : celui de perpétuer un malaise dont l'acuité lui était brusquement devenue perceptible. C'était cela qu'il était venu leur dire, c'était de ce fardeau qu'il avait espéré se décharger, et peut-être, s'il avait osé, aurait-il crié, ou chuchoté, ou sangloté la question essentielle : « Comment faites-vous ? »

Mais il n'avait trouvé que le logis vide, et il était au bout d'une heure reparti, ayant parlé tout seul au milieu de ces vestiges qui témoignaient de la continuité de la vie, de l'échec de l'amour. C'était la première fois qu'il avait le sentiment d'épier ses parents, plus, de leur dérober quelque chose : les indices, les traces d'un secret. A côté de cela, qu'était-ce que les sept cent cinquante francs qu'il allait prendre dans la coiffeuse de Laura ?

Ils avaient pris ça plutôt à la rigolade, au moment même. Ça tombait dans un tel moment d'agitation, le disque commençait à marcher, la patente était arrivée, Do qui vocalisait toute la journée abandonnait la totale responsabilité des fourneaux à Sophie et à Hiroshi, Jean-Paul et Nicolas se chamaillaient encore pour l'histoire des leçons de solfège, Mimiche venait de se faire tabasser dans le métro par des concurrents qui défendaient leur emplacement comme des putes, et M'Ba dont les ambitions grandissaient (il envisageait une galerie d'art nègre) voulait faire installer dans le local une ligne téléphonique. Nico protestait. C'était tombé en plein tumulte, le coup de théâtre d'Oph. On avait bien besoin de ça !

Marc était descendu, en se forçant un peu, se tenant discrètement dans un coin.

— Mais ça ne me gêne pas du tout que vous vous serviez de ma ligne ! dit-il. Je vous appelle par la fenêtre, c'est tout...

— Oui, mais vous n'êtes pas toujours là, monsieur Rondeau...

— Le téléphone ! protestait Nicolas. Non seulement on se transforme en bistrot, mais on a le téléphone ! A quand les réservations ?

Do ne comprenait même pas qu'on discutât.

— Est-ce qu'on refuse l'électricité et le gaz ? Est-ce qu'on vit dans une grotte ? Est-ce qu'on mange de la viandre crue ? Tu es ridicule !

Frédé dit que c'était « un pas ».

— Quoi, un pas ?

— Un pas, quoi. Tout le monde comprend ce que ça veut dire. D'accord, on ne refuse pas l'électricité parce que se chauffer, s'éclairer, c'est une nécessité de base, mais...

— Et faire du fric, ce n'est pas une nécessité de base ? (Jean-Paul).

— Et pourquoi pas tout de suite une machine à laver la vaisselle ? demanda Nicolas avec indignation.

Marc écoutait cette discussion, en somme idéologique, et qui réveillait en lui tant d'échos, comme on écoute de la musique. Il se réservait d'intervenir le moment venu.

166

Do fit observer qu'évidemment, Nicolas n'avait que faire d'une machine à laver la vaisselle : c'était toujours elle ou Sophie qui la lavait. Ou Oph, de temps à autre, avec des bonheurs inégaux.

— Mais je ne demande pas une machine à laver la vaisselle ! s'exclamait M'Ba, dépassé.

— Il me semble, dit Marc-André de sa voix sourde, et le silence se fit, que c'est la notion même de progrès que Nicolas met en cause. L'aliénation, la compétitivité, on a eu très peur de ça il y a quelques années. Mais est-ce que cette quête de pureté ne nous met pas en état d'infériorité vis-à-vis de la société même que nous voulons combattre ? Est-ce que...

Ils écoutaient poliment. Mais même Nico se disait qu'il n'avait pas pensé à combattre la société, de quelque façon que ce soit (c'était un vieux bateau) mais seulement que le téléphone, la patente, et tout ça, c'étaient des emmerdements, ça faisait travail de bureau, et pourquoi pas pointer aussi ?

— Oh, si vous le prenez comme ça ! dit-il de mauvaise humeur... Vous pouvez *même* acheter une machine à laver la vaisselle ! Ça fera plaisir à Sophie, la petite ménagère idéale ! La fille du dentiste !

Cette insulte gratuite fit éclater en sanglots Sophie : c'était une émotive.

— Les soins du ménage n'ont rien de déshonorant, dit Marc. Les saint-simoniens les assumaient à tour de rôle.

— Il n'y a pas assez de dentistes au Sénégal, dit M'Ba. Je vous assure que de bons dentistes pour-

167

raient faire beaucoup pour le tiers monde. La malnutrition...

— Vous ne croyez pas qu'on a assez déconné ? demanda Martin, agacé. Un téléphone est un téléphone, rien de plus. Quand Marc n'est pas là et que Bermuda appelle chez Mme Lamart, vous vous êtes assez plaints qu'elle vienne vous emmerder deux heures avec ses poubelles, ses varices, et qu'elle vous fasse perdre du temps...

— Ça c'est vrai, dit Mimiche. Quand on a à sortir, c'est assommant.

— Le temps perdu, ça n'existe pas, dit Nico buté. C'est réac.

— Tu es pourri par une morale gauchiste dépassée, dit Jean-Paul avec hauteur. Tu finiras écolo, mon pauvre vieux.

M'Ba protestait.

— Je fais un investissement, vous devriez être contents ! Je paierai l'abonnement qui sera à mon nom.

— Ah ! non, il faut aussi le nom de la crêperie ! dit Martin. Tu ne paies pas de loyer, ce n'est que juste que.

Marc-André hésitait à protester. Mais Nico, que toute contradiction exaspérait, et qui avait bu, déclarait que la propriété commençait au nom. Pourquoi dit-on *mon* nom ? Il souhaitait n'en pas avoir.

— Pauvre con !

— C'est fou, mais ce n'est pas bête, murmurait Marc, séduit. Le rôle du langage dans les utopies...

Mimiche hurlait de joie :

— Pourquoi dit-on « mon pied » ? Pourquoi dit-on « mon cul » ? C'est une notion réactionnaire !

Tandis que M'Ba poursuivait imperturbablement...

— On pourra mettre les deux noms, si vous voulez, et on partagera les communications. Je crois que ma proposition est valable... Maintenant est-ce qu'on met le mot crêperie ? Ou Restaurant-Galerie ? Ou les deux l'un en dessous de l'autre ? Ou...

Habitué de la palabre (il avait dix-sept frères et sœurs, de lits différents, au Sénégal) il trouvait ces discussions normales, voire plaisantes. Il savait très bien qu'on mettrait le téléphone : Martin avait déjà déposé la demande.

Quand ils eurent fini de rire de Mimiche qui bouffonnait (Nico s'était retiré derrière le fourneau, et buvait sombrement le marasquin réservé aux crêpes), on entendit des hoquets, puis une fuite hâtive dans l'arrière-cuisine : Oph, naturellement. Do, qui ne trouvait pas ça drôle, dit :

— Si elle se met à dégueuler quand elle entend le mot téléphone, maintenant, c'est un cas !

Et Oph, de derrière la cloison et entre deux spasmes, cria très fort, furieuse :

— Mais c'est pas à cause du téléphone ! C'est parce que je suis enceinte !

Il y eut un petit break de stupéfaction. Et puis deux voix ont dit :

— Vous le gardez ?

— Tu le gardes ?

C'étaient Marc-André et la petite Sophie. Martin a dit, avec une brutalité qui venait sûrement de sa surprise :

— Ça ne va pas, non ?

169

— Tu sais que j'attendais plus ou moins quelque chose de ce genre ? dit Marc-André, calmement.

Martin était furieux.

— Tu veux dire, une tuile ?

— Voyons, Martin, un enfant, ça ne peut que cimenter...

— Ne plane pas. Tu connais Oph. Pour deux pincées, pour une bière, elle se ferait n'importe qui. Le garagiste, le dealer, et je suis sûr qu'elle l'a fait. Alors, la sainteté de la maternité, à d'autres !

— Mais... je comprends ta première réaction, elle est humaine... surtout si tu t'es... attaché à elle. Mais tu devrais comprendre que justement, cet enfant que personne ne revendique est particulièrement symbolique de...

— Mais tu débloques ! Un enfant, ce n'est pas symbolique ! C'est de la chair et du sang, un enfant ! Surtout pas un symbole ! (Il avait failli dire : je sais ce que c'est, d'être un symbole, et s'arrêta en se mordant les lèvres.) Et qui va l'élever, cet enfant ? Laver les couches du symbole, payer les biberons du symbole ? C'est toi ?

— Mais... pourquoi pas ? Je suis prêt à participer...

— Prêt à casquer, tu l'es toujours, mon pauvre vieux ! Mais je ne veux pas de ça. Ni pour toi ni pour les autres. Et pourquoi pas ouvrir une garderie, pendant qu'on y est ? Avec tous les projets qu'on a, ce sera commode !

Il se calma, redevint le Martin doux et sensible qui aimait les animaux et la musique.

— Ecoute, ce serait trop bête, au moment où les choses commencent à prendre tournure... C'était très bien ce que tu as dit à Nico à propos du téléphone : que la société, on l'attaque avec ses propres armes. Mais pour ça, il ne faut pas s'alourdir. Plus tard, peut-être... On n'en est qu'à l'embryon d'un projet qui peut foirer, tu sais... J'ai eu assez de mal à créer une espèce de solidarité... des mecs comme Nicolas n'ont pas encore compris qu'il y a des formes de révoltes dépassées, inutiles...

Il lui parlait son langage. Comment faire autrement ? Au fond, il était plus près de Nico qu'il ne le croyait, Marc. Les autres avaient très bien compris qu'il s'agissait d'une affaire, qu'on pouvait très bien, aujourd'hui, grâce à l'incertitude des exploitants traditionnels, monter une affaire en partant de presque rien, trois musiciens, un type adroit de ses mains, un local bien placé... Et s'ils étaient copains, fraternels et tout, tant mieux, n'est-ce pas ? On n'est pas des bêtes ! Tant mieux !

— Tu as peut-être raison... C'est peut-être prématuré, disait Marc d'un ton réaliste. Je trouvais que nous avions tellement avancé ces derniers mois... Ces auditoires pour votre musique... la décision de M'Ba, c'est vraiment remarquable, l'originalité qu'il a développée. De simple pastiche, il est arrivé à une vraie créativité... Ses derniers masques, avec le métal incorporé, sont remarquables, remarquables...

171

— Remarquables, dit Martin qui s'en foutait.

Tout ce qu'il voulait, c'est que Marc-André ne se mêlât de rien et le laissât régler l'affaire Oph à sa guise.

Le soir même, il s'attarda dans le loft pendant qu'Hiroshi et Sophie faisaient la vaisselle (et pourquoi pas une machine à laver, en effet, se disait-il vaguement, parce que l'arrivée d'eau était celle de l'ancien entrepôt, presque à ras de terre, et qu'ils étaient obligés de faire la vaisselle accroupis. Alors tant qu'à changer la tuyauterie...) et il regardait les masques que M'Ba avait disposés sur des supports, çà et là. Oui, si on veut... Il y avait une sorte d'humour, d'allégresse, dans ces masques. M'Ba ne devait pas croire autant qu'il l'affichait dans ses projets grandioses d'import-export. Et il avait trouvé dans le loft, dans le groupe, une sécurité qui se manifestait dans ce que Marc appelait sa « créativité ». D'accord. D'accord. Mais quel rapport avec le polichinelle d'Ophélie ?

Quinze jours avaient passé. Marc se consolait de la violence de Martin (« il me parle en camarade ») et attendait. Nicolas goguenardait :

— Bravo la noyée ! Ça c'est le trait de génie. On n'en a pas fini avec la confiture de bile !

— Oh ! Nico, tu es dégueulasse... gémissait Sophie.

— Etre en cloque, c'est réac ! glapissait Mimiche déchaîné : *Mon* ventre, *Son* zizi ! *notre* bébé ! Toute la déclinaison ! bonjour les dégâts !

Il en pleurait de rire.

— C'est ma faute, dit M'Ba consterné.

— Quoi ?

172

— Mais non ! Je ne veux pas dire... ce que vous croyez !

— C'est dommage ! Colonise Plaisance ! (Mimiche, toujours.)

— Je veux dire, c'est sûrement à cause de la statue, celle que j'ai entreposée dans le jardin. C'est une statue de la Fécondité.

Il avait tellement l'air de se sentir coupable que ça soulagea un peu Martin et Frédé qui s'étaient regardés. Et puis il y avait toujours le garagiste, celui qu'on appelait Fin-de-mois, qui pouvait servir de bouc émissaire.

Bien sûr que ça ne regardait qu'elle. Bien sûr qu'ils se sentaient tous concernés, qu'ils se découvraient solidaires. Bien sûr qu'ils la regardaient, sans le vouloir, avec le même « et alors ? » dans les yeux tous les soirs.

— Ce n'est pas comme si on pouvait le reconnaître, n'est-ce pas, disait Frédé, raisonnable. Puisqu'on ne peut pas savoir. Enfin, Oph, sois juste. Est-ce que tu peux ?

— Ben non, disait la malheureuse, en regardant son ventre, comme dans un roman-photo. Ben non. Mais si Sophie l'était, en cloque, elle ne saurait pas non plus de qui.

Oui, mais elle ne l'était pas, Sophie. Pas si bête. Il fallait que ça tombe sur Oph, justement. Martin en avait le cœur serré, une nausée, comme si ç'avait été lui qui attendait le... la chose. Elle aurait dû faire attention, c'est sûr. Mais est-ce qu'on avait jamais vu Oph faire attention à quelque chose ? Tout ce qu'elle avait en guise d'excuse c'était « qu'elle ne demandait rien à personne ». Ça lui avait échappé, dans le feu de la discussion, cette révélation. Alors, si on ne s'était pas engueulé? Il n'osait pas poser la question. Bien sûr que c'était un incident banal.

Mais ça assombrissait, ça alourdissait l'atmosphère. Nico avait été trois jours sans venir, puis avait réapparu avec le sentiment que le problème avait dû se résoudre sans lui. Non? Il comprit que non. Il fut d'une humeur de chien. Sans l'avouer, tous les soirs, on s'attendait à apprendre que, dans la journée, elle avait effacé le regrettable incident. On ne parla de rien pendant une bonne semaine. Un discret ostracisme. C'est à celui qui a commis un impair de le réparer. Elle, blottie dans des coins, elle serrait contre elle une vieille couverture en tricot, mangée aux mites, elle protégeait son ventre comme l'écureuil sa noisette, c'était écœurant.

Au bout de huit jours Do lui glissait des adresses. Puisque, « comme l'autre débile », elle avait laissé passer la date de l'I.V.G. Nicolas fredonnait une chanson qui s'appelait *En cloque,* justement. Jean-Paul disait à mi-voix que c'était du chantage. Elle culpabilisait même ceux qui n'y étaient pour rien, avec son air « encore un instant, monsieur le bourreau ». De bourreau, il en faudrait un. Ils le savaient tous, ils savaient qui ce serait.

Dans l'utopie de Tyssot (1720), la chasteté était un crime contre l'Etat. Les Ajoaiens, dans l'utopie

174

hollandaise, avaient deux épouses. Avant leur conversion au catholicisme, les enfants des Tahitiens appartenaient à toutes les familles. Le problème de la reconnaissance de paternité a été soulevé chaque fois — et dans la fameuse discussion Enfantin-Rodriguès que Martin évoquait avec moi — qu'il est question d'une libéralisation des mœurs.

Comment leur dire tout cela sans avoir l'air de faire de la morale, d'intervenir, de jouer les gourous et les propriétaires ? J'ai décidé au départ de ne pas intervenir, de laisser se dérouler l'expérience librement, de laisser à Martin les coudées franches. Mais qu'est-ce qu'il ressent ? On ne peut pas se tenir toujours au plan théorique, je ne le sais que trop. Ophélie est une instable, une dépressive. Faut-il pour cela la priver d'une chance de récupérer ? Peut-on la sacrifier à l'idée même qui devrait la sauver ? N'est-ce pas le fameux cas concret qui se présente toujours, la pierre de touche ? Qu'est-ce qui sera, pour Martin, la faiblesse ? Marc-André observait discrètement Martin, qu'il supposait déchiré de scrupules, il avait pour lui des attentions, un ton de voix feutré. Une anxiété grandissait en lui quand il lui semblait le voir résolu, déterminé. Tout de même, il avait aimé, il aimait encore un peu Ophélie ? Se pouvait-il qu'il la condamnât sans remords, sans regrets ? Et elle, que devait-elle éprouver à rencontrer ce front buté, ce regard dur ? Il lui venait de folles idées. Et s'il le reconnaissait, ou s'il l'adoptait, cet enfant de la regrettable Ophélie ? Un enfant qui était peut-être de Martin ? Un enfant grandissant, véritable héritier des Textiles ? Un enfant que tous choieraient, la sensible Sophie, le brave Mimiche, un enfant auquel on enseignerait l'histoire et la musique, qui ferait, aidé de tous, de grandes choses ? Le vieux rêve de réconciliation, d'harmonie, bourdonnait de nouveau dans sa tête, et tous les soirs, il espérait que Martin en percevrait le bruit.

L'histoire de la Commune avait peu avancé cet été, cet automne, tant il était passionné, libéré par cette chose vivante qu'était devenu le « Journal de bord » de leur tentative. Il était allé jusqu'à en parler à son éditeur (il avait eu besoin d'une avance). Celui-ci se méfiait, il croyait Marc incapable d'autre chose que d'une compilation bien écrite. « C'est ma faute, je lui ai donné de moi une image si raisonnable, si désincarnée, le vieil érudit revenu de tout... Revenu de tout... Je sens bien que non. Sur chacun de ces visages je cherche la lueur d'humanité, d'enthousiasme, qui fera éclater la prudence et les précautions... et j'ai peut-être tort. » C'était sur le visage de Martin surtout qu'il la cherchait. Et comme les jours passaient, impitoyables, il recommença à souffrir d'une vieille colite qui l'avait tourmenté des années auparavant : il avait mal au ventre d'Ophélie.

Le dimanche, la crêperie fermait, il n'y eut pas de répétition, le « local » était vide, sombre. Ils vinrent tous cependant, l'un après l'autre, ouvrant une boîte de conserve, bricolant la porte du vieux frigo, faisant régner un faux désordre, un faux naturel. C'était du décor. Ils savaient tous, ils savaient ce que Martin allait faire, ils le suivaient du regard, avec un dégoût fasciné. Oph finirait bien par descendre. Et ils savaient l'issue, et qu'elle ne pourrait pas lutter contre le compromis du groupe, c'est-à-dire de toute humanité.

Elle descendit. Elle s'accouda à un coin de table. Elle les défiait, sûre de succomber, de leur prouver par là leur cruauté, leur solidarité. Elle les avait toujours détestés. Une vague pitié qui flottait se dissipa.

— Tu as trouvé quelqu'un ? demanda Do, d'un ton négligent.

On pouvait toujours compter sur elle pour les basses besognes. M'Ba tourna le dos et alla examiner une caisse ouverte, pleine de masques, qui venait d'arriver.

— Tu me réponds ? Tu as téléphoné au numéro que je t'ai donné ?

— Je n'y connais rien, dit Frédé, mais j'ai entendu dire... Plus tu attends, plus c'est embêtant. Tu ne vas pas en faire un plat, tout de même. De nos jours...

Oph ne répondait rien. Un regard haineux et résigné. Martin sentit qu'il devait faire quelque chose. Ses copains, qu'il avait rassemblés, sur lesquels il exerçait un ascendant, un pouvoir, attendaient. Perdre la face devant eux ou condamner Ophélie ? Mais comment sauver Ophélie ? Faire un geste grandiose et ridicule ? Ophélie tout à lui, avec cette chose dans son ventre venue d'ailleurs (s'il avait été sûr de sa paternité, c'eût été pire). Ophélie et sa détresse animale, cette négation forcenée de tout, que pourrait être un enfant d'Ophélie, elle

177

n'était pas capable d'éduquer un chat, et lui responsable de cela ? Espérer un miracle de la maternité ? Il pensa : « Elle est heureuse, ma mère ? Sauvée ? » Juste quand ça commençait à rouler un peu, ici, pensa-t-il, et il se rendit compte qu'il tenait aux Textiles Réunis, à l'emprise qu'il avait prise sur les autres, à cette espèce de souveraineté lentement conquise, ce petit royaume à l'écart de tout... Un geste, et il faudrait de nouveau recourir aux parents, les éternelles discussions allaient réapparaître multipliées par cent, qu'est-ce qu'il allait faire de sa vie, et même pas de diplôme ni de C.A.P., un ouvrier est plus capable de se débrouiller que toi, ce n'est pas comme ta sœur, il faut te bagarrer un peu, je n'attache pas une importance superstitieuse aux diplômes, mais il faut nous prouver... Qu'on lui laissât le temps, bon Dieu ! Il prouverait, mais à sa façon, en son temps. Librement.

Martin découvre à la fois combien il tient à ce petit monde qu'il a réussi à créer autour de lui, et combien cet abri est précaire. Et que c'est un abri. Frédé, Jean-Paul, Mimiche, découvrent qu'ils forment effectivement, comme ils le faisaient croire à Marc-André, comme ils le jouaient caricaturalement pour s'assurer tout bonnement le gîte et le couvert, un groupe, une mini-société, une « communauté », mot qui faisait ricaner Nicolas. M'Ba, bien sûr, n'en a jamais douté. Et Sophie ? Marc-André s'est réfugié derrière un rempart d'édredons, une bouillotte sur le ventre, se répétant « je ne suis pas bien en ce moment » pour échapper à ce léger vertige, ce sentiment de dérailler au ralenti : Sophie qui a fui une famille en perpétuelle dissension constate avec effroi que « ça recommence » sans se rendre compte clairement qu'ici est maintenant sa famille.

Mais quoi qu'ils pensent, une alchimie s'est faite, un élément, un ingrédient, un sentiment, n'importe quoi d'irrationnel et de pharmaceutique a fait vibrer le philtre, et perplexes ou tout de même émus, ou agacés simplement, il n'y en a pas un qui n'ait sur les lèvres le goût de fer, la légère nausée agréable qui accompagne la férocité collective. Ce qui serait paradoxal mais vraisemblable (et seul Nicolas, qui est le plus intelligent, en a peut-être une intuition) c'est que ce ferment, une seule goutte, ce fixatif, ce comment dire, dans les films de fiction, cette pincée de poudre, cette larme au bout d'une pipette dans la main du savant fou qui va faire exploser la terre ou transformer Jekyll en Hyde, le plus paradoxal serait qu'elle vînt de Marc-André. C'est à voir, à examiner. Pour l'instant, nous en sommes au sacrifice humain.

Car il s'agit bien de cela. En quoi Ophélie enceinte peut-elle nuire à la bonne marche d'une crêperie, à la vente d'objets d'art africain, à la réussite d'un groupe musical dont elle ne fait même pas partie ? En rêve seulement. Et c'est en rêve qu'elle doit être, pour le bien de tous, immolée. Parce que, pour tous, accepter l'idée qu'Ophélie, un peu camée, qu'Ophélie prostituée sur les bords, qu'Ophélie détraquée, intègre, égarée, puérilement, exemplairement dépourvue d'espoirs et d'objectifs fût aussi une mère en puissance, une femme dans le monde, un manque, un besoin, une passerelle vers la terre, la révélation du fait que les Textiles Réunis ne sont pas seulement une commodité, un local, mais une Arche de la naïveté, les force à comprendre qu'ils s'y étaient embarqués. C'est intolérable, c'est ringard, c'est inadmissible — ou alors il faudrait aller loin, très loin. Avoir une force de rêve suffisante pour y intégrer le bébé, les obligations qui en découlent, pour fermer les sorties de secours et lâcher l'Arche sur l'océan, avec les risques que cela comporte, les règles de la navigation à observer, les côtes que l'on perd de vue, les cartes auxquelles on ne croit qu'à demi parce qu'on les a soi-même tracées, les étendues d'eau vierge, les « mers inconnues » vers lesquelles partit Vasco de Gama, quittant l'embouchure du fleuve Lima ? Est-il possible qu'un brave homme taciturne et discret, qu'une gentille paumée (est-elle gentille ?) vous entraînent dans ces parages pleins de requins ? Enfin, il ne s'agit tout de même que d'une situation banale, d'une platitude décourageante : où ont-ils la tête ? Quelle importance, qu'une fille de plus ou de moins fasse disparaître une aussi faible possibilité d'être ?

Martin parla, poussé par la lâcheté héroïque des chefs. Il sut qu'il se voulait chef, c'est-à-dire qu'il endossa, qu'il revendiqua un sentiment général. Il dit des choses laides et lâches, courageusement. D'abord, il ne fallait pas qu'Ophélie crût que la paternité problématique de l'enfant (il dit le mot, ce qui le renforça dans l'idée de son courage) jouait un rôle. Non. On s'en moquait. Le problème n'était pas là. On ne pensait qu'à elle, qu'à sa santé. Elle n'était pas en état d'affronter cette fatigue. La déprime. La décalcification. La drogue. On a vu bien des cas semblables où les enfants, malheureusement, paient le prix de ces folies. C'était un risque. Et l'argent. Avait-elle pensé à l'argent ? Leurs finances, en dépit de débuts prometteurs, n'étaient pas « stabilisées ». Elle y avait accès comme n'importe lequel d'entre eux (« c'est nouveau, ça », murmura Nicolas — et en effet, c'était nouveau) mais c'était aussi une responsabilité. L'un d'entre eux n'allait pas s'acheter une Rolls pendant que les autres avaient besoin d'instruments ou d'objets de première nécessité. Faire un enfant, en ce moment, pour Oph c'était la Rolls. Et puis, enfin, elle n'était pas, il fallait le reconnaître, femme d'intérieur pour un sou. Et son indépendance ? Recourir à ses parents ? Peser sur ses amis ? Elle n'accepterait pas. Avoir un enfant, c'était s'interdire les expériences enrichissantes, les voyages, la liberté d'aller, de venir, de refuser le système. C'était s'aliéner. C'était se renier. Une facilité, en somme. Un manque de courage.

Ophélie écoutait le son de ces choses, avec les yeux d'une chienne qu'on va piquer. Tous les arguments sont bons, du moment qu'on a décidé... Ils avaient décidé. Ils avaient honte, abominablement, parce que les mots dont Martin se servait étaient ceux qu'auraient employés leurs parents, leurs éducateurs, des mots « adultes ». Mais quoi ? On n'était pas à Tahiti, il ne s'agissait pas d'envelopper un gosse dans une feuille de bananier et de le nourrir de noix de coco. Non ? Je n'ai pas raison ? Non ?

Elle baissait la tête, baissait les yeux, rentrait les épaules, amenuisait encore sa frêle ossature pour

181

donner le moins de prise possible, et tant de faiblesse exprimait cependant une si misérable obstination qu'elle excluait toute pitié. Il faudrait lui trancher les doigts pour l'arracher au radeau où elle se cramponnait.

Jean-Paul s'éloigna d'un air de dégoût, et actionna la machine à expresso qu'on venait d'installer, en location. Martin se sentait faiblir. Il aurait dû aborder la question en tête à tête. Il eut un regard autour de lui. L'embarras était général. Alors Nicolas, qui s'était tenu un peu à l'écart, tripotant sa guitare, éclata.

— Mais tu ne sais donc pas ce que c'est que les nourrices ? Les nourrices bon marché ? Et la D.A.S.S., les enfants qu'on trimballe à gauche, à droite, jusqu'à ce qu'ils aient perdu le nord, complètement ? Tu t'es regardée, avec tes quarante kilos et ton nez qui coule ? Tu veux mettre au monde un taré de plus ? Qu'est-ce que tu cherches au juste ? A jouer les victimes, à toucher les allocations ? Quand on veut avoir un gosse, ma petite, on se soigne. Quand on veut avoir un gosse, on marche sur sa fierté. Avec tous les mecs qui te sont passés dessus, tu n'avais que le choix : t'en attrapais un et tu te cramponnais. Pour les biberons et les couches-culottes, tu le faisais raquer. Au moins ça. Y a toujours une maman derrière, ou une famille, ou le livret de Caisse d'épargne. Mais ce que tu veux, c'est pas un môme, c'est faire chier le peuple ! J'ai pas raison ? Et qu'est-ce que ça prouve, hein, tes simagrées ? Qu'est-ce que ça prouve ?

— Que vous êtes tous des salauds, dit Oph

d'une voix aiguë, désagréable. C'était pas dur à prouver, remarque...

— Après tout, dit Martin, aussi calme que possible, tu es libre de décider, pas vrai? Tu es libre, non?

— Si, dit Ophélie.

Et elle tourna de l'œil avec tact. Ça leur évitait de la regarder dans les yeux. Ils savaient tous ce à quoi ils venaient d'assister. Martin s'essuyait le front avec un Kleenex, comme après une bagarre, et Frédé lui frappa l'épaule. Sophie courait chercher le marasquin des crêpes pour ranimer la victime, c'était tout ce qu'il y avait dans le local avec le cidre et un fond de kirsch, et M'Ba lui tapotant les mains, répétait bêtement : « Vous voyez bien qu'il nous faut le téléphone? S'il se passait quelque chose de grave... »

Ce n'était pas « quelque chose de grave ». Oph disparut trois jours. Quand elle revint, elle vomissait toujours un peu, c'était idéologique, comme eût dit Martin qui, profondément, honteusement soulagé, recouvra quelques scrupules. Une angoisse viscérale l'avait durci; le danger écarté, la sensibilité, l'ingénuité de sa nature refirent surface. La contrainte qu'il s'était imposée pour convaincre Ophélie, avait-il lieu d'en être fier ou d'en rougir? Il se demanda s'il avait agi « en homme ». Il s'en ouvrit au seul Frédé qui, de par ses relations épisodiques avec Oph, pouvait être considéré comme coresponsable de la situation. Ils s'interrogèrent : la notion même « être un homme » n'était-elle pas dépassée?

— Faut dire, conclut Frédé ce jour-là, que se

conduire comme un homme, ça veut souvent dire se conduire comme un con. Evidemment.

L'aube pointait. Laura avait demandé un petit déjeuner léger, sans qu'il intervînt. Pour la première fois, il la voyait un peu décoiffée, des cernes de transpiration visibles sous les bras. Tout ce qu'elle lui avait dit, qui avait dû tant lui coûter, il lui semblait qu'il l'avait toujours su.

— Est-ce que tu as jamais fait semblant de jouir ? demanda-t-il avec une brutalité juvénile, et parce qu'il lui fallait toucher le cœur de sa honte, maintenant, et qu'il ne pouvait plus la ménager ni se ménager lui-même.

— Non.

Sans réaction apparente, elle versait le thé, les yeux baissés vers le liquide qui remplissait les tasses.

— Alors tu ne sais pas. Tu ne peux pas savoir le pire. Le pire, c'est que tu ne sais plus si tu fais semblant. Si tu fais mal, parce que tout de même, tu veux le bonheur du type, mais en même temps, tu le méprises d'être dupe... Et le bonheur, pour lui, qui vient de ton mensonge à toi, est tout de même vrai... On n'en sort plus.

Elle releva la tête.

— Comment, murmura-t-elle, comment sais-tu ces choses ?

La lampe rose, supportée par un berger en

porcelaine, brûlait à leur chevet, dérisoire. L'un et l'autre auraient aimé l'éteindre, parler dans le noir : ils n'osaient pas.

— Parce que je ne suis pas un type bien, Maman.

Elle ne trouva rien à répondre.

Théo attend. « Merde ! » s'exclame-t-il de temps en temps avec une colère impuissante. Laura va rappeler si c'est elle. Mais Strasbourg c'est sûrement Laura puisque Mme Emmery est à Baden pour sa cure. Elle doit avoir trouvé refuge au Chalet. En ce moment même elle hésite, la main sur le combiné, dans le même petit salon où il est venu autrefois, avec Hasselman, demander sa main. Eclatant de joie, d'assurance. Une toute petite angoisse tout de même ? Passons. Il a déjà essayé d'appeler le Chalet. Il essaie à nouveau. Si c'est occupé, ce sera la preuve qu'elle tente de l'atteindre. Il passe dans le bureau pour appeler sur la seconde ligne. Ainsi évitera-t-il que les deux appels coïncident. L'interminable sonnerie retentit, qui retentit dans le souvenir de toutes les amours malheureuses. Et on marchande avec soi-même : dix-sept, dix-huit, je laisse sonner encore une fois, je me donne encore une chance... Vingt-deux... Elle a dû débrancher.

Situation neuve, pour Théo. Il n'a pas eu d'amours malheureuses. Son seul amour a été

Laura, et il n'a pas permis à cet amour de l'assombrir. Il s'est éloigné d'elle juste un peu, comme on déplace un fauteuil de jardin vers le soleil, hors de l'ombre froide d'un noyer, d'un cyprès. Juste un peu. Il est resté à portée de main, il se réchauffe seulement. Ombre de Laura, il n'a jamais cru qu'elle lui manquerait. Il l'a quittée si souvent ! Trains, avions, congrès, séminaires, voyages dans l'espace, Afriques, Amériques, voyages sentimentaux, Sarah, Marianne, prénoms, souvenirs chaleureux, sans amertume. Elle était là. Il l'a laissée si souvent, dans des jardins ou sur des plages, les enfants jouant à ses pieds ! L'image classique ne s'est pas modifiée, des années durant. Il revient, il ouvre la portière de la voiture, la barrière du jardin, il ouvre une porte, enfin, et elle, assise, ne se lève pas, il n'est jamais vraiment parti, elle tourne la tête vers lui seulement, et elle sourit. Elle reste dans cette image, prisonnière, il n'est pas en son pouvoir d'en sortir, mais enfin elle l'attend. Jamais jusqu'à ce départ-ci il n'a eu le sentiment qu'elle le quittait.

Elle va rappeler. Elle doit rappeler. Et si ce n'était pas elle ? La nuit s'allonge et rejoint le petit matin. Qui aurait pu, à une heure pareille, l'appeler de Strasbourg ? Il a bien encore quelques relations là-bas, qui... Mais la nuit ? Sur sa ligne privée ? S'il sautait dans le premier train, s'il prenait sa voiture ? Il saurait bien la trouver... Mais saurait-il quoi lui dire ?

Et Lucette qui n'est pas là, et Sylvie qui fait l'idiote... La colère reflue en lui et le soulage quelques instants, puis s'effondre en désarroi. Il a tellement l'habitude, si ingénument l'habitude de se tourner vers une femme, infirmière, maîtresse, autrefois sa mère, hier encore sa fille, pour qu'elle résolve certains problèmes ! « Pinces... catgut... café... couteau... sucre... » Et Laura toujours présente, parfaite, la main qui tend les instruments, enfin, les objets de la vie quotidienne... Peut-être s'est-elle lassée de n'être que cette main. Mais elle l'a bien voulu. Mais il l'a bien laissée faire... Une vengeance ? Qu'elle se soit ainsi dérobée, qu'elle lui ait arraché son fils, son fils malade, lui déniant ainsi le pouvoir, le droit de le guérir... Mais elle ne va pas savoir ! pense-t-il avec agitation. Et lui, il va savoir ?

Il marche de long en large dans la chambre. Du calme. Il ne s'agit pas d'un drame. Un désaccord, un malentendu entre époux dont il ne convient pas que Martin fasse les frais. « Enfin, Lucette, je te fais juge, je l'adore, Laura ! » dit-il quand survient l'un de ces petits malentendus qui l'embarrassent. « Elle vous aime », répond Lucette. Ce n'est pas rassurant. Il ne peut pas dire pourquoi, mais ce n'est pas rassurant.

Si ce n'est pas l'amour, entre eux, qui fait défaut (et ce n'est pas l'amour), qu'est-ce qui cloche, qui accroche, qu'est-ce qui coince, qui ne circule pas ? La peau incisée, les plans musculaires écartés, où est l'organe malade ? Un cauchemar d'examen, une angoisse de jeunesse qui remonte en lui ; un corps parfait, un corps de marbre, de femme, sur une table de dissection, s'offre à son scalpel ; un jury attend son diagnostic, il est sûr de lui, il ouvre : le corps est vide, propre ; un sarcophage. Il balbutie, il perd ses moyens, il cherche sans espoir. C'est

impossible, il y a un mystère, un secret : un truc...
Mais le secret, c'est justement ce vide. Et cette
angoisse d'étudiant rejoint brusquement son
angoisse de ce soir ; la fatigue sans doute (mais a-t-il
jamais connu la fatigue ?), l'injustice de Sylvie
(mais s'est-il jamais soucié de Sylvie ?), l'absence de
Laura — mais n'est-elle pas, depuis longtemps,
absente ? Il regarde sa montre. Cinq heures trente-
cinq. Elle ne rappellera pas. Ce n'est pas vraisemblable. Si c'était elle. Enfin, combien de jours va-t-
elle le laisser sans nouvelles ? Je ne peux même pas
lui parler de l'histoire de Sylvie — mais est-ce que
je lui en parlerais, si elle était là ? Alors que c'est sa
présence (il est injuste mais il le sait) qui l'a amené
à cette imprudence ?

Si, Laura, si. J'ai cédé à Sylvie parce que je ne te
cédais pas. Obscurément, tu es coupable de mon
erreur, et l'erreur d'un chirurgien, c'est la mort. Tu
es coupable de mort. Oh ! il ne s'agit pas de
Jocelyne, soyons net. Il s'agit d'un glissement de
l'acte, comment dirais-je, de l'acte médical tout
court.

Il s'assied. Il a repris son sang-froid. Il s'agit
d'opérer maintenant. Il sait que devant Sylvie, et
même hier devant Jean-Jacques et la Couraud, il
n'a pas été tout à fait lui-même. Tout entier lui-
même. Ce sentiment de dédoublement, au moment
de l'intervention de cinq heures. Cette gifle à Sylvie.
Petits indices, mais qu'il s'agit d'examiner lucide-
ment. La main qui tremble, pour un chirurgien,
c'est grave. Le cœur qui tremble, est-ce que ça
compte ?

Voilà. Je sais qu'il n'y a eu, dans le cas de

Jocelyne, aucune faute commise. Et pourtant il y a eu une faute. En insistant pour que j'intervienne, Sylvie a voulu, non pas soulager sa sœur de souffrances tolérables, mais lui enlever l'alibi de cette souffrance. Opérée, « guérie », Jocelyne n'avait plus d'excuse à vivre cette vie qui « n'en était pas une ». Voilà le lien. C'est que pour Sylvie, comme pour Laura, si totalement différentes cependant, il y a des vies qui n'en sont pas.

Pour lui, pour Théo, il n'y a qu'une vie, celle qu'en ligaturant, en opérant une déviation des canaux, en greffant, en coupant des brides, on arrive à maintenir, palpitante, à tout prix. Une seule vie. Parfois Laura (il appelait ça des mouvements d'humeur) se moquait de son obstination en l'appelant « de l'acharnement thérapeutique ». Est-ce qu'on se sépare pour cause d'acharnement thérapeutique, comme on se sépare pour incompatibilité d'humeur ?

Est-ce que Laura vit avec lui une vie « qui n'en est pas une » ? Est-ce que Martin (et c'est bien depuis deux jours la première fois qu'il pense sérieusement à son fils) en a conscience ? S'il se précipite à Strasbourg, les y découvre, qu'est-ce qu'il va leur dire ? Qu'est-ce qu'il peut dire à Sylvie, à cette conne de Sylvie ? Comment démêler les fils de ce tissu où il se découvre tout à coup englué ?

Car, quelque part, n'en déplaise à la déontologie, il y a eu faute. Faute inséparable de son amour pour Laura. Il y a peu, il aurait refusé d'opérer. Il y a peu, devant la bavure, il se serait dit : ce n'est pas une grande perte. Il faut Laura absente, Martin en danger, pour qu'il tente vainement l'examen de ces sentiments sur lesquels il s'est si peu penché jusqu'ici. Il s'était laissé tomber sur le lit, il se relève, il va se mettre au bureau, ses grandes mains adroites posées devant lui, qu'il regarde sévèrement. N'est-ce pas de cette façon-là que tous les examens faits, et dans les cas d'urgence, il lui faut décider d'une intervention ? Et il y a urgence. Jocelyne est morte. Martin est en danger. Un lien obscur existe entre ces choses. « Tout ça colle. Tout ça fait un ensemble. » Il ne s'agit pas de se précipiter avant d'avoir un diagnostic précis. Après le sang-froid, c'est la patience qui lui revient, et ce rassemblement de toutes les formes d'intelligence que les Grecs appelaient la *métis*. Le cas d'urgence est devant lui : il va devoir trancher. L'angoisse a disparu. Il fait son métier.

« Je ne suis pas un type bien. » Cette lourde parole modérée paralyse Laura. Chaque instant tire Martin un peu plus vers le bas, l'embourbe, alors qu'elle le voudrait libéré, allégé, et par elle. Mais en a-t-elle le pouvoir ? Quel argument trouver, quel cri, quel artifice de mélo, quelle sainte impudeur qui l'arrache à cette mollesse débilitante qu'elle voit progresser en lui, l'attirer vers un écœurement pire que la mort ?

Voilà ta faute. Pire que la mort. Tu penses qu'il y a quelque chose de pire que la mort. Mais y a-t-il pire que la mort pour l'enfant de tes entrailles ?

190

Elle a crié pourtant. Elle a parlé, elle s'est montrée à lui dans une nudité exaspérée, dans une vérité qui n'a peut-être fait que le renforcer dans son mépris de lui-même ? Que faire, puisqu'elle ne peut abolir en elle-même cette blessure, cette incompatibilité d'humeur avec la vie, ce sentiment aigu, furieux, de la dissonance, ce refus obstiné de l'admettre ? Dieu lui est témoin, pourtant, qu'elle a tout fait pour le lui cacher. Elle aurait réussi, oui, elle aurait réussi sans cet homme qu'avec une injustice consentie elle hait en silence : Marc-André.

— Non, je ne suis pas un type bien, répète-t-il avec une sorte de veulerie. Est-ce que tu as vu *Lorenzaccio* ?

— Oui... Il me semble... Il y a longtemps...

Les détours qu'on prend ! Les références ! Les citations ! Les précautions ! pense Martin. Tout cela pour en venir...

— Je régresse. Ça date de mes quinze ans, l'horrible époque où je me croyais louche, bègue, où je marchais voûté, gêné par ma taille, et l'ogre qui hurlait « mais il est débile, ce garçon ! Il est asthénique ! », alors que j'étais tendu, tendu à me rompre. Mal dans ma peau, mal partout. Mal avec toi, je t'entendais souffrir, mal avec lui, surtout quand il essayait d'être paternel, insupportable ça, les « j'ai été jeune, tu sais », les « c'est une crise, ça lui passera » quand j'essayais, pas souvent, de lui expliquer quelque chose, et que d'engouffrer beaucoup de steaks et des masses d'argent et de guérir à tour de bras, ce n'était peut-être pas toute la vie. Non, intolérable. Il me restait bon-papa et la « vie

191

propre », bonne-maman et ses œuvres, le souvenir de tante Martine, ma marraine, morte vierge en évangélisant les Papous, c'est encourageant... Et la musique, ça donne toujours l'illusion d'avoir des copains. Le cinéma, c'est fou ce que j'allais au cinéma à ce moment-là... Tout le reste était pourri. Je ne me voyais pas faire de la politique : on a vu ce que ça donnait ! Et même l'art, tu sais... On avait appelé notre groupe « Les Minables » pour démystifier ça. Et puis Marc-André. Il m'a épaté. Dans les deux sens. Epaté comme quand on n'en revient pas de rencontrer un dinosaure, il me faisait marrer, mais d'une façon sympa. Et puis le côté solide, derrière. C'était un homme qui avait vécu des choses, cru à des choses, perdu des choses... Ce n'était pas bidon, si tu vois ce que je veux dire. Il avait vécu sa Résistance, ses histoires politiques et même le lycée, ces ridicules « problèmes de l'enseignement », comme on vit une aventure, une histoire d'amour. Je trouvais ça drôle, je trouvais ça chouette, les deux à la fois... Il me sortait de mes petits problèmes de gosse. Je crois bien que je l'ai aimé.

« Pourquoi ne pas le dire ? Après tout ce qu'on s'est dit, je peux bien te dire ça aussi. Je l'ai aimé, Marc-André, Marc, je l'ai vraiment aimé.

— Vraiment aimé et pas aimé ?

— Voilà. Tu as pigé. Tu piges toujours tout. Il faut dire que tu connais le sujet. Aimer et pas aimer. Aimer et détester. Mais d'abord aimer. Il y avait des choses, à la maison... et pourquoi pas des choses en moi, que je ne voulais pas voir. Des choses comme des objets qu'on touche dans le noir.

Est-ce que ça y est vraiment ? Il faudrait faire toute la lumière, avoir le courage de les découvrir... Lui ne les voyait pas. Sans se forcer : le don. Il allait toujours. C'était peut-être une façon de s'en tirer ? Seulement je ne l'avais pas, moi, le don. Ça n'a pas marché longtemps. Au début, je croyais qu'il se montait un peu la tête, qu'il jouait au naïf, une affectation d'intello, tu sais le genre tellement sophistiqué qu'ils prétendent qu'ils ne lisent que des B.D. Et après je me suis dit qu'il récitait des cours, qu'il se chauffait pour un bouquin. Mais non. Il y croyait. Il croyait à « la jeunesse » comme on dit dans les journaux, dans les articles bidon que personne ne lit. Il croyait que dans ses classes, il y avait « des aspirations à une authentique fraternité », et il passait la main dans les boucles du petit Max, et il soupirait, ça n'allait pas plus loin, et il ne se doutait pas que le petit Max, il en savait plus long que lui sur les pissotières de Paris. C'était là qu'il se faisait de l'argent de poche. Remarque, il n'a jamais rien dit, le petit Max. Il jouait son rôle d'ange. Je crois même qu'il arrivait à rougir, sous ses boucles. Et ça, c'était beau, tu vois, Man. C'était beau. Alors moi qui voyais le système, je marchais. Je me disais : si même Max... Alors il y a peut-être quelque chose derrière tout ça... Il était vachement bien, tu sais, Marc. Il achetait de sa poche des livres d'occase pour les types qui étaient fauchés, il faisait les disserts de ceux qui n'y arrivaient pas, et tellement marrant ! Il nous lisait des correspondances, il racontait des anecdotes, il rougissait tellement ça le passionnait, et il croyait que, parmi nous, il semait le bon grain, et qu'un

jour un garçon allait se lever au milieu de la classe
en criant : c'est moi qui vais réformer le monde ! Et
naturellement, lui, il aurait toujours adoré le garçon
en secret, sans rien lui dire, mon âme a son secret,
et il le verrait passer, glorieux dans une super-manif
qui changerait tout, et il se dirait, mélancolique et
fier : c'est tout de même grâce à moi que ce petit est
devenu ce qu'il est... A se tordre, non ?

— Non.

— Non, parce que le type c'était moi. Et je le
savais. Au début, quand il m'a emmené voir sa
baraque, les Textiles, comme un gosse t'emmène
voir son train électrique, j'ai vu l'intérêt. Je me suis
dit « pourquoi pas moi ? ». Le local me bottait, je
pensais pas mal à la musique à ce moment-là, et un
peu déjà à quitter la maison, pardon... J'ai proposé
le truc des répétitions. Tout de suite il s'est emballé
sur l'idée. Pour lui, cette musique qu'on faisait en
petit groupe, sans sponsor, sans rien derrière,
c'était une aventure. Et les aventures, il n'y avait
jamais vraiment renoncé. Il était piégé. On était
piégés, l'un et l'autre.

« Les copains, les squatts, ceux que j'avais autorisés à rester (mon autorité ! ma prise de possession ! ça me grisait), me prenaient pour un
dégourdi, presque un mac. Ça ne les choquait pas,
sauf Jean-Paul, un peu, parce qu'on s'était connus
au lycée. Et puis il est un peu B.C.B.G. Mais les
autres, non : ils avaient le loft, la possibilité de
répéter, et assez vite, la bouffe. Ils voyaient ça
comme ça : j'exploitais un vieux pédé, dans leur
tête, et ça me rendait plutôt sympa. Prestigieux,
même : le voyou sympathique. Je ne démentais pas,

j'aurais eu l'air d'un con et au départ ça me servait. Ils ne se méfiaient pas : j'étais de leur côté puisque j'avais leur âge, c'est comme ça qu'ils raisonnent. Et à Marc, tu sais ce que je lui disais ? Je les attire, c'est la ratière, ils vont découvrir tout seuls la solidarité, la création collective (je traduisais). Ils vont s'inventer leur vie comme on devient arpenteur en mesurant l'ombre des arbres dans *L'Emile*. *L'Emile*! Rousseau! Je disais ça. Qu'est-ce que je risquais ?

— Lorenzaccio.

— Comme tu mets le doigt dessus! dit-il avec une brusque colère. L'amour, l'amour maternel, aveugle, encore une légende! Oui, Lorenzaccio. Mais des deux côtés. Je jouais le mac, le voyou, le héros, le disciple... Ils étaient contents, lui était heureux, où est le mal? Les uns voyaient une planque, une bonne planque qui pouvait devenir une bonne affaire, et lui, il revivait. Après trop de grands mots, il croyait aux petites expériences. Et si ça lui faisait plaisir de nous appeler « une unité de création »? Je l'aimais, je te dis. S'il avait besoin de croire à un monde un petit peu plus vivable, s'il croyait qu'il pouvait le réaliser avec trois squatts et quatre musiciens, et la nièce de la concierge, et le petit dealer du coin, pourquoi le contrarier?

« Je n'étais pas vraiment cynique, non. Bien sûr il y avait de tout dans son pêle-mêle. Ça remontait loin, la Résistance où tout était simple, le Parti qui lui avait laissé des nostalgies, des fringales d'amitié, et l'histoire de son père qu'il fallait rattraper... Et des envies d'innocenter le monde, la success-story américaine où les braves gens ont en plus les poches pleines, c'était sa façon d'être moderne, il avait en horreur l'angélisme de 68, il cherchait dans ses bouquins la faille, l'endroit où ça avait foiré, où il n'y avait plus que le taudis, l'industrie à la japonaise ou le totalitarisme comme issues. Il pensait qu'il allait découvrir l'erreur aux Textiles, grâce au groupe ! Il s'était mis à tenir un Journal de bord ! Ce serait un grand livre, enfin, pas un bouquin d'érudition, mais une expérience vécue, exaltante, vécue avec moi. Bien sûr, il m'aimait. Mais il ne le savait pas.

« Tout, il me parlait de tout, me donnait tout. Son expérience, son passé, son enfance. Les jouets cassés, les photos sépia du militaire en garnison dans un pays ennemi. La manif de 56, l'engagement de 43, c'était tout vrai, tout neuf, tout vivant. La vie d'un jet, malgré les blessures. Sa mère qui l'aimait comme une image ternie du père, on connaît ça, alors il se faisait petit, il n'était aimé qu'à condition de rester le fils, l'enfant, le bonsaï. On prend le pli, on reste voûté. Ça devait lui aller très bien, la clandestinité. Il avait gardé un amour de la discrétion, de la grisaille, avec toute cette passion derrière, cette force inutilisée. J'aimais le pouvoir que j'avais sur lui. Le pouvoir qu'il me déléguait, humblement. Fais ce que je n'ai pas su faire. Je disais : oui. On va réussir. Je les ai bien en main. Je jouais les redresseurs de tort, les machos. Je disais : il y a une prise de conscience. Je disais : c'est bandant, tout ça. Je jouais les potaches, les enthousiastes. Il souriait, sa grande tête sombre avec ces yeux pâles s'éclairant sur commande. De l'amour ?

« Je voyais clair en lui. Sa solitude. Ses déceptions. Le besoin et la peur de rattraper l'échec. L'envie toute simple de retrouver le contact, un contact vrai, simple, avec des êtres qu'il croyait le comprendre. Et quand il sortait de ses bouquins, de ses rêveries, il y avait aussi cette folie qui remontait de si loin, qui foutait le camp dans toutes les directions, qui voulait tout essayer, examiner, si jamais la pépite, le secret, était caché dans tel ou tel détail, qui rasait, qui légiférait, qui reconstruisait jusqu'au langage ! C'était séduisant, c'était fabuleux, extrêmement drôle, impraticable. Il amassait des trésors d'érudition inutilisable, il nous regardait à travers une lorgnette grossissante. " Une toute petite unité de départ, sérieuse, solide, rien des communautés hippies sans réalisme, une entreprise... Et puis la noyauter, y introduire nos idées, l'efficacité allant de pair avec la collectivité, surveiller leur croissance, comme dans une éprouvette... " Est-ce que tu sais qu'il y a des communautés qui ont duré quatre-vingts, cent ans... New Harmony... Nauvoo... Je te jure que c'était fascinant. Je me laissais prendre. C'est comme ça qu'on a fait la cantine, et que la cantine est devenue bistrot. Oui. D'accord. Il manquait quelque chose. Et encore, est-ce que c'était si sûr ? En tout cas, il était heureux, Marc-André. Ça prenait, ça s'organisait, et lui écrivait là-haut. Lui passait la tête de temps en temps dans le loft qu'on bricolait en bistrot-galerie-boîte, puisqu'il y avait de la musique tous les soirs maintenant, et il retournait écrire tout content, ça avançait sur tous les fronts. Il écoutait l'un ou l'autre déconner, il appelait ça " prendre le pouls de la jeunesse ". Tout bêtement, il était content de ne plus être seul, aussi. Il chantonnait tout faux sa petite chanson le matin, en s'en allant à la Nationale. Ça me faisait tout drôle, ça me fendait le cœur. De l'amour ?

« Tout de même, ça aurait pu marcher. Il y avait quelque chose qui bougeait, un tout petit peu différent de " la bonne planque " que j'avais mise en avant auprès de types comme Nicolas. J'ai d'abord obtenu le premier disque par Bermuda (le gros garçon pâle, avec ses chemises à fleurs, tu l'as vu une fois). On a fait nos frais, on en a mis un second en chantier. Bermuda reniflait la bonne affaire, d'abord on était valables, et puis ce qui l'intéressait, c'était la baraque. A cet emplacement-là, non classé, ça vaut un paquet. Je lui avais fait miroiter une affaire, et après, j'ai prétendu que Marc m'avait court-circuité en installant Hiroshi, Sophie et les crêpes. Comme c'est vraisemblable ! Mais il a marché, il croit au miracle, Bermuda, comme tous ces gens d'affaires, il s'imaginait qu'un jour Marc et moi on allait lui lâcher la baraque pour une bouchée de pain et filer sur Katmandou. Il en est encore là, pauvre nouille !

Un moment, il rayonna de juvénile arrogance et ressembla étonnamment à l'astre paternel. « Il serait sauvé s'il ne tenait rien de moi », pensa Laura avec amertume.

— Ça aurait pu marcher, tu disais... ?
— Ça aurait pu marcher, s'il n'y avait pas eu Oph. Oph et Marc, c'était un petit peu trop pour moi. J'ai voulu lutter. Je suis allé trop loin.

Il retombait dans cette prostration malsaine qui affolait Laura. Elle sentait qu'il aurait pu, à un tel

198

moment, renouveler son geste, bêtement, faute de trouver une fin de phrase.

— Ça finit comment, *Lorenzaccio*? demanda-t-elle précipitamment, pour le relancer.

— Ça finit bien. Il arrive à tuer.

Alors était venue pour Martin une ère de peur insidieuse, qu'il fallut bien dissimuler aux autres. Qui justement changeaient, le traitaient avec plus de considération, plus de distance, comme s'il avait brusquement vieilli. Oph passait, dans son imper kaki, si grand qu'il touchait presque terre. Indifférente, en apparence : il aurait dû se sentir justifié. « Je l'ai fait aussi pour toi, Marc-André ! » Marc-André se retranchait dans sa cuisine. On ne le voyait pour ainsi dire plus. Tout se passait bien, dans une espèce de silence qui troublait Martin. Pourquoi Nico avait-il mis un terme à ses sarcasmes ? Jean-Paul à ses éternelles récriminations ? Et Do, au contraire, était plus présente, plus douce, comme un peu sonnée par un choc. Ou se l'imaginait-il ? L'admirait-on ? Inspirait-il de la répulsion ? Suppositions aussi déplaisantes l'une que l'autre. Et comme une métamorphose qui se faisait indépendamment de sa volonté, il sentait se modifier son regard, sa voix : oui, il vieillissait. Si vite. Si tôt. Il ne voulait pas. Il cherchait refuge au premier, dans la cabine de bateau. Marc-André était étrangement absent, absorbé. Il ne lui parlait plus du journal de bord. « Il y a des faits dont je ne distingue pas encore la signification... » Martin n'insistait pas, traînait là en fumant une cigarette, lançait un sujet de conversation alléchant, 1848, Bakounine et Netchaïev... Peine perdue... Marc rallumait une nouvelle cigarette à son mégot, se réfugiait dans des histoires de plomberie, le regard bas. Bon, compris. Martin s'en allait, boudeur. Boudeur... inquiet... Mal à l'aise. Et comme par un fait exprès, toutes les démarches qu'il avait entreprises un peu par défi, par jeu, sans trop se soucier du résultat, portaient leurs fruits ces semaines-là. « Les Minables » plaisaient, on les demanda pour le Noël des enfants des Cheminots, la fête du Haricot, un gala des P.T.T. à la Mutualité. Cette petite notoriété amenait des clients à la cantine des textiles. Encore un printemps : M'Ba avait définitivement renoncé à des importations aléatoires pour se livrer corps et âme à sa créativité, il repeignit et décora d'objets de son cru le local qui fit tout à fait « boîte ».

— A la limite, si on avait les fonds, on pourrait créer un snobisme, dit Nicolas, pas sarcastique pour un sou.

Hiroshi variait les menus. La crêpe reculait. Sophie ne soupirait plus. Mimiche lavait la vaisselle. Martin voyait s'édifier sous ses yeux la cabane des *Robinsons suisses* (avec licence pour les alcools), l'île heureuse, l'oasis de Marc-André. Peut-être y a-t-il toujours, dans ces cas-là, un singe ou une gazelle qui crève.

Et si Marc voulait se retrancher dans une désapprobation de principe, il finirait par s'en lasser. Il n'alla pas le voir trois soirs de suite. Sophie lui montait un repas succinct. Il se prétendait malade. Malade! Comme Oph qui rentrait de la librairie-salon-de-thé où elle s'était décidée à faire un remplacement, avec des mines de déterrée. Elle rapportait des muffins pour tout le monde, n'en mangeait pas. Anorexie? Cinéma? Pourtant elle se joignait plus souvent aux autres, dans le local plein de fumée et de monde; sans rancune apparente : elle maigrissait, c'est tout.

Tout de même, Martin voulut en avoir le cœur net. Il monta chez Marc un samedi, jour des comptes. Ce soir-là ils avaient fait trente-sept clients à la crêperie, le groupe avait joué jusqu'à deux heures du matin, personne n'était parti, et quand ils avaient fait le compte de la collecte, il y avait plus de trente-cinq mille anciens francs. Génial!

— C'est génial, non?
— Génial.

— Génial, oui... répète Marc pensivement.
— Quoi, tu n'es pas content?
— Mais si... bien sûr... Je suis même stupéfait des résultats que tu obtiens. N'empêche que certaines choses, oui, certaines choses m'inquiètent.

Martin s'est tout de suite durci.
— Tu ne vas pas encore me parler d'Oph!

— D'Ophélie parmi ces autres choses, mais pourquoi pas d'Ophélie ? Tu n'as pas l'air de te rendre compte qu'elle est sérieusement malade.

— Elle veut nous culpabiliser !

— Et même ?

— Il y a une éternité qu'elle bouffe n'importe quoi, qu'elle dégueule pour un rien...

— Peut-être. Mais maintenant c'est devenu de l'anorexie... C'est sérieux.

— Au moins, elle ne pourra plus être enceinte. Il paraît que c'est une maladie comme ça. Le médecin l'a dit à Mme Lamart. Toujours ça de gagné, dit Martin avec une forfanterie maladroite.

— Martin ! Tu plaisantes ?

— J'essaie. J'en ai marre des problèmes d'Ophélie. J'ai assez à faire avec les problèmes de sécurité, les comptes qui n'en finissent pas, M'Ba qui s'est fait repérer et qui va se taper un contrôle fiscal...

— Mais je sais ! je connais ton sens des responsabilités, le mal que tu te donnes depuis deux ans et demi... Simplement je me demande si tu n'es pas dévoré par ces soucis au point de ne pas t'apercevoir des problèmes humains... Oh ! je sais que c'est facile de critiquer, quand on est comme moi déchargé des problèmes pratiques.

— Mais je l'ai voulu ! s'écrie Martin, touché. Et ça m'amuse ! Je râle un peu, comme ça... Mais je veux que ça marche, et tu verras ! ça marchera de mieux en mieux !

— De mieux en mieux, sur tous les plans, Martin ? dit Marc avec une timide obstination. Comprends-moi, vous avez tous vos activités créatives, enrichissantes, à tous les niveaux. Hiroshi par exemple est tout à fait content de ses fourneaux et c'est parfait comme ça. Mais Mimiche se sent en dehors, il...

— Mimiche est un ringard, dit Martin. Il fera la plonge ou il s'éliminera tout seul. L'accordéon, j'en ai rien à...

— Mais est-ce que dans des cas pareils, il ne faudrait pas chercher l'utilisation, justement... Fourier... Si Mimiche nous quittait, je regretterais...

— Tu n'auras rien à regretter. Mimiche a le béguin pour Nicolas qui d'ailleurs le traite comme un chien. Il fera la plonge, il portera les instruments, il fera n'importe quoi mais il restera.

Marc baissait les yeux et soupirait. Puis il sembla reprendre courage.

— Le vrai problème, dit-il doucement, c'est tout de même de faire coïncider le maximum d'efficacité avec le maximum d'épanouissement. Nous sommes partis d'une idée toute simple, restons simples. Est-ce que Mimiche, sans sa musique, c'est encore Mimiche ? Est-ce que l'épanouissement d'Ophélie ne passait pas par une destinée classique de femme ? Est-ce que nous devions sacrifier...

Martin se détendit brusquement.

— Comme tu te poses des problèmes ! dit-il avec une sorte de tendresse. Mais l'essentiel, c'est que le groupe tienne et marche, n'est-ce pas ? On le sait tous. On le sait tous grâce à toi. Tu nous as donné une chance, une vraie chance et on ne va pas la laisser échapper. Regarde tout ce qu'on a fait depuis l'année du bac. Sans se compromettre, sans rien demander à personne... Des types comme Nico et comme M'Ba se sont épanouis. D'autres...

Mimiche, Oph, bien sûr... Mais après tout, ils ne sont pas forcés de rester dans le groupe. Ils sont libres.

— Ils ne sont pas si libres que ça, dit Marc tout doucement. S'ils aiment, ils ne sont pas libres...

— Ah! dit Martin, il faut savoir ce qu'on veut. On fait un groupe, on ne fait pas de sentiment...

Martin fut de mauvaise humeur ces jours-là. Pourtant l'affluence continuait.

— Tu ne crois pas, Martin, qu'il nous faudrait une caisse enregistreuse? suggérait Do. On va avoir des impôts cette année, c'est couru. Ce serait tout de même plus pratique...

— Il y en a des anciennes très belles, aux Puces de Montreuil, ajoutait M'Ba. Je pourrais m'en servir moi-même.

— Est-ce qu'il ne faudrait pas qu'on ait un comptable maintenant, ne fût-ce qu'à temps partiel? demandait Hiroshi. On ne sait même pas si on va faire la déclaration à ton nom ou former une société... Qu'est-ce que tu as décidé?

Ils se pressaient autour de lui, ils attendaient ses directives, ils étaient un peu inquiets, un peu excités, quelque chose bougeait. Ils ne savaient pas encore si c'était positif ou non, en tout cas c'était quelque chose de nouveau, d'essentiellement « autre » : ils faisaient leur trou dans ce monde rude et noir qui leur avait paru impénétrable. C'était un peu plus important que des histoires de sensiblerie et de biberons, non?

Martin :

— Et puis cet été, je n'ai plus pu supporter de la voir maigrir comme ça. Comme si elle nous narguait. Je suis allé voir papa fin août.

« En consultation, en quelque sorte. Avec un dossier sur Oph, ses analyses, ses radios, tout ce qu'on avait réussi à l'obliger à faire, sous peine d'internement si elle n'y allait pas. Et lui — tu vois, c'était ça la honte, c'était le pire — lui a été " très compréhensif ". L'horreur. Je ne voulais pas que tu le saches, alors j'ai été le voir à la clinique. Déjà son côté macho, grand baiseur, moi, ça me laisse froid, mais alors là-bas, ça atteint des sommets, les petites infirmières, internes, je ne sais pas, qui tortillent du croupion en parlant du docteur qui, du docteur que... Enfin je savais qu'il fallait en passer par là. Et l'abominable Couraud, j'ai horreur de ces bonnes femmes qui deviennent complètement asexuées à cinquante berges, tu sais, genre gros garçon de café, la nuque rasée, brr... Elle me tournait autour, me sondait, " si je peux personnellement quelque chose... Ne vous donnez pas la peine d'attendre... C'est sans doute un avis d'ordre médical, puisque vous êtes ici... " tout le toutim... Enfin, le grand homme, avec ses blouses boutonnées, ses cheveux trop longs, son genre boucher de charme, se doutant bien que je ne serais pas venu s'il n'y avait pas un gros problème, et du coup, sentant qu'il allait pouvoir tripatouiller l'intérieur de quelqu'un, quel régal, tout content, tout copain... "Tu peux tout me dire... On est entre hommes... Tu veux un cognac ? " Je te jure, je crois qu'il a dit " entre hommes" comme dans les films américains, vachement sains, où on se démontre la camaraderie virile avec de grandes claques dans le dos... C'est à peine s'il m'a laissé placer un mot, que je venais lui parler d'Oph, je me prenais un peu les pieds, tu penses, que le voilà qui démarre, il croit qu'il a compris, oui, Oph, il voit très bien, beau petit lot (il dit ça pour me flatter, tu penses comme Oph est son genre, enfin c'est vrai qu'il n'est pas difficile) et c'est des " je comprends ", des " j'ai été jeune et je le suis encore ", enfin il s'imaginait que j'étais venu comme un plouc lui dire que j'avais fait un gosse et que je ne savais pas comment me débrouiller. Et naturellement il prenait tout en main, date de la grossesse, est-ce qu'on avait demandé l'I.V.G. et où et comment, et je prends mon téléphone, et j'appelle le professeur Chose et le docteur Machin, et en un clin d'œil je t'arrange le problème...

« Alors là j'ai été salaud, je le reconnais, je n'ai pas pu résister, j'ai pris mon air jeune homme de bonne famille, candide et tout, et j'ai dit avec consternation " Oh, Papa ! comment peux-tu imaginer une chose pareille ? "

— Non ? !

— Si. Tu aurais vu sa tête ! Il était à peindre !

Un moment leurs rires, si pareils, se mêlent.

— Je te jure, j'étais dans le trente-sixième dessous en y allant, mais là j'avais ma revanche. C'est vrai ça m'énerve, ce côté charlatan, achetez mon truc, c'est le baume universel. Enfin j'ai fini par lui expliquer tout de même pourquoi j'étais venu, et là, je n'étais pas fier, de nouveau, mais au moins, il ne pouvait pas s'en rendre compte. Pour lui, prendre quelqu'un, le bourrer de cachets, le truffer de piqûres, goutte-à-goutte et compagnie, le galvaniser même s'il ne demande qu'une chose, c'est qu'on le laisse crever, c'est quotidien. C'est son job, son sacerdoce comme dirait Couraud. Et non seulement c'est son job, mais il aime ça. Il s'est jeté sur le dossier comme sur une crème dessert. Tu vois, c'est ça que je supporte encore moins chez lui : qu'il le fasse avec tant de plaisir. Il n'y a pas de sots métiers, d'accord. Mais lui, ce qu'il appelle guérir les gens, ça le fait bander. Et ça, je te dis, je ne supporte pas.

« D'accord, je suis vulgaire, je suis toujours vulgaire quand je parle de lui, tu as remarqué. Je ne peux pas parler de lui avec naturel. Et c'est réciproque. Quand il me parle, c'est comme un vieux con, le genre " entre hommes ", et quand je lui parle, c'est comme ce qu'on appelle " les jeunes " dans les magazines. On se dit toujours les mêmes vieux trucs, avec les mêmes cinquante mots... Une espèce de basic. C'est drôle...

— Ce n'est pas drôle. Mais j'aime bien ton idée. Il doit y avoir un basic de l'amour, aussi, dit Laura. (Elle regardait ses mains.)

— Et naturellement, je sais que je suis injuste et lui aussi. Que nous méritons mieux que ça. Parce que je ne suis pas tout à fait un petit con et que lui, c'est tout de même un grand bonhomme, non ?

Le visage de Laura se contracta légèrement.

— Je suppose, oui.

— Et tu vois comme je suis tordu, je lui ai fourré ma pauvre Oph dans les pattes pour qu'il la sauve, pour qu'elle vive, pour me déculpabiliser, si on veut, enfin, je souhaite qu'il réussisse, mais je ne suis pas tout à fait mécontent de l'idée que c'est lui, maintenant, qui l'a sur les bras, et qu'elle lui en fait baver.

— Oh !

— Oui. D'ailleurs peut-être que je mens, et que je ne désire pas qu'il réussisse. Je ne sais pas. Ce que je voudrais, c'est qu'une fois, une seule, il sente les limites de cette conviction imbécile qu'il a...

— L'acharnement thérapeutique...

— C'est ça. Et sois sûre que maintenant il s'en donne. A nous les perfusions, les goutte-à-goutte, et la bonne petite morale des familles. Elle doit avoir droit à toute la panoplie. Et c'est nous, c'est moi qui ai fait ça. La première fois qu'elle avait été hospitalisée pour sa déprime (mais elle ne mangeait déjà pas grand-chose), c'était sa tante qui avait fait la demande. Qu'est-ce qu'on a pu lui passer, à la brave dame, au nom de la liberté, du droit des gens à disposer d'eux-mêmes, je crois même que Nico a parlé de la beauté du geste suicidaire, ce qui était aller un peu loin pour parler de quelqu'un qui est toujours en train de gerber. Enfin ! A ce moment-là, ça ne nous dérangeait pas dans notre trip, qu'elle se détruise, tu vois. Alors on avait la bonté de la laisser faire, on l'aurait aidée, même. Braves cœurs ! Mais quand le trip a changé, alors attention ! Pour notre confort moral, il ne fallait pas d'enfant ? On fait sauter l'enfant. Ça gêne notre délicate conscience collective de la voir faire sa petite démonstration jour après jour ? C'est mauvais pour le moral de la troupe ? On l'embarque. Et c'est moi qui l'embarque. J'ai fait ça, moi. Alors ne viens pas me parler de honte.

« Et tout ça à cause de Marc ! Le coup du groupe avait fonctionné ! Mais fonctionné à l'envers ! Au lieu d'être devenus une bande de petits saint-simoniens, babouvistes, collectivistes angéliques, on était devenu une petite maffia de salauds. Point final. Et Marc devait bien s'en douter un peu, puisque c'est à ce moment-là qu'il est tombé en panne, son livre sur la Commune n'avançait plus, il ne me parlait plus du Journal et il était malade. « Il somatise », disait Jean-Paul. Il somatisait pour moi, oui, sans le savoir. Et quand je le voyais partir de nouveau voûté, mal fichu, taciturne, et quand je pensais à Oph qu'on torturait à la clinique, je pensais que c'était à cause de moi, ce malheur, et qu'avec mes grandes entreprises, je n'avais réussi qu'à les trahir tous les deux...

Il ferma les yeux pathétiquement, comme une femme, et Laura restait sans paroles devant ce désespoir patient, renaissant par vagues, comme une marée. C'était le troisième jour, le troisième matin. Est-ce que le temps travaillait pour elle ? Elle lui avait livré le secret de son cœur, pouvait-elle faire plus ? L'absoudre, au nom de quoi ? L'aider à s'habituer au mépris qu'il semblait avoir de lui-même ?

— Tu veux faire ta toilette ? demanda-t-elle.

— Si tu veux.

Il se leva, sans résistance, sans force, passa dans la salle de bains. Elle entendit le bruit de la douche. Il était vivant. Il était vivant, il n'était pas sauvé. Beaucoup de gens vivent ainsi. Mais, pensa-t-elle, dans un élan de révolte où elle se répondait à elle-même, beaucoup meurent et ne sont pas sauvés pour autant !

Les cloches, dehors, sonnèrent midi. Dimanche. Elle pensa à sa sœur Martine.

Morte jeune. Morte à trente-deux ans « dans des circonstances particulièrement touchantes », disait la vieille Mme Emmery. Enterrée ici, à Strasbourg même, le corps « rapatrié », inoffensif. Elle ne pouvait plus mettre personne en danger. Martine, que personne n'avait aidée. Même pas Laura jeune fille, qui avait adopté la thèse de sa mère : Martine vivait (avec un organiste marié et catholique !) une regrettable amourette, mais ne tarderait pas à comprendre son erreur. Laura s'était mariée. Elle n'était déjà plus à Strasbourg que l' « amourette » de Martine se révélait plus dangereuse que ne l'imaginait sa mère.

Il y a des terrains, comme cela, prédisposés, et quelle lointaine ancêtre, brûlante et froide Huguenote gardant au front quelques reflets de la Saint-Barthélemy, avait transmis à ces deux filles le germe des guerres de religion, je ne sais. Les portraits ne manquaient pas au Chalet, de femmes jolies et fières, s'efforçant par devoir de ne pas le montrer, boutonnées jusqu'au cou, le regard droit et nu. Martine, convaincue de s'exiler avec des missionnaires, des diaconesses, que sais-je, n'oubliait pas l'organiste, qu'elle s'était efforcée par lettre de convaincre de la rejoindre, d'être un second docteur Schweitzer plus doué musicalement, elle s'engageait à la chasteté (elle signait volontiers : « Ta sœur missionnaire. » Etranges mœurs, commentait Théo) mais l'homme de devoir n'en avait rien fait, il avait continué de jouer pour le petit groupe catholique progressiste de Strasbourg, et il n'est pas sûr que les engagements de chasteté que prenait hebdomadairement la pauvre Martine ne l'eussent pas dissuadé de quitter le nid aussi sûrement que l'évocation des Canaques ou des Papous. N'ayant plus rien à offrir (ces filles souffraient de surabondance, des espèces de montées de lait dans l'âme), n'ayant plus rien à offrir de terrestre, Martine offrit son âme, prit une option sur l'au-delà et se convertit.

Pierre (puisque Pierre il y a) fut touché. Au sens strasbourgeois du terme. Ce changement de caste le frappa plus que la déportation consentie de sa « flamme ». Il sentit qu'on avait fait pour l'amour de lui un geste presque inconcevable. Il informa sa femme, ses amis, la bonne société catholico-progressiste et musicalo-sentimentalo-théologiquement concernée. Mme Kahn-Dulac, soprano apprécié de Saint-Pierre-le-Jeune, émit cette opinion, qui donne le ton de cette coterie d'avant-garde : « C'est à la fois édifiant et baroque. » On admira. Martine reçut des lettres de dominicains. La femme de Pierre elle-même tira quelque fierté d'une aventure qui se passait sur un terrain aussi élevé. Elle rêva de voir Martine prendre le voile et d'assister à la cérémonie. Ils se retrouveraient tous au ciel, au milieu d'un céleste trompe-l'œil où toutes les amours se ressembleraient. Elle eut une photo de Martine (entourée de bambins papous) dans le grand salon, celui où elle recevait. C'était de la « récupération » avant la lettre, mais la femme de

Pierre n'était tout de même pas assez d'avant-garde pour percevoir cela. Finalement Martine, qui n'avait reçu encore ni la grâce nécessaire ni la grâce suffisante pour se dire que l'intérêt des dominicains devait nourrir sa vie, ni le temps de se livrer à quelque action spectaculaire qu'attendait une cinquantaine de personnes, attrapa opportunément une maladie exotique, fit une dernière tentative pour atteindre Pierre par téléphone de Kuala Lumpur, ne le joignit pas pour cause de décalage horaire, et y mourut dans un affreux désespoir.

Croyez-vous que c'est en cela que consistent les circonstances particulièrement émouvantes dont il a été question ? Pas du tout. Les circonstances particulièrement émouvantes sont celles où Mme Emmery, en pleurs, rencontra la femme de Pierre, qui pleurait avec encore plus d'abondance, n'entendant pas, tout de même, se laisser distancer par une famille de la Petite-France, où toutes deux conjuguant leurs efforts (Mme Pierre avait un cousin au ministère, il n'est pas précisé lequel) parvinrent à faire rapatrier le corps, qu'on n'allait pas laisser inhumer chez « ces gens-là », et à le faire enterrer en quelque sorte deux fois, avec une petite cérémonie luthérienne et une messe à Saint-Pierre-le-Jeune, le tout étant fait dans un esprit œcuménique évident, tous les assistants en eurent conscience. Pierre joua chez les Emmery et à l'église, Mme Pierre pleura partout et se comporta comme si elle était un membre privilégié de la famille. Ce fut aussi élégant, aussi couru qu'une première, un défilé de mode. Peu de familles eurent le courage de refuser d'assister à une chose aussi élégante, osée, romanesque aussi. Bref, une réussite complète qui mit un peu de baume au cœur de la pauvre mère, sincèrement désolée, et, comme elle n'était pas « d'avant-garde », ne culpabilisant absolument pas. M. Emmery regardait Pierre, sa barbiche poivre et sel, sa façon de rejeter la tête en arrière en jouant *Que ma joie demeure*, et était un des seuls à penser à sa Martine, si blonde, mourant solitaire à Kuala Lumpur. Il doutait qu'une prémonition de ces fastes l'eût consolée si peu que ce fût, il regardait Laura et sa mère, droites comme des lys, et il ressentait une profonde désolation, un sentiment de gâchis, que les secours d'aucune religion ne pourraient apaiser. Il y eut une baisse sur les valeurs religieuses dans son relevé des cours journalier, il pria moins, fuma plus, fit quelques spéculations malheureuses et un cancer du poumon l'aida à laisser sa femme veuve, état pour lequel elle était faite.

Ses derniers jours, les yeux posés sur les portraits jumeaux de Martine et de Laura, malheureux résultats d'une gestion honnête et soigneuse, furent pleins d'interrogations. Il se demandait pour la première fois si Laura était heureuse. Au cours de la fameuse cérémonie, tandis qu'un prêtre catholique, que devait relayer plus tard un pasteur d'avant-garde, chantait les louanges de la disparue, Théo s'était levé et avait quitté l'église sans discrétion. Le soir, Laura, au dîner familial, avait les yeux rouges, alors qu'elle n'avait le matin même versé aucune larme. Les deux époux avaient dû se quereller. Mme Emmery fut d'avis que si Laura attachait plus d'importance aux humeurs de son mari qu'à la mort de sa sœur, ce n'était peut-être pas très moral, mais plutôt bon signe pour son ménage. M. Emmery s'interrogea. Avant qu'il fût décidé à tenter une démarche (car dans cette famille, parler d'une affaire personnelle à sa fille, fût-ce sur son lit de mort, c'était « une démarche »), il était trop tard. Il mourut perplexe, avec le sentiment agaçant d'avoir oublié sur terre quelque chose d'inachevé. Sa main chassait des mouches. On décida qu'il faisait le signe de croix.

« La mort, une solution ? » pensa Laura. « Non. » Martin revenait de la salle de bains. Les cloches s'étaient tues.

Assez beau, Théo, assis sur son lit, dans la pénombre du petit matin, et s'interrogeant de bonne foi. Il a réagi au départ de Laura, de prime abord, avec un monstrueux et innocent égoïsme : il a vu l'offense qu'elle lui faisait avant de penser le moins du monde à son fils. Cette offense se transforme en chagrin violent, ce chagrin en interrogation. Alors ce n'est plus l'homme injuste et passionné, aux réactions brutales qui réagit, c'est le praticien, dont la moindre erreur peut être fatale. Il y a eu erreur quelque part. Il s'interroge.

Oui, assez beau, cet homme de cinquante ans, puissant, sûr de lui, qui tout à coup s'interroge sur la vie, sur sa façon de voir la vie, comme un adolescent. Tout cela, bien sûr, à cause de Laura

Emmery, de Strasbourg, une jeune fille qui a été son seul amour.

Et d'un élan de cet amour resté jeune, de cette blessure restée miraculeusement fraîche, il retourne à Strasbourg, il retourne à la chambre de Sarah Finkelkraut, interne en psychiatrie, où il y a le portrait de Marie Curie et celui de Jung, comme deux saints patrons, au-dessus du lit, et celui de Kafka dans un cadre, sur un coffre plein de linge à repasser. C'est dans l'allée des sorbiers, au cours de ces rendez-vous nocturnes que sans doute les Emmery n'ignorent plus, qu'elle lui a chuchoté « viens chez Sarah demain », et il a cru qu'il s'agissait d'un de ces rendez-vous d'étudiants, pour « discuter », ou que Sarah peut-être qu'il connaît un peu a quelque chose à lui demander, un mot pour Hasselman, une recommandation (elle part pour Paris à la rentrée). Mais Sarah n'est pas là, et Laura, du fond de la chambre, du fond de sa mémoire, s'avance, s'avance interminablement comme, dans les opéras, ces cortèges qui balancent des palmes. « Voici, voici Elsa de Brabant », radieuse martyre, lui offrant cette tête coupée, ces seins sur un plateau, martyre, radieuse, la chambre sent le linge frais, la persienne est baissée, il n'a que le temps de remarquer (préméditation) qu'aucun cendrier plein de mégots n'est en vue (alors que Sarah, mince visage oriental orné de lunettes de fer, écrase une cigarette quand elle a déjà allumé l'autre) et Laura s'avance, un peu gauche, gracieuse aussi et sans coquetterie, évidente comme l'amour, simple. Mais qui est stimulé érotiquement par une tête coupée ? Pas Théo. Il panique.

C'est bref. Un moment d'hésitation et c'est fini. Un moment de lucidité, un « pourquoi » (puisque Hasselman arrive pour la « demande »), une question, et il perd Laura. Avec sa fulgurante intuition, il le sent, écarte la lucidité, la prescience qui l'a traversé, aussi exacte et aussi brève que celle de la mort, et il saisit Laura dans ses bras, il murmure les mots qu'il faut, il fait, pieusement, les gestes : il aura très peu de plaisir. Pour pouvoir posséder Laura, il aura été obligé d'oublier un moment qu'il l'aime.

Après l'acte, il sait. Il peut même formuler en des termes assez convenables sa connaissance : que Laura ne voulait pas qu'il eût rien à attendre du mariage. Qu'elle voulait tout donner sans garanties. Qu'elle voulait prendre le risque que, dans son ingénuité, elle pensait être le plus grand. Ce qu'elle attendait de lui ? Simplement qu'il acceptât ce don total. Mais alors elle s'est trompée. Car en même temps que le corps, que les réflexes fulgurants de Théo (les mêmes qualités qui le rendront fameux dans son œuvre de « mécanicien ») fonctionnaient, si vite qu'elle n'avait pu percevoir chez lui la moindre hésitation, son esprit s'évadait, utilisant l'aimable image de la propriétaire de la chambre, comme on utilise un drap en guise d'échelle de corde. Il l'avait sous la main, comme le portrait de Kafka, et on ne pouvait pas lui demander de bander pour Kafka tout de même. Ainsi, étreignant la seule femme qu'il dût aimer, il possédait en esprit la froide Sarah sur le bureau du labo de chimie. Ainsi la trompa-t-il dès le premier jour, ainsi la trompa-t-il pour ne pas la perdre.

Apparemment, il devait seulement mettre beaucoup plus longtemps à la perdre.

Mais l'a-t-il perdue ? Non. Mais veut-il la perdre ? C'est à cause de toi pourtant que Jocelyne est morte. L'ombre d'un doute, et il a fait une faute. Même si ce n'est pas une faute professionnelle. Il en a le profond sentiment, un sentiment qui s'interpose entre lui et Laura, qui l'empêche de s'élancer vers Laura, de la retrouver, de la secouer, de la sauver — et de sauver ainsi Martin.

Voici. Certains de ses malades n'ont pas survécu à des interventions. S'en étonner serait enfantin. Il a toujours su prendre ses responsabilités, et n'en a jamais été troublé. S'il l'est aujourd'hui, c'est que toutes les autres fois, il a estimé que l'intervention était indispensable à la guérison. A la guérison tout court. A la poursuite de la vie. Qu'il y avait le maximum de chances de guérison et, par chances, il entendait chances de vie, de survie. Rien d'autre. S'il y avait assez de chances de survie sans intervention il n'intervenait pas, c'est tout. Et sans intervention, et jusqu'à preuve du contraire, Jocelyne aurait survécu. L'histoire des I.M.A.O. et l'absence de faute professionnelle ne changent rien à ça. Il s'est laissé contaminer, sans même s'en rendre compte, par Sylvie (mais combien plus profondément par Laura !), pour qui il y a vie d'un côté, et survie de l'autre. Notion essentiellement révoltante, essentiellement antimédicale. Antichirurgicale. Anti-Théo, quoi. Enfin, voyez la perversité de ce raisonnement. S'il y a des vies qui ne valent pas la peine d'être

vécues (et lui ne le pense pas, non, c'est sa forme de
générosité, sa forme d'égoïsme, et disons-le, sa
forme de santé : il ne se dit pas d'un être, il a bien
vécu, il se dit : il a vécu et c'est assez), s'il y a des
vies qui n'en sont pas, pourquoi soigner ? Pourquoi
guérir ? Qui jugera ? On part de nobles raisons de
vivre (Laura) ou d'une esthétique de midinette
(Sylvie) et on aboutit à quoi ? Au nazisme quand il
supprime les fous, au génocide des races dites
inférieures, et pourquoi pas à l'euthanasie quotidienne, aux drogues autorisées, et même préconi-
sées ? Pourquoi pas ? Qui jugera ? Selon quels
critères ?

Qui jugera notre vie aujourd'hui, Laura ?

Comme est mal comprise souvent cette parole
d'un saint : « Il peut y avoir péché même dans un
verre d'eau. » Ne restitue-t-elle pas à l'innocence,
l'étreinte la plus monstrueuse, le crime le plus
élaboré, tant que l'Esprit n'en a pas troublé le
cristal ? Théo a rêvé déjà sur cette parole, peu avant
son mariage, dans la bibliothèque de la Faculté de
Strasbourg, un livre ouvert devant lui, le regard
plongeant avec une volupté demi consciente dans
les frondaisons, sous la fenêtre. Le vieux tilleul
bourdonnait d'abeilles, une immense ruche odo-
rante cet été-là, ses souvenirs en restent touffus,
bruissants, comme imprégnés de miel. Ces baisers,
Laura se jetant à son cou, les bras étirés en
guirlande, d'un élan gracieux comme un paraphe,
la majuscule d'un très ancien manuscrit. Assis, avec
devant lui ses livres et ses notes, ses crayons, les
fiches éparses de différentes couleurs, il avait le
sentiment de maîtriser les éléments de sa vie future,

de les tenir en main, prêts à se laisser saisir au moment opportun et disposer dans l'ordre choisi par lui. De ces éléments, le mariage et Laura faisaient partie. Non pas essentiellement le mariage avec Laura. Le mariage souhaitable pour un homme de son âge, appelé à exercer une profession libérale, et qui se voit bien reçu dans une famille aisée et honorable. Mais Laura, Laura... Laura était un autre élément à ajouter, à combiner avec l'idée du mariage. Elle n'en était pas indissociable. Reçu ailleurs, marié déjà, il eût tout de même aimé Laura, voulu Laura. Le voilà, le péché dans le verre d'eau, la mouche dans le vase de parfum qui en gâche toute la bonne odeur (citation préférée d'Hasselman). L'amour. Une certaine forme d'amour. Jusque-là la vie était pure. Qu'on contourne une charogne de juillet bourdonnante de mouches ou qu'on pose les yeux sur l'exquise montgolfière parfumée du vieux tilleul, c'est le même fredon, terrible, insignifiant, délicieux : la vie, pure comme le cristal du verre, le cristal de l'eau dans le cristal du verre.

Pure comme Laura s'avançant vers lui avec ce grave sourire nuptial, sa sombre et blanche beauté portée devant elle comme une tête coupée. Ainsi sourit la Vierge à l'ange de l'Annonce, ainsi Salomé demandant la grosse tête suante, velue, du Prophète. Où est le mal, qu'une petite fille ait envie d'une tête d'homme mal dégrossie et pleine d'obscures prophéties — sinon qu'elle met fin au bourdonnement de l'Esprit dans cette tête ? Où est le mal quand Judith avec application, elle y met toutes ses forces neuves de femme, décapite Holopherne pour que la fête, la victoire, la grande fête juive avec ses méchouis et ses danses devant l'Arche puisse avoir lieu? Péripéties! tant que l'esprit ne s'en mêle pas. Mais s'il est là (et c'est un tout autre bourdonnement, croyez-moi, que celui des mouches et des abeilles, autour d'un autre sang, d'un autre miel), s'il est là, il peut y avoir péché même dans un verre d'eau, et le cristal se trouble, comme sur les terrasses des cafés d'Oran les verres embués de fraîcheur où l'on verse l'anisette, et quelque débonnaire que soit la métaphore, alors il peut y avoir péché, c'est-à-dire connaissance, dans cette image de Laura jeune fille, quand elle s'avance, à peine tirés les rideaux de la petite chambre austère de Sarah Finkelkraut son amie interne en psychiatrie, quand elle s'avance vers Théo, portant devant elle sa beauté, sa virginité, comme une tête coupée.

Il peut y avoir péché, il peut y avoir danger, dans cette image conservée toujours intacte au cœur de Théo. Et de cette gracieuse image, indirectement, Jocelyne est morte.

Devant Marc qui n'arrive pas à tracer un mot, le Journal de bord. Où en est le voyage? Dans le petit appartement taillé au cœur de la baraque, cabine de bateau, cabane de Robinson, plein de bibelots pieusement épousetés, de commodités bricolées avec la patience des sauvages, des prisonniers, il étouffe aujourd'hui.

Il descend : le vaste local transformé, il lui semble le voir pour la première fois. Les portes à glissière sont huilées. Les petites fenêtres haut placées, limpides et ornées de rideaux en toile de jute. A gauche la grande table d'hôte, encaustiquée par Sophie, les fourneaux ronds, briqués par Hiroshi, ont un aspect presque trop accueillant : édifiant de propreté, tout ça. A droite, l'estrade en bois brut supporte les baffles et l'appareillage électrique, rébarbatif, du groupe. Faute de pouvoir participer activement (la malédiction de l'accordéon le poursuit) Mimiche s'est mis à ranger tous les jours, avec amour, le matériel. Ainsi se sent-il plus proche de Nicolas. A l'occasion, lors d'un gala, il sert de « road », c'est-à-dire qu'il porte les appareils, et lui, l'idole des bals musettes est trop heureux de cette besogne subalterne. Et les murs sont d'un beau bleu. Et les masques de M'Ba grimacent. Et tout cela, dans l'après-midi gris, a l'aspect vaguement déprimant des coulisses d'un théâtre endormi. Tout à l'heure, tout ça va fonctionner, prendre vie, et à l'écart, à « sa » petite table ou là-haut dans la cabine du pilote, Marc-André écoutera s'élever la rumeur de la maison active, ressuscitée.

N'est-ce pas ? N'est-ce pas ? Mais une vague menace semble stagner dans le silence. Le livre est abandonné et Marc-André se sent étrangement vide. Où sont son action de grâce, son émerveillement, le jaillissement du miracle ? Il sent une présence. Dans la pénombre, derrière les fourneaux, Ophélie attablée.

— Vous êtes là ? Pourquoi ne pas allumer ?

Il se précipite, il s'empresse, il déploie comme toujours des forces excessives, il allume la grosse lampe ronde que Sophie trouve si « mignonne », voit Ophélie inconfortablement juchée sur un tabouret trop haut devant une assiette de crêpes froides.

— J'essayais de manger un peu..., dit-elle mollement.

Depuis ce qu'ils appellent tous « son accident » avec pudeur, ses ennuis digestifs virent à l'anorexie. Elle mange, elle vomit, elle maigrit, avec un petit air d'aigre défi. « Vous l'avez voulu. » Marc-André s'empresse.

— Mais vous avez raison ! C'est très bien, c'est... Avez-vous tout ce qu'il vous faut ? Si je vous faisais chauffer un peu de thé ? Non ? Et les crêpes, si je les réchauffais ? Ce serait plus digeste ? Vous finirez par vous rendre malade...

Elle sourit. Il se battrait. Il le sait bien, qu'elle est malade. Malade avec obstination, avec rage. Il le sait, mais il le voit pour la première fois. Soigneusement, elle porte la fourchette à ses lèvres, méticuleusement elle mâche. Et c'est comme si elle appliquait à la lettre, avec une insultante précision, une ordonnance inutile.

— Peut-être que vous mangez trop de crêpes..., dit-il gauchement.

C'est la première fois, au fond, qu'il s'efforce vraiment de lui témoigner de la sollicitude. Il a brusquement le sentiment que c'est important.

— Trop ?

— Je veux dire... si vous mangiez un peu de viande...

222

Elle découpe, pique la fourchette, mâche, le regarde.

— Ça changerait quoi ? dit-elle doucement.

Il ne la comprend pas, cette fille. Il est debout devant elle, les bras ballants, il se sent accusé de quelque chose. Et pourtant il voudrait l'aider, lui faire comprendre, tacitement, qu'il a été troublé, blessé (oui, blessé) autant qu'elle peut l'être elle-même. Il oublie seulement qu'elle, elle a été blessée dans son corps.

— Vous reprendriez des forces...

Silence. Silence ironique ? Méprisant ? Qu'a-t-il fait pour elle ? Qu'aurait-il pu, dû, faire pour elle ? Elle découpe, pique, porte à ses lèvres, mâche, et brusquement c'est insupportable.

— Ophélie...

— Tiens... Vous savez mon nom ?

Agressive. Il est presque soulagé.

— Ophélie, vous devez être... je ne sais pas ; vous devez être atteinte...

Elle pose sa fourchette. Elle a un hoquet.

— Moi ? Pensez-vous. Ça a été très bien fait. On n'est plus au temps des aiguilles à tricoter, vous savez.

— Je veux dire (il s'empêtre) moralement, affectivement...

— Ça existe ?

— Je veux dire seulement... je tenais à vous dire... Je n'ai pesé en rien sur cette décision... J'aime Martin comme un fils, vous savez, et...

Dieu ! Il se rend compte des mots qu'il vient de prononcer en la voyant blêmir. Son frêle corps est agité de deux ou trois soubresauts menus, inté-

223

rieurs, elle se précipite dans le réduit, et l'inévitable
bruit de l'évacuation suit. Bouleversé, il s'avance
jusqu'à l'embrasure. Avec un torchon de cuisine,
elle s'essuie les lèvres. Elle a l'air contente d'elle-
même. Mais il est trop profondément bouleversé
pour s'en agacer cette fois.

— Oph, pardonnez-moi, je suis un vieil imbécile. Je ne voulais pas me mêler de vos problèmes,
j'aurais peut-être dû le faire. Je ne sais pas. Mon
rôle ici n'est pas très défini, j'ai toujours pensé que
vous en viendriez, tous, à établir vos propres règles
et que je ne devais pas m'en mêler ; que je devais me
borner à être là comme un recours, au cas où...

— Le cas s'est produit, dit-elle, et vous n'étiez
pas là.

Elle lui tourne le dos, elle ouvre le robinet de
l'évier fêlé, elle se savonne les mains, se rince la
bouche lentement, soigneusement. Il est brusquement saisi de panique à l'idée qu'elle va se remettre
à manger.

— Vous m'en voulez, dit-il humblement. Vous
avez peut-être raison. J'ai peut-être été lâche.
Pourtant, je vous en prie, il faut me croire, l'idée de
ce... de cet événement, était pour moi... J'aurais
tellement voulu... Sincèrement, vous avez peut-être
peine à le croire, mais je vous jure, je vous jure que
si j'avais pu...

Il ne sait comment s'exprimer, comment la
convaincre. Si elle allait s'imaginer qu'il a influencé
Martin par jalousie, par perfidie, ce serait...

— Mais je le sais, dit-elle en se retournant vers
lui.

Si petite qu'elle soit, si maigre, elle se tient bien

droite, dans sa robe trop grande, sans ceinture, une robe en crêpe noir, à fleurettes blanches, qu'aurait pu porter Marie-Amélie. Et à sa stupeur, il perçoit tout en même temps, que c'est vrai, qu'elle le croit, qu'elle sait la vérité et que, d'une certaine façon, elle triomphe.

— Mais comment... mais comment...

Elle passe résolument devant lui, elle retourne dans la salle, prend un énorme sac en toile qu'elle traîne toujours avec elle, et monte lentement l'escalier, marche par marche, laissant tomber sur lui, qui l'a suivie, ce même regard moqueur et terrible. « Tu n'as pas encore compris ? » semble-t-elle dire en se traînant, en se hissant de marche en marche. « Imbécile heureux, tu n'as pas encore compris ? »

Il demeure figé. Même à ses yeux, Oph n'a jamais vraiment fait partie du groupe. Ce qu'elle a voulu, dès le premier moment, à sa façon passive, gouailleuse, Marc-André ose penser : sournoise, c'est Martin. Marc-André voit cela très clairement, et que Frédé, et même le garagiste du coin, n'ont été que des leurres. Et que si elle se laisse dépérir, c'est parce que c'est la seule vengeance possible contre la vie qui ne lui accorde pas ce qu'elle veut. Du moins a-t-elle réussi à se venger du groupe : il n'est personne, aujourd'hui, dans la baraque, qui ne se sente mal à l'aise rien qu'à la regarder. Et elle réussit à se venger de Marc-André : c'est la première fois qu'il souffre, non pour Martin, mais par Martin. Dépositaire de son fragile espoir, Martin l'a trahi.

Trahi, trahi, le mot bat le tambour à ses oreilles. Qu'Ophélie y ait mis une ruse désespérée ne change rien. Toute la vieille sévérité, la vieille rigidité du militant remonte en lui ; Martin l'a trahi, et sous couleur de le servir. En le servant, peut-être. Tout à l'heure, en descendant chercher à dîner, sans avoir pu se résoudre à écrire une ligne, Marc-André croisera Nicolas, pour la première fois complice, qui lui parlera d'Ophélie : « Ne vous tracassez pas trop pour elle, on va trouver une solution. Son dossier est en bonnes mains, *nous* nous en sommes occupés. »

Devant lui, qui s'obstine à essayer d'écrire, son cahier gris. Il l'avait appelé provisoirement « Journal de bord d'une expérience modeste ». Il l'avait commencé plus de deux ans auparavant, au moment de l'installation de Martin. Il tablait sur le concret, le minutieux, l'infiniment petit : les Textiles ne seraient qu'une expérience de laboratoire. Petits débours et petits risques. « Partons sans ambitions. » Il comptait sans ce vieux cœur, cette vieille palpitation qui s'était remise à battre démesurément à chaque mouvement de ce microcosme, à chaque progrès, et pourquoi pas à chaque refrain, à chaque sourire ? Et pourquoi pas chaque soir, quand Martin bondissant dans l'escalier vermoulu venait s'asseoir près de lui, agité, pressé, s'interrompant cent fois pour redescendre, fouillant partout pour retrouver un papier qu'il avait dans sa poche, éclatant du grand rire d'enfant qui illuminait son visage irrégulier et charmant. Marc-André relit ces mots gonflés d'espoir : « Un groupe de jeunes gens, hébergés par moi, ont tenté ensemble, sans contrainte idéologique, de former une petite unité créative et commerciale, collectivement et sans le secours des capitaux et des médias. Il m'a paru, devant cette tentative toute moderne, puisque ne s'attaquant pas à la société, n'en refusant pas même les moyens, mais créant ses propres circuits, il m'a paru amusant d'en tenir le journal, en comparant cette tentative avec les utopies d'autrefois. Le point commun étant ce " départ de zéro " que le peu de chances données à la jeunesse dans notre vieille société immobile rend particulièrement aisé à réaliser. Ce peu de chances met d'emblée notre petit groupe dans les conditions des Robinsons volontaires du rêve passé. L'île déserte, ici, s'appellera Plaisance. »

Ainsi commence le cahier gris où se trouvent consignés, jour après jour, les dépenses faites par Marc-André, ses « investissements », du reste modestes, les recettes réalisées par le groupe, la naissance de la cantine, la réussite du disque, les déplacements des musiciens, et diverses observations sur les rapports des jeunes entre eux, leur évolution, leurs dons, leurs réalisations. Nicolas serait surpris d'y trouver, soigneusement recopiés, plusieurs des textes dont il couvrit la paroi des W.-C., d'un marqueur rageur. M'Ba y lirait la description minutieuse de ses progrès, depuis l'époque où il copiait purement et simplement des masques africains existants, jusqu'à celle où sa création devint originale, en passant par le jour où l'idée lui vint d'incorporer à une statuette divers éléments métalliques, provenant d'un moteur de voiture. Serait-il surpris ou simplement satisfait de voir que Marc-André qualifie ses efforts d' « assimilation réfléchie du monde moderne à des formes mythiques nou-

velles » ? Du moins sentirait-il sans doute, à travers
le compte rendu qui se veut terne et précis, un
élargissement du souffle, une jubilation de tout
l'être, un hymne qui s'élève à travers ces petites
notations grises : « Remarquables progrès de M'Ba
qui, pour la première fois, abandonne la copie.
Martin me fait remarquer... Do chantonne un texte
de Nicolas griffonné au-dessus de l'évier. Martin a
l'idée d'en tirer un thème pour le groupe. Il semble
difficile de faire participer Mimiche aux activités
musicales, et pourtant il le souhaite. Martin me
promet d'y réfléchir... Nécessité d'aménager une
véritable cuisine en bas... Do chante très tôt, le
matin ; c'est la fin de l'hiver. La maison bruisse
comme un arbre plein d'oiseaux cachés... Penser
aux gouttières. Martin propose d'y consacrer les
recettes du groupe, pendant quelques galas... Nicolas écrit maintenant toutes les paroles du groupe et
ne griffonne plus sur les murs. Faut-il le regretter ? » A la date du 21 avril de l'année précédente,
sur une page blanche qu'il se propose tous les jours
d'arracher, sans en avoir le courage, ces mots :
« Martin me dit qu'il est heureux. »

Après cela, allez prendre un stylo et écrire :
« Aujourd'hui, sur le conseil de tous, Ophélie se fait
avorter » ? « Aujourd'hui, en me parlant, Martin
détourne son regard » ?

Seul, essayant d'écrire, devant le cahier gris
ouvert...

Si Marc-André comprenait son propre livre, sa naïveté volerait en éclats. Car ceci s'y déchiffre clairement : tout amour est une utopie. Toute utopie, et donc tout amour, aspire à son échec. Car l'une et l'autre tendent vers un état statique, un état où « il n'y a plus rien à désirer », une fin commune qui est la mort. Reçue ou imposée. Mais les débuts sont beaux.

Tout amour est une utopie, une île, une oasis si on a le goût dessus de pendule 1830, un recommencement du monde, une absolue nécessité ! De nouvelles lois, un nouveau code du langage, un coup de peinture donné sur les mots doux, un urbanisme de l'expression. On change de coiffure, de confiture le matin, on change de religion, on change, on naît. Et tout amour est totalitarisme, avec enquêtes et lavages de cerveau, défense de franchir les frontières, des prisons et, si nécessaire, hymens chirurgicalement reconstitués : on fait du neuf avec du vieux, il faut des formalités aux royaumes. Mais les débuts sont beaux. Des noms : la Cité du Soleil, le Royaume de Brutol, et leurs pédantes délices : « mon esclave phrygien », « tu es le ténébreux, le veuf, le consolé ». Et ces prisons aux noms de déserts : la Mezzoranie de Berington, les Iles Flottantes de Morelly, Armide, Almaïde, Bérénice... Tout est vie puisque tout est à inventer. Là où vous nommiez Adèle « mon chou », vous ne sauriez appeler Juliette que « mon ange immaculé », voire platement (mais le mot a l'éclat du neuf) « mon coco ». Vous aimez ? Autre langage, autre couleur de vêtement, vous évitez certaines rues, certains spectacles, certains pays sont tout entiers proscrits... Mais halte, vous débordez sur l'Utopie et Fourier, Fénelon et tutti quanti vont réglementer vos jupons. Mercière vous serez rose, musicien, vous serez violet. Tout sera neuf, et pour éviter la contagion, la référence, comme le lit des amants plein d'odeurs légères, l'océan se referme autour de l'île heureuse, la forêt autour du château de la Belle, l'administration autour de la liberté qui se pâme.

Tout est repensé, réformé, modifié. Mais il ne s'agira plus d'y toucher ensuite. « Tu m'aimes ? Vous êtes heureux ? Signez là. » Toujours, cela rime avec utopie, n'est-ce pas ?

Ah ! l'amour est une utopie, et le plus beau portrait de l'amant, de l'amante devient tout de suite une cage, une effigie creuse et garnie de pointes comme les « Vierges de Nuremberg ». Et l'utopie est bien sans contredit l'une des formes de l'amour, et c'est sans doute quand l'homme se précipite, avec rage, avec élan, vers son accomplissement qu'il accomplit et détruit d'un spasme l'une et l'autre de ces belles folies. Alors triomphant, écrasant de son poids la femme ou la liberté conquises, éclate en lui cette apothéose finale « rien ne peut plus nous arriver » et, en effet, c'est l'instant qui suit l'explosion nucléaire, le massacre du Guyana, l'orgasme de n'importe qui, l'extase, l'azur, la mort, le secret de l'utopie et de Cythère : embarquons.

Ou n'embarquons pas. Et l'on retombe dans la répugnante tentation de guérir.

Soyons réacs, réalistes, réanimateurs. Médecins. Bien portants professionnels. Bons vivants pour ne pas dire bien vivants. Rafistolons. Les ballons d'oxygène, les sérums vitaminés. Les chats meurent si on les empêche de rêver mais pour les hommes il y a de l'espoir. Radios, ponctions, bilans biologiques. Diagnostics. Interventions. Soit. Ravauder, faire des concessions. On vous enlève un organe, on vous rassure : on vit très bien sans. On vit très bien sans vésicule, avec un seul poumon ; on apaise la fureur jalouse du foie avec quelques pilules, on calme les désillusions tachicardiaques, on vit très bien avec la molle lâcheté spasmée des entrailles. Avec un cathéter. Un pacemaker. Une bonne paire de lunettes, un régime approprié. On vit exactement aussi bien sans amygdales. Sans appendice. Alors pourquoi pas l'ablation ?

Foyers d'infections : amour ou utopie, on vit aussi bien sans. Mieux. S'ils vous font mal, c'est qu'ils sont malades. Amour fou, bonheur fou, idée folle : amygdales. La même chose. « C'est douloureux ? Sensible ? » On ne peut pas nier, n'est-ce pas ? Alors guérir ?

La médecine, la chirurgie avec son savant bricolage, la psychanalyse avec ses cartes pornos qu'elle vous glisse dans la main (hors de prix, c'est normal) vous posent la seule vraie question :

guérir ou pas ? Guérir de n'importe quoi, à n'importe quel prix ou non ? Guérir ?

On ne guérit pas de la mort. On ravaude, on rafistole, on fait durer. Le rôti de l'enterrement servira pour les fiançailles. On fait l'enveloppe de la ménagère : tant pour le chauffage, tant pour le boucher. Mais toujours la même somme dans le vieux sac éculé qui se fatigue, les billets chiffonnés, une facture, une lettre d'amour, des pilules, un peu de poudre de riz, une cigarette écrasée au fond. Le même total. Guérir ? On se débrouille. On fait avec. Au besoin, on prélèvera dans l'enveloppe blanchissage ce qu'il faudra pour regonfler un peu l'autre, l'amour, l'utopie, le poumon de papier. Quelques sous : on n'est pas Crésus. On n'a qu'une vie. L'hésitation bourdonne comme une mouche ; la belle plaie rouge va devenir verte pourriture, noire pestilence si on n'intervient pas de suite. Alors ? On ampute ? On stérilise ? Ou on meurt ? Vous vous décidez ?

L'été approche, menaçant comme un ennemi. Marc-André essaie d'écrire.

« Le groupe vient d'enregistrer son second disque. Ophélie maigrit encore... Notre troisième printemps est bien hésitant... Martin... »

Mais quand il trace le nom de Martin, il s'arrête. Où, la joie qui l'envahissait devant les réussites les plus modestes ? Un silence d'avant l'orage l'entoure. Le succès de la crêperie ne le réjouit pas plus que les bouderies ostentatoires de Mimiche ne l'affectent. Ce n'est pas ça. Il y a bien quelque chose d'ostentatoire aussi dans l'attitude d'Ophélie, dans ses malaises à demi volontaires, dans le fait proclamé qu'elle se pique à l'héro (ce qui, vu ses faibles ressources, ne peut être bien fréquent). Nicolas évolue, plus dur, moins sarcastique, et Martin et lui s'isolent dans de graves conciliabules de chefs d'entreprise qui pourraient faire sourire. Mais c'est l'atmosphère surtout qui a changé, se dit Marc. La réussite momentanée, loin de les épanouir, semble les charger d'un lourd fardeau. Les incursions de Bermuda se font plus fréquentes. Les absences du groupe (et alors, dans la maison désertée, entre le silence d'Ophélie et les coups de marteau de M'Ba, Marc vit des matins bien solitaires) plus nombreuses ; Hiroshi « gère » alors la cantine d'un air si important qu'on n'ose pas lui adresser la parole. Un impondérable, une humidité froide, se sont glissés dans les rapports de tous. On dirait qu'ils se hâtent vers quelque chose, mais quoi ?

Dans la tête de Marc, deux images s'opposent, se heurtent, se battent comme des couteaux dans un tiroir.

Martin, héros imprévisible, radieux ; Martin faible, en proie à des scrupules mous, qu'il n'a même pas de mérite à vaincre. Martin sensible, vibrant d'amitié, de réceptivité, ami des animaux, de la musique, de la nature ; Martin arrosant le marronnier étique du jardin, soignant le chat malade, galvanisant l'un, apaisant l'autre ; Martin empruntant dans le voisinage des couvertures pour l'hiver

« à tout hasard » pour que puissent loger dans le loft, sans avoir à demander, ceux qui se trouveraient seuls ou sans logis. Et Martin taciturne, le front baissé sur ses comptes, rejetant Mimiche, condamnant Ophélie. Martin plus ambigu, recueillant les brouillons de Nicolas et transformant le poète des graffiti en parolier efficace, en travailleur qui n'entend plus perdre son temps ni sa prose. Martin unissant les jeunes gens entre eux, avec un charme et une cordialité indéniables, et Martin spéculant sur la terrible appréhension du groupe à se retrouver dans le vide, dans le noir, pour le manœuvrer... Deux images. Deux couteaux.

Et deux images dans la tête de Laura, scrutant sa vie. Laura patiente, assise près d'une fenêtre le front penché sur un beau livre : elle lit pour lui, pour Théo, pour le jour où elle pourra, miraculeusement, comme la princesse du conte voit sortir de ses lèvres perles et diamants, lui parler la langue des poètes et être comprise. Laura se promenant, avec un petit garçon pensif serré à son flanc, dans des jardins (elle a tant aimé les jardins, l'amitié nouée par les hommes avec la nature, elle a tant espéré de cet apprivoisement, des massifs, des charmilles, des ombres bleues sous les arbres) et se disant qu'un jour, ils marcheraient elle et lui dans cette allée qui s'en va (et elle oubliait le petit garçon qui la voyait partir). Et Laura le soir, enfiévrée, laissant entrebâillée sa porte, allumée la veilleuse, et attendant et supputant et détestant son attente. Deux images. Indissociables, irréconciliables. Comment trouver la passerelle, le pont, le joint, le passage secret de la grande salle du château à la crypte? Est-ce même souhaitable? C'est pourtant l'image idéale qui en se décollant de la réalité, comme l'épiderme se décolle de la chair, atrocement, centimètre après centimètre (si l'image vous fait horreur, vous pouvez tout bonnement remplacer épiderme par sparadrap), cause de la douleur, l'image de Martin héros, de Théo demi-dieu, des jardins, des cités rêvées, des poèmes, des harmonies futures, qui causent l'amertume et centimètre après centimètre, la souffrance à laquelle on ne voit pas de fin?

On ne peut pas tenir. On ne peut pas supporter tout le temps ce supplice. On veut tout arracher d'un coup, allez-y docteur, serrer les dents une bonne fois pour toutes, séparer, déchirer, en avoir le cœur et la peau nets. Un de ces soirs-là, un de ces soirs où Martin ne monte pas au premier étage, où il est privé même de sa douleur (les couteaux qui se battent), Marc-André sort et va au bar du *Perroquet*.

Il y allait parfois, autrefois, avec Axel. Juste pour voir, pour se tremper dans une atmosphère qui un moment le déchargeait de son devoir de fils jamais tout à fait satisfait, de son devoir de militant troublé, du beau désir sauvage qu'il porte en lui et qui n'a pas trouvé sa réponse jumelle. C'est curieux qu'on appelle ces endroits-là des bars de travestis. C'est un dévoilement que Marc-André y cherche.

Il y est venu surtout dans les moments de crise. Quand la vente de la petite usine de Picardie a été consommée. En 56, au moment de ses angoisses les pires : la Hongrie et Suzy (le bar était en fête, et il y a vu un avocat célèbre couvert d'une perruque blonde, monter sur le bar et entonner *La plus belle pour aller danser*), au moment où il a quitté le Parti, les amis, les uns, fidèles, lui tournant le dos, les autres, pas nombreux, ressassent leurs raisons, leurs conflits, de façon obsessionnelle. Le bar du *Perroquet,* sis à la lisière du XIVe et du Xe arrondissements, illustre le déchirement intérieur de Marc-André.

Militant, il s'est essayé à la dureté, à l'intransigeance, il en a eu les dehors mieux que quiconque, le dévouement aveugle — mais justement : à force de fermer les yeux la belle image s'est usée, a perdu ses couleurs. Fils, il a vite senti qu'il n'égalerait jamais le père fabuleux. Amant, compagnon, il a cru pouvoir libérer des réserves de douceur, de tendresse, dont Suzy n'avait que faire. Il n'était pas, disait-elle, « sécurisant ». Au total, un manque, ou un surplus, il ne sait pas. Mais c'est toujours le petit quelque chose de différent. Il se rapetisse, se voûte, cache ses grandes mains dans ses poches, entre de biais pour dissimuler sa puissante carrure, il va au *Perroquet.* Au *Perroquet,* au milieu des « travestis », il se dévoile, il dévoile une partie de lui-même qui ne peut plus, ici, choquer personne, et s'il y passe pour ce qu'il n'est pas tout à fait, l'imposture n'est pas plus grande que celle qui le fait, taciturne et sévère, déambuler dans la vie, *travesti* en homme.

Ainsi rêvait-il parmi les grandes belles brutes en cuir noir qui d'un seul mouvement impérieux des sourcils élisent un compagnon, coudoyant les vieux jeunes gens à l'élégance anglaise et à l'accent latin, les travestis élégants ou fanés, qui font marcher le juke-box et fredonnent Dalida d'une voix pure.

Ainsi rêvait-il doucement au milieu des maquillages maladroits, des vestes trop ajustées, des blousons, notant avec tendresse la fleur démodée à cette boutonnière, la bague trop clinquante à cette main velue. Il y voyait de petits rêves, de rang inférieur, comme les lares et les pénates des Anciens étaient de petits dieux, mais frères du sien par le sang. Cette confusion des sexes qui était aussi une clarification, une revendication symbolique des nuances du cœur, n'était-ce pas, à sa façon, une utopie ? Voilà ce qu'il aimait au *Perroquet :* c'était un bar de rêveurs. Même les petits voyous pâles, montés des banlieues, qui rêvaient d'agressions juteuses (ce n'était pas un bar très chic), il les aimait, il sentait en eux la part de cette comédie désespérée que l'on joue pour survivre. Ce soir-là, il se fût laissé agresser sans résistance et presque avec amour, tant il était désemparé.

« Dans ce désordre à mes yeux se présente un jeune enfant vêtu d'une robe éclatante... » déclame une voix un peu nasale. Et c'est Mimiche à la barbe de fleuve, une fleur sur l'oreille, que Marc-André, réprimant un sursaut, découvre à côté de lui. Etonné au-delà du raisonnable. Pour lui, le *Perroquet* est un endroit presque onirique, où, en dehors du fantôme d'Axel, il ne s'attend à rencontrer personne.

— Oh ! dit gentiment Mimiche, interprétant la surprise de Marc, ne vous en faites pas. Moi aussi, je viens ici incognito ! Je vous offre un verre ?

Marc-André consent, désemparé. Le monde des Textiles se mélangeant à celui du *Perroquet*, c'est justement ce qu'il ne peut accepter. Mais Mimiche, très cordial, très à l'aise :

— J'avais besoin de me défouler. Un brin austère,

237

un brin stalinienne quelquefois notre petite communauté, pas vrai ?

— N'employez pas des mots que vous ne comprenez pas, dit Marc-André plus sèchement qu'il ne voudrait.

— D'accord, d'accord. Ne parlons pas de corde... Mais le rock, tout de même, ce n'est pas une religion ! Quelquefois je le ressens, l'élitisme, quand on me parle de mon pauvre petit accordéon. Vous avez quelque chose contre l'accordéon, vous ?

— Mais rien, Mimiche, rien... murmure Marc-André, déconcerté.

— Je comprends bien qu'ils ne puissent pas m'intégrer dans le groupe, mais de là à me traiter comme fait Nico, de « poubelle à soufflet », c'est aller trop loin, je trouve. J'ai le droit de m'exprimer, moi aussi, j'ai mon feeling, ma sensibilité...

Marc s'aperçoit que Mimiche a beaucoup bu.

— Vous devriez leur dire un mot pour moi, monsieur Rondeau, Marc... Un mot pour le pauvre accordéon « *Accordez accordez accordez donc l'aumône à l'accordé-l'accordéon...* »

Mimiche chante, mais ça ne dérange personne. On le regarde plutôt avec sympathie. Y aurait-il plus de compréhension au *Perroquet* qu'aux Textiles ? Marc-André qui ne boit jamais, vide son verre d'un trait.

— Naturellement, je ne vous demande pas de parler à Nico... C'est délicat ces commissions-là... Mais à Martin, peut-être. On est tous une grande famille, pas vrai ? C'était bien l'idée ? Alors pourquoi est-ce que c'est moi l'idiot de la famille ? Parce que je suis amoureux ou parce que je suis accordéon ? Allez savoir ! Vous leur parlerez, dites ? Vous leur parlerez ? C'est tout de même vous le patron !

— Si peu, mon petit Mimiche, si peu ! C'est une position que je n'ai jamais voulu prendre. Bien sûr Martin et moi sommes à l'origine de cette expérience, mais elle doit se développer et vivre autonome...

— Ça... évidemment... Mais enfin, vous avez tout de même du poids, vous savez, poursuit Mimiche, cordial et aviné. Vous aurez toujours votre mot à dire, même si le projet se concrétise...

— ?

— Ben, le projet de Martin, pour vendre la maison...

Marc-André commande un autre verre. Après, il paiera et s'en ira tranquillement, un peu voûté. Il y a longtemps qu'il cultive une grande maîtrise de soi.

Dimanche matin. Sylvie couchée, dans un désordre affreux. Les placards ouverts, la coiffeuse en désordre. Les robes, les manteaux, les robes manteaux, les pulls chasubles, les pulls étoles, les pulls écharpes, s'amollissent sur les fauteuils, se balancent dans le placard, banderoles, drapeaux d'une armée vaincue, accrochés de guingois, une manche qui pend, blessée, et, sur les escarpins renversés, décrochée, une jupe mauve agonise.

La poudre bave sur la laque noire, devant le

miroir. Le rouge à lèvres s'écrase au milieu des Kleenex, une revue, ouverte, porte la marque infamante d'une tasse de café. Sylvie, couchée. Se remémorant, comme des noms de batailles livrées contre, livrées pour son double, « le grand écran pour la télévision... la commode Charles X... la chaîne hi-fi... le magnétoscope... Händel... Pierre Henri, Doillon, Sollers, Fellini... le manteau de renard... le réversible cuir. Le compte chez Missoni, chez Féraud, chez Carita, chez Alexandre... Bijoux Fred... Bernard-Henri parfois, Sagan toujours... Godard. Vidéoclub, ciné-club, club sandwichs, toasts au caviar... ». Tout cela pour aboutir au pâle triomphe de Jocelyne, émergeant des mains des psy et des coiffeurs, l'âme et la tête mal peignées, sortant des cocktails et des vernissages, murmurant « c'est pas tout ça, il faut que je passe au Prisu », rejetant le fragile et brillant décor soudain terni, dévalorisé, pour regagner ce qu'elle appelait la vie, l'aigre frustration recherchée, le tiède et malodorant refuge de l'échec, la coquille, l'utérus, la mort facile, diminuée.

Vaincue, Sylvie, gagnante peut-être. Elle n'a jamais aussi clairement discerné qu'elle se battait pour sa sœur, son miroir. Et l'effort que cela représentait. La robe, le maquillage, le régime, la lecture, être au courant, porter des talons hauts quand il fait froid, rien que cela (on n'est pas élégante sans talons, on n'est pas élégante en ayant chaud, il y a les sorties de vestiaires, la fenêtre ouverte pendant le dîner), et le coiffeur, et le sommeil à vaincre pendant une projection, une première, et toujours les phrases à trouver, l'aisance comme une gymnastique qui se perd tout de suite.

Sylvie pleure encore à petits coups, cueille ses larmes du bout de sa langue comme elles glissent le long de ses joues démaquillées, se regarde dans le miroir à main, se complaît dans le terne, le désarmé d'un visage rendu à son insignifiance. Elle est fatiguée. Elle ne se lèvera pas. Elle ne se lèvera peut-être plus jamais, qui sait ? Elle balaie de la main les miettes de gâteau sur son lit, elle se gratte la tête de ses longs ongles dont l'un est cassé et sent sur son crâne sollicité naître des pellicules qu'elle détache avec une volupté petite, encore coupable. Elle est désespérée. Elle est monstrueusement soulagée. Parfois, sous son déshabillé déjà fripé, sa main se glisse et va chercher son sein. Patience. Une grosseur va naître.

Théo fait irruption dans la chambre comme un orage par une fenêtre qui s'ouvre brusquement.

— Ta femme de ménage est une de ces gourdes ! Elle ne voulait pas me laisser entrer !

— Mais c'est moi qui lui ai dit...

— Enfin, Sylvie ! *Moi !*

— Justement, toi !

Il regarde autour de lui, le désordre de la chambre rose et gris où, si souvent... s'arrête. Les robes éparses, le plateau de victuailles à odeur fade, la télé allumée, sans son. Des journaux froissés, des cartes. Sylvie, se faire une réussite ? Le chagrin ! Il marche vers le lit de son grand pas de plein air, de santé.

— Ça ne va pas mieux, ma chérie?

— Ça ne va pas fort...

Il est désagréablement frappé par ses yeux ternes, sans agressivité, par l'odeur de médicaments et de transpiration. Il s'assied sur le lit, lui prend la main, délibérément affectueux. Les ongles ne sont pas faits, des lambeaux d'écarlate y traînent et un millimètre de noir. Pas bon signe, ça...

— Mon petit, il faut tout de même que je t'explique...

— Oh! ce n'est pas la peine, ne discutons pas. J'ai besoin de calme. Je ne t'en veux pas...

— Tu ne m'en veux pas et tu révolutionnes toute la clinique...

— Théo, ne crie pas! Je ne voulais pas te faire un procès à toi, mais à la clinique!

— C'est la même chose! Tu sais parfaitement...

— Ne crie pas, Théo! J'ai vite compris, va! Avec vos relations... C'est le pot de fer contre le pot de terre... Je n'avais aucune chance...

— Tu n'avais aucune chance parce que tu n'avais aucune raison de faire un procès! Le rapport d'autopsie dira...

— Oh! les rapports... on leur fait dire ce qu'on veut... De toute façon, c'est moi la grande responsable... Tout ce que je demande, c'est qu'on me laisse tranquille, maintenant. Laisse-moi. Tu forces ma porte, tu t'introduis chez moi..

— Mais j'ai à te parler! Quand est l'inhumation?

— Jeudi. On ne peut pas avant à cause de Marcel et Julie. Alors on a mis la pauvre petite dans la neige carbonique, tu te rends compte, elle qui était si frileuse, et il y a un problème pour le caveau. Oh! je sens que je ne m'en relèverai pas...

— Mais si, mais si... Pour le caveau, Lucette va s'en occuper, elle est là pour ça. Non, ce que je voulais dire, c'est que je ne serai peut-être... probablement pas là jeudi...

Il est tout à coup inexplicablement gêné.

— Je serais peut-être obligé... enfin, il est possible que je parte pour Strasbourg.

Elle ne répond pas.

— Oui. Laura est là-bas... avec le petit. Il a fait une crise de dépression, je ne sais pas très bien, enfin elle l'a emmené là-bas pour qu'il se retape...

— Et tu crois que tu es tout indiqué pour soigner une crise de dépression? dit Sylvie.

Une faible lueur de vie, de haine, naît dans ses yeux. Théo en est presque soulagé.

— Pourquoi pas? dit-il avec une vertueuse indignation.

— Et Jocelyne? Tu l'as soignée, sa dépression?

— Et toi? dit-il plus brutalement qu'il ne le souhaite, parce qu'il se sent atteint.

— J'ai fait ce que j'ai pu...

C'est vrai. Pauvre tête d'oiseau, avec ses robes de couturiers, ses bouquins prétentieux qui passaient à cent coudées au-dessus de la cervelle de la pauvre Jo, avec son Tout-Paris ou ce qu'elle croyait tel, elle a fait ce qu'elle a pu. Plus qu'il n'a jamais fait pour Martin. Mais depuis quand est-ce qu'il faut tout un tas de raisons, bonnes ou mauvaises, pour donner aux gens le goût de vivre ?

— Mais oui, mais oui, dit-il, apaisant. Nous faisons tout ce que nous pouvons... et puis, quelquefois... un manque de vitalité...

— C'est ce que tu comptes lui dire, à Martin ?

Vipère ! Elle rejette sur lui la culpabilité. Si elle n'avait pas tant insisté, il n'opérait pas, et Jocelyne... Il est vrai qu'avec des si et des mais... Si Jocelyne n'avait pas été une telle loque, elle n'aurait pas paniqué, et... s'il avait su parler à Martin... S'il avait su parler à Laura...

— Je ne sais pas ce que je vais lui dire, dit-il, presque humblement.

C'est vrai qu'elle avait essayé, Sylvie. Son idéal à la con, son image périmée de « femme du monde », « lancée », ou ce qu'elle se figurait être ça, elle avait essayé d'en faire, pour Jocelyne, un appât, une raison de vivre.

— Eh bien ! cherche... (Déjà elle n'était plus agressive, elle retombait molle, parmi ses oreillers.) D'ailleurs, je ne suis pas sûre d'y aller moi-même, à l'inhumation. Le docteur Malassis m'a dit d'éviter toute émotion, toute fatigue... que j'étais au bord de la dépression nerveuse...

Il se réveilla.

— Tu consultes Malassis maintenant ? Tu aurais pu m'en parler !

— Il est venu me faire ses condoléances très gentiment... Il a bien vu, lui, que j'étais traumatisée. Je lui ai demandé conseil et de fil en aiguille, il m'a donné un petit traitement... J'étais tellement patraque...

Sa voix geignarde, son vocabulaire, « un petit traitement », « patraque »... Hallucinant. Ecœuré, il se releva avec un petit effort. Ce lit était trop bas, il l'avait toujours dit. Il se redressa, la considéra un moment. Elle baissait la tête, ses doigts jouaient avec une cuillère à café. Les racines de ses cheveux étaient sombres. Elle abdiquait.

— Il faut te reprendre, Sylvette ! dit-il avec un faux enjouement. Je sais bien que ça a été un très gros choc. Mais il faut te lever, ne fût-ce que quelques heures par jour... As-tu fait venir ton coiffeur ? Veux-tu que je fasse téléphoner Lucette ? Ça te changerait un peu les idées...

— Mais je ne veux pas me changer les idées... dit-elle d'une voix plate. Et puis j'ai de la lecture... des magazines... à condition de ne pas bouger...

— Mais enfin, tu n'es pas malade !

— Oh si ! tu ne comprends pas ces choses-là... Malassis...

— Eh bien, consulte qui tu voudras. Tu me feras signe quand tu auras besoin de moi, dit-il d'un ton de dignité offensée, puérile.

Il était déjà à la porte quand elle le rappela.

— Oh ! Et puis, tu sais, ne t'en fais pas pour le procès... c'était idiot... Je me rends bien compte... Ça devait arriver...

Elle si combative, si agressive même ! Il se retourna, la regarda : Jocelyne. C'était Jocelyne, là, dans le lit, comme un fantôme sans prestige. Il en eut froid dans le dos. Elles ne savent vraiment pas ce qu'elles veulent ! C'était pourtant le moment de les sortir, son vernis à ongles, et ses nouveaux philosophes ! Elle abandonnait. Elle l'abandonnait.

Comme Laura. Une grande fureur impuissante l'habita, qu'il n'arrivait pas à extérioriser.

— Vous allez manger quelque chose ? demanda Lucette comme il revenait dans l'appartement. Voulez-vous que je dise à Maria...

— Non. Ne m'attendez pas. Je retourne à la clinique.

Elle le regarda étonnée.

— Un dimanche ? Une urgence ?

Il ne répondit pas. Il allait voir Ophélie.

— Tu crois que tu as beaucoup fait, dit Martin avec violence, tu crois que tu as beaucoup fait en te mettant à mon niveau ? Comme bonne-maman quand elle parle patois à ses pauvres ? Si toi, Maman, toi (et il prononçait le mot avec une admiration sans tendresse), si toi tu ne peux pas supporter la saloperie de tout ça, comment veux-tu que nous, nous la supportions ? Blandine, peut-être, il y a des grâces d'état, mais moi, mais moi ? Et si j'arrivais à le supporter, comment je pourrais me supporter moi-même ?

Ah ! la folie qu'elle avait faite, de se croire capable de l'aider, de le délivrer ! Il ne s'agissait plus maintenant de perdre de temps. C'était une question d'heures. Si elle ne trouvait pas, tout de suite, la réponse, il allait lui échapper, repartir en portant en lui ce germe empoisonné qui pourrait à tout moment porter son fruit. Elle ne ménageait plus rien. Elle parla de Dieu.

— Ecoute, avant tout cela, il y a eu Dieu. Ridiculement, puérilement, avec une barbe ou presque, une paternité en tout cas, mais tout de même, une bonté ruisselant sur les choses, une transparence donnée aux objets, le Saint-Esprit comme une gorgée d'eau, de musique, dans une voix, dans ces petits actes de mesquine bonté qu'on nous faisait écrire sur un cahier. Il y a eu... une place infime dans une grande trame, une fusion parfois avec un grand souffle qui passait, une disponibilité à ce souffle... le consentement à n'être rien... J'avais « la foi », comme on dit, oui, je sais combien tout ça était familial, conditionné (Maman qui parlait toujours des vraies valeurs comme du vrai tweed anglais, je l'entends encore), je croyais dans une espèce de matière première dans laquelle mon... mon amour aussi serait taillé. J'ai bien senti tout de suite une disparité. J'ai toujours cru que c'était lui, mais c'était moi, peut-être, qui me trompais. Tu vois, même là, je ne peux pas m'empêcher de plaisanter, c'est trop grave, cette matière, j'ai voulu l'imposer, je n'ai pas admis autre chose, et très vite ça a été comme ces jupes qu'on fait nettoyer et dont la doublure est d'une qualité inférieure. L'une rétrécit et l'autre pas. La jupe est fichue, elle godaille toujours...

Elle eut un petit rire étranglé, ou un sanglot, pour la première fois sans écho.

— La même histoire. Ton groupe, les idées de ton ami, Lorenzaccio... Ça godaillait. Sans doute faut-il le supporter. Peut-être ne fallait-il pas essayer de marier deux tissus différents. Mais alors, est-ce la peine ?

— Est-ce la peine... soupira-t-il.

Elle reprit très vite.

— J'ai dû mal m'y prendre... Je n'avais pas le droit d'exiger... J'ai dû mal m'y prendre, Martin, et ton ami aussi s'y est mal pris. Je ne l'ai jamais aimé, cet homme. Ses manières d'illuminé, ses yeux qu'on ne voit pas, et tout à coup, il vous les jette en pleine figure... Je ne l'ai jamais aimé. Je sentais bien qu'il t'entraînait dans une aventure... Mais dis-toi bien que c'est toi qui as raison...

— C'est toi qui me dis ça ? dit-il avec une amère ironie.

— Mais oui ! On a bien fait de discuter, tu vois, tout ce que tu m'as dit m'a éclairée, m'a beaucoup apporté. C'est toi qui as fait quelque chose pour moi. Je m'aperçois...

— Non !

— Martin, je te jure... (Elle voulait à tel point le convaincre qu'inconsciente du mauvais goût de ce geste, elle se tordait fébrilement les mains.) J'ai été, sans doute, un monstre d'orgueil... d'exigence.

— Tu ne me convaincras pas que tu es un monstre, dit-il tristement, et bien qu'il l'eût parfois pensé.

— Si, si... écoute... pour être réunie à lui, à ton père, j'ai été jusqu'à espérer une indignité, un grand malheur. Un scandale à la clinique, un drame... J'ai eu des jours, Martin, où je me suis dit : si l'un de nos enfants mourait, nous nous retrouverions peut-être... J'ai pensé cela. Je ne te demande pas pardon. Quand tu es né, je souffrais tellement qu'à la neuvième heure, l'accoucheur me l'a dit, mais j'avais entendu ma propre voix, je hurlais : « Tuez-le. » Je criais cela « Tuez-le. » Ce sont des moments où l'on perd la tête. Je ne te demande pas pardon. Je te demande pardon de t'avoir transmis ce germe, cette espérance insensée qu'on est bien forcé de trahir, oui, forcé, tu m'entends, et tu as eu raison...

— Ah ! dit-il, tu n'as rien trahi, toi !

— J'aurais dû, dit-elle passionnément. Pour toi. J'aurais dû. J'étais folle. Je te jure... mais qu'est-ce que je puis te dire pour te convaincre ? De cette foi, de cette folie, de ça, oui, je te demande pardon.

— C'est pourtant vrai que tu es folle, dit-il tendrement, tristement...

— Mais oui ! Mais oui ! Tu sais ce qui me fait le plus mal ? C'est que je t'aime, c'est que je suis si proche de toi, et que je n'arrive pas à trouver une de ces bonnes vérités premières qui te secouent, qui te rendent courage. Qui te libèrent, enfin... Ce que lui, ton père, trouverait peut-être.

— Lui ?

— Oui, lui, avec ses idées absurdes. T'acheter une belle voiture, te payer un beau voyage, c'est peut-être cela qu'il te faut et pas des confidences que j'ai été folle et indécente de te faire. Il y a tant de choses en moi que j'ai laissées mourir, Martin. Je veux que toi, tu vives...

— En faisant un beau voyage dans une belle voiture, et sans doute en rencontrant une jolie fille bandante qui me fera oublier mes folies de jeunesse ? Et en trouvant un bon petit job correct, comme Blandine ?

Plutôt ça, oui. Plutôt ça que de le tenir encore une fois gisant entre ses bras, et de se dire qu'elle n'avait rien pu faire.

— Pourquoi pas? dit-elle désespérément. Mais pourquoi pas?

Il la regarda avec une sorte de pitié.

— Le sommet de l'amour, dit-il, c'est peut-être en effet de souhaiter que ceux que l'on aime soient de parfaits idiots. Mais rassure-toi. Tu as fait ce que tu as pu. Les enfants de Blanche-Neige. C'est loupé. Ecoute la fin.

Le bar de l'*Hôtel Zacher*, dimanche soir, huit heures. Louis Moraud-Dubreuilh, député luxembourgeois au Parlement européen, hésite à commander un whisky ou un rose. Il voit entrer une belle femme qui prend un tabouret. La tête de Louis est pleine encore des voix hollandaises parlant du soja, de discours grecs concernant les euromissiles. Dans une heure, un dîner réunira quelques parlementaires (bien qu'on leur ait refusé le passeport diplomatique, ils se considèrent comme tels) de petits pays : Belgique, Danemark... C'est le bon côté du Conseil de l'Europe, ça, ces rencontres. Il y aura Jean-Hubert, naturellement, Jean-Hubert qui a logé Louis à l'*Hôtel Zacher*, et non à l'*Hôtel de Rohan*. Petite ombre sur la soirée. On serait tenté de passer sur ces choses-là. De se montrer arrangeant, bon garçon, et puis on s'aperçoit qu'elles se reproduisent. « A Strasbourg, il logeait au *Zacher*, alors... » Une éternité de logements de second ordre s'ouvre devant lui.

Et apprendre cela, le matin même, par téléphone ! « Je suis débordé, mon cher (Jean-Hubert). Je vous demande de ne pas m'en vouloir... J'ai été contraint de... » Un comble ! Jean-Hubert l'a pourtant reçu très gentiment lors de son arrivée à la première session. Petits vins de pays, plaisanteries. Il lui a montré son bureau, l'un des seuls du Palais à être « arrangé » d'une façon personnelle, avec même un tableau, de facture vieillotte, qu'il a baptisé « Pique-nique au bord du Léman par les fondateurs de la S.D.N. » « En tant que poète », prétendait-il, Louis devait apprécier le malicieux rapprochement que l'œuvre suggérait. Il prétendait même y reconnaître Jean Monnet, de dos. Tentative d'humour ? Louis apprendra plus tard que ce n'est pas bon signe. L'humour, chez les fonctionnaires comme chez les diplomates, est un indice classique de désespoir. La poésie aussi, n'en déplaise à Claudel et à Saint-John Perse. Louis s'est très vite aperçu que toute fine ironie, comme toute allusion flatteuse à *Mal de Terre* ou à *Bétons,* toute exhibition souriante de l'une des sept plaquettes qui constituent son œuvre, est généralement suivie par l'attribution du bureau le moins éclairé, de la secrétaire la plus totalement analphabète — aujourd'hui de l'hôtel le moins coté. Chaque fois qu'une difficulté se présente, Jean-Hubert la résout à son détriment, et lui demande d'accepter la chose « en tant que poète ». C'est son mot.

Bon. L'*Hôtel Zacher* donc. Il y est arrivé en fin d'après-midi, de mauvaise humeur, contraint de surcroît d'attendre au bar que sa chambre soit prête. *Le Monde,* une cigarette, un scotch. Dans combien d'endroits n'a-t-il pas attendu ainsi, sans un objet familier sur lequel reposer ses yeux, des endroits neutres, bars d'hôtels, d'aéroports, salles de conseil d'administration encore vides, couloirs de salles d'audience, quand il plaidait encore... C'est à croire que sa vie tout entière se déroule à côté des vrais décors, devant des portes fermées, des visages fermés, des barrières de journaux froissés, des mastications furtives de mauvais bonbons, des mégots froids, des alcools tristes. *Le Monde.* Une cigarette, un scotch. Je fumerais bien un cigare.

« Diplomate » est aussi le nom d'un cigare, mais Louis ne peut pas se permettre d'en fumer, ça lui donne le rhume des foins. Parfois il se demande si ce perpétuel rhume des foins dont il est affligé — il se réveille le nez bouché, ses yeux coulent, il regarde, pensif, de vraies larmes tomber sur ses mains presque belles —, si ce rhume n'est pas l'expression triviale de sa sensibilité toujours prête à s'épancher, de cette poche de liquide qu'il porte en lui avec précaution, un peu répugnante sans doute, mais dont il connaît le bon usage. Quand la poche est trop pleine, gonfle l'estomac, opprime le plexus, au point de devenir insupportable, il en laisse suinter le trop-plein goutte à goutte, juste ce qu'il faut, dans les délicats poèmes que même ses collègues du Conseil de l'Europe apprécient. Quand il ne peut pas écrire, il se mouche.

Il possède une collection de mouchoirs très doux, choisis par Julia. Il est grand, maigre, élégant, laid, ses cheveux blonds ont tendance à se raréfier

252

comme un duvet de poussin, et en même temps à s'ébouriffer de façon incongrue. Il s'efforce de trouver racé son long visage pâle : il y arriverait sans le démenti de ses narines toujours rougies.

Il se mouche. Le bar, cuir vert, hublots de cuivre, tissu écossais, fauteuils profonds, est convenable. C'est toujours ça. Lors de son précédent séjour, il était à l'*Hôtel de Rohan*. Mais il y a un tel arrivage de personnalités à Strasbourg en ce moment, toutes si chatouilleuses quant à leurs prérogatives... Alors voilà, « en tant que poète », on échoue à l'*Hôtel Zacher*. Il a noté le trait dans son journal. Ça le console un peu de n'avoir pas protesté avec plus de vigueur. Jean-Hubert l'enverrait sans remords dans un bouge si les autres hôtels étaient pleins de non-poètes représentant des devises fortes.

— Et puis non, pas un scotch, un rose.

Pour aller avec le cuir vert du bar. Complaisance envers cette part rose, liquide de lui-même, qu'il transvase dans des petits récipients en cristal, alchimiste ou pharmacien délicat. Complaisance ou délicatesse, tout dépend du regard que l'on pose sur Louis, sa minceur distinguée, ses yeux d'un bleu si pâle qu'on dirait qu'une larme s'y est figée...

Cette femme entre, belle. Naturellement, il éternue. Deux hommes d'affaires discutent, remplissant au maximum les fauteuils-club, étalant leur ventre, chacun s'efforçant de se gonfler plus que l'autre. L'innocence animale de cette parade le touche. Combat de crapauds : ils en ont les magnifiques yeux dorés, la voix douce, flûtée. Eunuques bien nourris. Pourtant la présence d'une femme les touche encore : sur le passage de celle-ci, qui va

253

s'asseoir au fond, leur regard se lève, dévisage, se voile. Ils vont s'assurer dans leur fauteuil, hausser le ton, se dresser l'un contre l'autre, devenir méchants — oh! sans rien tenter. Ce n'est pas le désir, tout au plus un souvenir des temps féroces où on l'éprouvait. Ils ne font pas un geste vers cette femme belle et lasse, mais le taux d'escompte s'élève comme une courbe de température, et elle ne saura jamais qu'elle en est responsable. Peut-être un thème?

Louis regarde cette femme, belle, avec une mélancolie satisfaite. Il se mouche.

Laura, vêtue de son tailleur chiné (celui qu'elle met pour rendre visite à sa mère), les bandeaux légèrement ondés, le visage ovale, mat, penché sur le verre qu'elle ne boit pas, paraît pensive. Elle se repose, au cœur du plus morne désespoir.

« Mon Dieu, qu'est-ce que je peux faire? Qu'est-ce que je puis lui dire? Pourquoi est-ce que je n'ai pas les mots qu'il faudrait, les bons réflexes? Qu'est-ce que je puis faire de plus, maintenant? »

Martin :

— Bref... tu sais, j'étais parfois paniqué, parfois épaté de ce que j'avais fait. Parfois je me disais : je me suis bien débrouillé tout de même. Qu'est-ce que j'avais au départ, une vieille baraque mal entretenue, un type malheureux, bloqué, des petits squatts paumés, sans intérêt, un groupe amateur; et trois ans après, on avait un bistrot petit d'accord, mais parfaitement en règle, un cuisinier japonais tout content dont la petite amie était d'accord pour servir, deux disques valables, un petit public, des copains vraiment motivés et même un peu de blé qui rentrait. Enfin, on équilibrait, quoi. C'est pas si mal ? Sincèrement, je ne me croyais pas capable de ça. Je ne me croyais capable de rien. C'était un rêve, un jeu, et puis c'était devenu du solide, et l'étonnant, c'est qu'ils étaient *tous* contents. Et même entre eux, il y avait quelque chose de solide, pas ce qu'imaginait Marc-André, peut-être, mais enfin, on était tous dans le même bateau... Il y avait même des moments, pauvre con, où j'étais un peu grisé. C'est quelque chose de regarder un endroit plein de gens qui travaillent, font de la musique, ou même de la déco ou de la sculpture — M'Ba, le petit traficoteur maquilleur de statues africaines, venait d'avoir un article dans *Regards* — et de se dire : sans moi, ça ne se serait jamais fait. Sans Marc non plus, bien sûr. Seulement, j'avais pris des risques. Il y aurait une facture. Savoir qui allait la payer...

« J'avais obtenu pas mal de choses (y compris l'article sur M'Ba) par ce petit truqueur de Bermuda. Je savais ce qu'il était, une pédale, ça c'est rien, mais un petit magouilleur pas bien propre, maqué avec un " Vieux " dont il parlait toujours et qu'on ne voyait jamais. Le Vieux avait des intérêts dans l'immobilier, dans l'audiovisuel, son fric, au dire de Bermuda, " circulait ", et bien sûr lui était toujours dans le circuit. Chez Farbs, pour les deux 45 tours, le Vieux avait avancé un peu d'argent, des bricoles, la pochette, le studio. Bermuda s'était découvert " directeur artistique ", l'autre pouvait bien lui offrir ça. Remarque qu'il était rentré dans ses frais, et ça c'était bon, mais ça lui avait donné des idées. Il était comme Marc, dans un sens, ce vieux, il croyait à la jeunesse, mais c'était sous forme de valeur marchande. Il croyait à des trucs bricolés, artisanaux, vite finis, il avait pigé ce qu'on pouvait tirer d'un groupe de quartier, d'un loft. D'accord, c'était pour les jeter après. Mais moi je me disais que je ne me laisserais pas jeter. C'était encore un jeu mais différent. Je voulais le jouer. Les idées de ce type ! Il avait un magasin de fringues, c'est pour te dire, où c'étaient des filles genre punk qui vendaient les fringues, au kilo, oui, au poids, sur de grandes balances de gare. Ça a marché trois mois, puis il a remplacé les balances par des ordinateurs. Je suis allé voir ça, c'était super les deux ou trois premières fois. Bon. Le Vieux s'appelait M. Messinger, un faux Américain à chemisette et à grand sourire, une figure rafistolée, poupine, un derrière de bébé... Mais pas con, oh non ! Parce que je l'ai vu. J'ai été bien obligé de le voir. Après le coup de pouce des disques, il y avait eu un coup de pouce pour la patente, la licence. Et là, il ne s'était pas remboursé. Un coup de pouce pour M'Ba, et un jour il prélèverait un petit quelque chose sur les ventes, si ça se trouvait. Seulement si ça se trouvait. Si M'Ba n'arrivait à rien, on ne lui en voudrait pas. On le laisserait crever, tout bonnement, c'est tout. Ce n'était pas un gangster, le mec : juste un mec normal, comme papa, avec un peu plus de fric. Il est venu, donc. Je l'attendais, mais je ne l'attendais pas si tôt. Il est venu le soir, dans notre pauvre petite cantine, mais où on commençait à se serrer, il a tout regardé, bien en détail. Je n'étais pas à l'aise.

Bermuda me prenait pour un imbécile. L'autre, non. Il m'a craché le morceau tout net, avec un excès de tapes dans le dos, d'argot de vieux et de grands sourires, mais c'est tout. Il voulait la baraque. Le quartier l'intéressait. Il avait eu des intérêts dans la Z.A.C. Guilleminot, il avait cru spéculer sur la radiale, mais maintenant il achetait des immeubles à rénover, des immeubles à problèmes avec des expulsions difficiles où les proprio vendaient, désespérés par les squatts tenaces comme des puces et lui réglait ça en cinq sec. Il avait déjà trois masures dans la rue, un jour il les réunirait, il n'était pas pressé, il voulait la baraque. Pas pour démolir ! Non ! Il savait que ça heurterait les sentiments de " mon vieil ami ". Pour rénover, exploiter rationnellement... Je ne dis rien, ça s'emballait un peu vite pour mon goût. Mais il explique : il finance des travaux : plomberie, toilettes, une super-cuisine qu'on ne montrerait pas (" pour garder ce petit cachet sordide "), il aménage le premier en restau un peu plus classe, il reloge Marc au troisième dans un petit appartement mansardé, ce ne sont pas les travaux qui lui coûtent, il en fera un vrai bijou, qu'il lui laisse avec toutes les garanties, un bail emphytéotique s'il le veut, et nous, et je, gère le tout. Tu m'entends. Il investit. Je gère. Il insiste : à ma façon, pour une clientèle jeune, sans contraintes, j'aurais certainement le " feeling " (il fallait l'entendre dire " feeling " ! on se rendait compte alors qu'il n'était pas américain mais plutôt du Midi, ou pied-noir, peut-être)... j'aurais le " feeling " qu'il fallait. Pour cela, et pour décider « mon vieil ami ». Evidemment, ce serait le plus dur. Ce serait coton (et il fallait l'entendre dire " coton " !). Mais si j'y parvenais, je n'y perdrais rien... Tu vois, je suis encore bien jeune, l'idée qu'on puisse essayer de m'acheter, ça m'a fait marrer, mais marrer...

Un instant sa verve fébrile se tarit, il laissa retomber sa tête sur l'oreiller, ses traits se creusèrent, il n'eut pas l'air jeune du tout.

— Je sais que c'est risqué. Je sais qu'il va essayer de me couillonner. Mais je sens aussi que c'est ma chance. Maman, j'ai vingt-deux ans ! Et j'ai l'occasion de faire une chose qui m'amuse, qui m'amuse follement, et peut-être de gagner. Qu'est-ce que je risque ? Je sais. C'est Marc qui risque. Il peut se retrouver sans nous, juché au-dessus d'une laverie. Je sais, des boîtes comme ça, ça dure un an, deux ans, et il faut trouver autre chose, mais je me dis que je trouverai. Il faudra être drôlement solide, et dur aussi, pour obtenir un rendement. Hiroshi n'est pas un vrai cuisinier, ni Sophie une vraie serveuse ; est-ce qu'ils vont vouloir en faire un métier ? Parce que c'est ça : le côté décontracté, c'est l'habillage. Il faudra leur serrer la vis, les épauler, les remplacer peut-être. Que le groupe musical conserve son petit côté sauvage, ses impros, son air d'être là par hasard. Les clients doivent avoir l'impression d'un cadeau, d'un bonus, pas d'un orchestre. Mais par-dessous il faut une technique. « Nico et Jean-Paul sont bons, Do peut progresser, dit le Vieux au courant de tout, mais Frédé... » Il ne parle pas de Mimiche. Celui-là fera la plonge s'il tient à rester. Mais moi... au fond, est-ce qu'il ne vaudrait pas mieux que je déniche une clarinette-sax qui en vaille la peine, et me contenter de la gestion ? avec mes qualités d'organisateur... Moi, là-dessus, j'ai tiqué. Lâcher ma musique ? Alors, pour te dire qu'il n'était pas bête, il m'a dit : « Il faut parfois faire la part du feu. Votre ami sera bien obligé, d'une certaine façon, de lâcher sa maison... » Là, je te jure, j'ai failli tout plaquer...

Ce récit était neutre, sans pathétique aucun. Pourtant Laura sentait monter en elle l'angoisse d'un dénouement.

— J'étais piégé. Le pire, c'est que je l'étais des deux côtés. C'est juste à ce moment-là que j'aurais voulu rassurer Marc, lui faire oublier l'épisode Oph. Six mois, huit mois de plus (faut pas rêver, je ne pouvais que gagner du temps), Oph sortie de clinique, retapée, Marc aurait peut-être mieux compris... Par parenthèse, tu vois la force de papa ? C'est qu'on a une sorte de détestable confiance en lui. On parie contre soi-même. J'étais plutôt du côté de Marc, du côté d'Ophélie...

« Non, pense-t-elle, non Ni du mien. Non. Et tant mieux, Martin, tant mieux. » Elle se rapprocha de lui pour l'encourager de tout son corps. Elle aussi pariait contre elle-même. Et déjà dans sa bouche de lâches paroles d'approbation s'amassaient.

— Mais je voulais qu'elle guérisse, et je voulais que Marc vende... Et pour qu'elle guérisse, il aurait fallu, bien sûr, je ne suis pas aveugle, lui faire un baratin d'amour fou ; et pour qu'il vende, il fallait que je trouve une façon de présenter les choses, ni tout à fait vraie, ni tout à fait fausse, un biais. Lorenzaccio. La putain qui se déguise en communiante. Mais attention : qui s'émeut, qui verse une petite larme sur les communiantes. Je me voyais m'émouvoir. Tout de même. J'y avais cru, j'y croyais encore d'une certaine façon. Sans les rêves de Marc, je n'aurais rien pu faire. Mais maintenant j'étais accroché, je voulais prouver quelque chose. Après tout, si je me dégonflais, c'était tout le truc qui se dégonflait avec moi.

« D'accord, j'avais été trop loin. J'avais laissé croire à Bermuda que les rapports entre Marc et moi n'étaient pas si différents de ceux qu'il avait avec le Vieux. Pas *fait* croire, note, laissé croire. Dégueulasse si on veut — il fallait bien créer un contact, je le voulais ce contact, je sentais que ce type-là, c'était un filon. Les autres le sentaient aussi. Tu ne sais pas ce qu'il m'a demandé, Nico, quand le Vieux est parti, me laissant un peu assommé, il faut le dire ? Si le Vieux n'était pas de la maffia. D'un air gourmand. Ça lui aurait plu. Je ne sais pas comment te dire, mais c'est depuis qu'on s'était rassemblés qu'on se sentait isolés. Un besoin de connexions, tu vois. Et là, il y avait une issue. Ils étaient prêts à tout, eux aussi. Le Messinger le sentait bien. Il leur avait parlé, l'un après l'autre, il promettait, il imaginait... Pour lui, ça devait être une petite affaire au milieu de bien d'autres, mais je te jure, il ne s'économisait pas, le Vieux. Ils ont leurs rêves aussi, ces gens-là, faut pas croire. Et avec son lifting, son jean trop serré sur ses petites jambes, sa façon de sucer " loft ", " feeling ", " hard rock " comme des esquimaux, on voyait bien qu'il se faisait plaisir, qu'il se voyait toujours jeune, il aurait dit " branché ", sans savoir que c'est déjà ringard... C'est là que j'avais une chance de l'avoir.

Un mec qui rêve, c'est un mec à moitié foutu. Ma chance, je te dis. Je l'ai fait patienter. J'ai été voir M. Sass, l'avocat de grand-mère Jacobi. Je voulais être paré de tous les côtés, sûr de ne pas signer de conneries, avant d'avoir attaqué Marc. On a vu des cas, tu sais, où des jeunes ont réussi à démarrer à partir d'une planche pourrie. Le tout c'est de le savoir.

« Non, le tout, c'était de convaincre Marc. Il y avait dix formules d'association possibles, mais ça revenait toujours à ça : vendre la baraque en conservant un étage (le Vieux avait parlé aussi de le reloger ailleurs, mais ça, ce n'était même pas la peine d'en parler). Ça revenait toujours à ne plus être au centre de " l'expérience ", à ce que " l'expérience " elle-même prît un tout autre visage que celui du " Journal de bord ". On ne jouerait plus aux Robinsons, on entrerait dans la vie comme un couteau dans un fromage. Ce qu'il allait me dire, c'était couru (et c'était vrai), c'est que ce n'était pas la même chose.

« — Ça n'a aucun sens, Martin. Ce ne sera plus du tout la même chose.

« Il était calme, plus calme que je ne m'y étais attendu. Pas de reproches, pas de questions. Mauvais ça. Qui avait pu l'avertir, lui laisser le temps de se préparer ? Car il l'était. Le genre pâle et résolu. J'avais un peu compté sur l'effet de surprise, j'étais feinté. En effet, voilà qu'il me sort :

« — Est-ce que tu as jamais entendu parler de Patty Hearst ?

« — Qui ?

« — La fille du milliardaire... Un des enlèvements du siècle... Peu importe. Ce sont de petits gauchistes qui avaient fait le coup : ils s'appelaient entre eux l'Armée de Libération Symbionèse. Ils avaient une formation politique assez primaire, des exaltés. De vagues rapports avec des mouvements plus importants, mais en eux-mêmes, rien. Bref, une fois qu'ils ont fait leur coup, un coup beaucoup trop gros pour eux, ils ont été coincés. Tous les médias s'y sont mis, un déploiement de forces de police extraordinaire... D'abord, ils ont été flattés, ils se sont cru un pouvoir, en guise de rançon, ils ont fait distribuer des vivres à un certain nombre de déshérités, mais tout ça a assez mal tourné, il me semble... et puis, ils se sont rendu compte qu'il fallait qu'ils mangent, qu'ils se protègent, qu'ils trouvent des voitures, très important les voitures quand on est traqués...

« — Je ne vois vraiment pas...

« — Tu veux bien m'écouter cinq minutes ? Ils se sont mis à commettre de petits hold-up, des vols minables, rien de politique, d'idéologique : ils étaient encerclés, ligotés, ils ne pouvaient plus. Alors, c'est ça qui est intéressant pour ne pas être simplement de petits truands sans envergure, ils se sont réfugiés (ils n'étaient pas plus de six ou sept, je crois) dans un mode de vie purement symbolique. La communauté sexuelle, l'hypertrophie du langage (s'il y avait une fille qui savait poser un sparadrap, ils l'appelaient : leur antenne médicale), ils donnaient à la malheureuse héritière, vite " retournée ", d'ailleurs, des " leçons d'élocution populaire ", c'est-à-dire qu'ils lui apprenaient de gros mots (note comme tout ça est puéril, au niveau

262

de la maternelle, et d'une certaine façon touchant), ils déféquaient toutes portes ouvertes pour éviter l'individualisme, et à eux tous, ils n'avaient qu'une brosse à dents. Ils appelaient ça " une brosse à dents collective ". Je trouve ça superbe. Drôle, oui, navrant, oui, mais superbe. Le besoin de dignité, la nécessité d'un projet, toute notre pauvre condition humaine, tout ça dans une brosse à dents " collective ".

« Je suis resté sans voix. Si c'était de l'humour, je ne trouvais pas ça drôle, moi.

« — Martin, tout ça pour te dire que ce minimum, ce strict minimum, ce tout petit projet, cette dignité, il faut les conserver. Dieu sait que j'ai vu s'effondrer de grandes choses auxquelles je croyais, et que j'en ai souffert... mais les petites... disons que j'ai gardé la brosse à dents... Tu me comprends ? Alors quand tu veux brader ça, je te dis...

« — Tu me dis non ?

« Là il a flanché. Avec ses apologues et ses airs de vieux sage, il était vulnérable, très vulnérable, et je savais le prendre. Il n'a pas osé dire : non. Monté comme je l'étais, je serais parti sur-le-champ, et j'étais sûr qu'il ne voulait pas, qu'il ne pourrait pas supporter que je parte.

« — Je te dis que tu n'as pas assez réfléchi, mon petit. Je t'en prie, rappelle-toi nos débuts, ton enthousiasme, je te disais " pas d'ambitions "... Notre projet s'est bien enraciné, a porté des fruits, il ne s'agit pas aujourd'hui de compromettre la récolte par trop de hâte...

« — Mais il crève du manque d'ambition, notre projet ! Il y a un petit mouvement de curiosité autour des Textiles qui ne va pas durer, il faut en profiter! Les quelques articles qui ont amené du monde, je les ai eus par Bermuda, maintenant, il faut des fonds, il faut faire venir un autre public, peut-être même créer d'autres boîtes du même genre, tenues par des jeunes, avec des jeunes groupes, ça peut remplacer le café-théâtre, il y a une place à prendre, tu ne te rends pas compte!

« — Une place à prendre, mais est-ce que c'est notre place?

« — Faut pas raisonner comme ça. Une place libre, on la prend, on s'y adapte, c'est ça la réussite. Ce ne sera jamais la place idéale. Et à partir de ça, tu verras, on peut faire un tas de nouveaux projets. D'ailleurs c'est simple, on ne peut pas tenir le coup comme ça, en végétant. Toi-même, faire quelques travaux, tu ne peux pas. Continuer à boucher les trous, tu ne peux pas...

« — Tu me le reproches?

« — Je ne te reproche rien, que de ne pas voir les choses en face. L'argent est là, il faut le prendre. Il y a un risque, il faut le courir.

« — Il n'y en a pas qu'un...

« Il s'y cramponnait, à son jouet, à sa belle image, à son Journal de bord! Et moi, je n'avais pas le droit d'avoir mon projet, aussi? S'il s'obstinait, tout le mal que je m'étais donné (y compris le mal que j'avais fait à Oph, le mal ou le bien, le mal et le bien que j'avais faits à Nico, il n'en était plus à gribouiller ses poèmes dans les chiottes, il parlait copyright, traductions en anglais, rien que ça, et le mal ou le bien que j'avais fait à Marc lui-même...), tout était inutile, tout allait foirer, je le savais.

Bientôt, il n'aurait plus de fric, les gars se disperse-
raient, on n'arriverait pas à tenir.

« — Tu me casses le coup ! Tu me laisses tomber
au moment le plus dur !

« — Martin, ne dis pas ça. Tu me fais mal...

« Et si c'était nécessaire, de lui faire mal ? Il allait
se retrouver seul devant sa page blanche et sa
baraque déserte ! Des boîtes marrantes, des groupes
valables, il y en a dix, il y en a cent ! Et le caprice d'un
Messinger, ça passe aussi très vite.

« — Des expériences comme la nôtre, et qui
réussissent, il y en a peu, très peu.

« — Qu'est-ce qu'on a réussi, tu veux me le dire ?
Ça, justement. D'attirer l'attention d'un type
comme Messinger, une fois, un moment. Si on laisse
passer la chance, on va vivoter encore quelques
mois, et disparaître, tu m'entends ? Disparaître !

« — En admettant que tu aies raison, on ne
disparaîtra pas tout à fait. L'un de ces garçons, à son
tour, un jour, va essayer de recréer...

« — Un jour ! l'avenir ! Tu crois que tu en
trouveras encore, un type de notre âge qui croit à
l'avenir ? Tout ça, c'est refroidi, une mélasse mys-
tico-communiste ringarde à la noix ! En fait, prétexte, alibi ! Les idéologies, les grands mots, d'accord, mais les valeurs immobilières... pas touche !

« — Martin ! Tu me dis ça à moi ! Si tu voulais les
Textiles, je t'en ferais cadeau tout de suite !

« Il était tout pâle, mais il ne cédait pas. Je me suis
levé pour sortir, pour faire un effet.

« — C'est un peu gros ! Tu sais bien que je
n'accepterais pas. Et d'ailleurs, tu peux te trouver
des gigolos à bien meilleur marché, au *Perroquet*.

« Il l'a reçue dans l'estomac, celle-là. Je suis parti là-dessus. J'étais enragé de colère, et le plus fort, c'est que je lui voulais du bien, même à ce moment-là.

« Il fallait un choc. Et moi j'avais appris par Mimiche que Marc allait parfois dans ce bar. Qu'il ne m'en ait rien dit, c'était un monde ! Il se cachait, en somme. Pauvre mec ! C'était bien une histoire de génération, tout ce mélo. Pédé, pas pédé, qu'est-ce que tu voulais que ça me fasse ? C'est un type épatant, que je n'oserai plus jamais regarder en face.

Il se tut, et c'était Laura qui baissait les yeux, ne pouvant supporter le spectacle de ce visage aimé, qui se défaisait sous ses yeux dans une sorte de veulerie désespérée.

— Bon, j'ai fait une erreur de calcul, ça peut arriver à tout le monde ? reprit-il agressivement. Je l'ai emmené dîner, ça n'a pas été sans peine, avec Messinger et Bermuda. J'aurais bien préféré que ça se traite sans lui — une procuration, un mandat, est-ce que je sais ? Mais enfin, il s'obstinait, il voulait les connaître... On a été bouffer dans un restaurant à lui, à Messinger, le genre américain, des boxes, un grand snack chic sur les boulevards. Ce ne sont pas de mauvais bougres, et d'abord ça n'a pas si mal marché. Il me semblait même qu'au début, une petite lueur dans son œil, Marc était un peu amusé, Messinger faisait le jeune homme et Bermuda le connaisseur...

Et lui, et Martin, qui s'était mis dans la peau d'un jeune homme aimé qui quémande une faveur, dans la peau de Bermuda en somme, il avait senti tout de suite qu'il en faisait trop, entourant Marc de petits soins, lui passant le menu, réclamant pour lui un verre d'eau... On démarre, comme ça, dans un personnage, et puis on ne peut plus en sortir. Pauvre Marc, pauvre rêveur, gêné, flatté, on ne sait pas, il se laissait faire sous le regard complice des deux fantoches, entré dans un rêve ou dans un cauchemar, ne sachant plus où il en était. Le Vieux lui parlait de l'avenir de Martin, Bermuda se trémoussait en gloussant, ils étaient là en face les uns des autres, horriblement symétriques. Comment l'idée ne pouvait-elle pas naître en Marc que cette symétrie était réalisable, possible, à portée de main peut-être ?

« — Nous avons le désir, n'est-ce pas, de lancer nos jeunes gens dans la vie, disait Messinger, équivoque, paternel, jovial, obscène. Et en même temps, c'est humain, de les garder près de nous, dans les entreprises communes que, croyez-moi, nous avons tout à fait l'âge encore d'envisager...

« — Et comment ! intervenait Bermuda avec chaleur, vous êtes plus jeune que moi, tonton !

« — La jeunesse du cœur, mon chéri, et j'ose le dire, la jeunesse du portefeuille, car je prends des risques, moi ! Je n'ai pas hésité, quand ce petit m'a dit : « Je veux produire un disque », je ne l'ai pas regretté d'ailleurs, mais c'est moi qui lui ai dit : « Fais-en d'autres, va de l'avant, fouine, trouve de nouvelles formes d'expression... » On me traitera de fou, mais j'aurai donné leur chance à plus d'un de ces jeunots qui sans moi seraient toujours à piétiner au niveau artisanal. Et ils me sont reconnaissants, mais oui ! On dit que la reconnaissance n'existe plus, mais...

— Oh ! Tonton !

— Je suis entouré, comme vous d'ailleurs, monsieur Rondeau, d'une pépinière, d'une véritable pépinière de jeunes espoirs qui me donnent de grandes, grandes joies. Et quand j'ai reconnu chez votre petit Martin les qualités d'organisation, d'animation, si remarquables, je me suis dit qu'il était impossible, mais impossible, que vous refusiez de l'aider.

— Impossible en effet. Impossible de l'aider de cette façon-là.

— Voyons, monsieur Rondeau, ne soyez pas intraitable.

— Je n'ai consenti à ce dîner, commençait Marc, que pour être agréable à Martin...

— C'est pas gentil, ça ! minaudait Bermuda.

— Allez un peu plus loin pour lui faire plaisir. Consentez au moins à examiner les modalités. J'ai apporté un petit projet... Un bail emphytéotique, monsieur Rondeau, songez-y. Des travaux qui ne vous coûteront rien... et vous restez entouré de cette belle jeunesse dont vous aimez, comme moi, la présence stimulante...

Bermuda se permit un gloussement. Martin sentait Marc se raidir et Messinger s'impatienter.

— Tu peux tout de même y réfléchir, dit-il d'une voix tendue et il ajouta gauchement : — Puisque je te le demande...

— Puisqu'il vous le demande, monsieur Rondeau, insistait Bermuda, qui voyait s'évanouir le bénéfice qu'il escomptait bien dans l'affaire.

— Prenez au moins le projet, allons. Il ne vous brûlera pas les doigts. Et reprenez un peu de cet excellent champagne. Je ne considère pas la discussion comme close.

Les papiers étaient devant Marc, et Martin posa la main sur la sienne. A n'importe quel prix, il voulait gagner. C'était une question de minutes. Il lui glissa les papiers dans la main.

— Lis-le au moins ! Emporte-le pour peser les choses... et il ajouta gauchement : — Mon chéri, aie au moins un geste...

Marc le regarda comme s'il était devenu fou, fut agité d'un bref tremblement. Et soudain, irrésistiblement, il attira vers lui de ses mains puissantes les épaules de Martin et l'embrassa sur la bouche. Le geste était si soudain, si évidemment désespéré que Messinger se tut et que le « bravo, ça c'est gentil... » de Bermuda lui resta sur les lèvres. Martin restait encore frappé de stupeur que Marc était sorti, saisissant son imper, et s'était précipité dans la nuit.

— Quand je suis rentré, bien plus tard, le projet était sur mon lit, paraphé, avec un mot de Marc : « Dispose de la maison comme tu l'entends, je déménagerai demain. » L'effondrement.

Dans sa chambre (la chambre d'Ophélie absente, prisonnière) la même nuit. L'effondrement. Il a senti qu'il a joué avec une vérité cachée, qu'il ne fallait surtout pas dévoiler. Il a senti qu'il a transformé en vérité dévoilée une ardeur cachée, qui faisait agir Marc. Il a, obscurément, senti qu'il a assigné une forme à ce qui pouvait prendre toutes les formes, et que le foyer va s'éteindre. Ce baiser fou, ce baiser désespéré, devant ces deux caricatures d'êtres, caricatures d'un rêve que Marc avait peut-être, sous une forme combien différente, nourri. D'un rêve qui ne serait jamais venu au jour, qui lui suffisait, qui alimentait sa vie, la petite chanson fredonnée si faux le matin, les anecdotes timidement contées, le soir, à l'un et à l'autre, le fragile bonheur, le Journal de bord, ce baiser farouche était, farouchement, un baiser d'adieu. Non. Je ne veux pas. J'ai déjà détruit Ophélie (car même guérie, car surtout guérie, elle sera détruite). Je ne veux pas détruire Marc. Lui avoir tout arraché, l'avoir avili, lui avoir arraché un secret, et sous cette forme humiliante, non. Sans Marc, caution, témoin, feu caché, l'entreprise n'a plus de sens. Si j'ai trahi tant de choses, il faut le retenir, il faut que là, ce soit lui qui me suive. D'un geste impulsif, fou comme celui de Marc, Martin saisit la seringue d'Ophélie et se l'enfonce dans le bras. Il ne sait pas très bien les doses : il se donne une chance. Dans deux heures, trois heures, Marc va monter et le découvrir.

— Voilà. Où est la bonne foi là-dedans ? J'ai pris un risque tout de même. Et je suis vraiment un minable, j'ai tout raté. Ma mort, et le ridicule effet que je voulais faire sur Marc. C'est M'Ba qui est monté, le matin (Marc était déjà sorti), parce qu'il avait besoin de liquide, c'est lui qui a appelé le S.A.M.U., qui t'a prévenue, et Marc n'était pas là. Et je ne l'ai pas revu. Et je ne le reverrai peut-être jamais. Et il conservera de moi, et je conserverai de moi, cette image lamentable.

« Et tu veux que je vive avec ça ?

Théo est là, au pied du lit d'Ophélie comme un flic, comme un juge.

— Bon. Eh bien, à force de perfusions, d'anti-spasmodiques, de persuasion et de bonnes purées, on vous a fait reprendre trois kilos. Vous allez sortir dans huit jours et dans quinze, vous nous recommencerez le même cinéma. Nouvelle hospitalisation, et même processus. Je ne veux pas de ça. Je ne veux pas non plus avoir à vous interner. Donc, on trouve une solution. D'accord ?

— Si vous le dites...

— Je le dis.

Il s'assied à côté du lit, sur la chaise métallique qui grince désagréablement.

— Vous avez votre bac ?

271

Ophélie s'étonne faiblement.

— Qu'est-ce que ça peut vous faire?

Théo est installé sur sa chaise pour la vie. Les narines sensibles d'Ophélie perçoivent sa saine odeur mâle. Il enlèvera sa veste, tout à l'heure. Il se carrera, il allumera une cigarette. Plus tard il criera, exaspéré, à une infirmière interdite : « Et qu'on ne nous dérange plus. » Il relèvera ses manches. Il ne la lâchera pas. Il la torturera s'il le faut. Quand il s'agit de Théo, les mots veulent dire exactement ce qu'ils veulent dire. Il est le maître ici, il fait ce qu'il veut, il n'a aucun, mais aucun scrupule à en user. Sonde, anesthésie. Il dispose ses moyens de coercition sur la table, comme des instruments. Il opère. Ne pas déranger.

— Vous avez votre bac?

Mais oui. Elle est la fille de gens bien convenables, sa mère dans les postes, son père comptable à la Marseillaise de Crédit, un petit trois-pièces à Créteil, des fleurs sur le balcon, mais tout de même, c'est un grand ensemble, il ne faut pas sortir le soir, si on n'a pas de chien. Elle a voulu un chien. Pas possible en appartement, déjà assez de mal à astiquer, tu ne peux pas imposer ça à ta mère, tu auras ton studio à toi après ton anniversaire, attends, après ton bac, attends, après ta première paie, attends... Elle attend le chien, le studio, voilà le bac, elle le passe, la filière devant elle, banale, elle ne demande qu'une chose, un chien, ce n'est tout de même pas exagéré, un chien! Et ton petit frère? Si on donne à l'un... Parce que en plus (en plus de quoi?) on lui parle de justice? Un jour elle sort le soir, elle ne rentre pas. Point final.

Simone devient Ophélie. Elle sait ce que c'est que Shakespeare, elle n'a pas choisi ce nom par hasard. « Une fille qui s'est noyée », explique-t-elle. Ophélie n'a pas attendu. Que ça s'arrange pour Hamlet, que ça se tasse, Ophélie n'attend pas, n'attend plus, elle chevauche des motos quand elle en a envie, le même soir, elle squatte, c'est très facile à condition de ne pas trop tenir aux bains moussants (pour sa mère, c'était sacré, le petit luxe, le fruit défendu, n'entrez pas dans la salle de bains, je me relaxe... Et elle buvait de la Suze, dans son bain). En plus de la justice il y avait des droits, on va jusque-là, pas plus loin, on projette tout le temps, les vacances, les primes, les promotions ; mais dès qu'elle est sortie de la cité des Amandiers ou de l'ensemble de Valfleury, c'est pareil. On projette. De s'acheter des Santiags ou d'en piquer. De faire un gueuleton. De trouver la meilleure came, d'en revendre, d'en avoir. De faire un grand hold-up, un jour. D'être par miracle inscrit à la Sécu, au chômage. La petite monnaie du désespoir. « Mais pour le chômage, il faut que tu te déranges tout de même ? — Ma vieille, il faut un minimum », dit le punk. Non. Elle vivra sans faire « le minimum ». Elle a découvert par hasard un chemin : le rien. « Tu as mangé ? — Non. — Je te paie un sandwich ? — Si tu veux... » Si on lui offre. Sinon, rien. Elle ne demande pas. L'estomac se délabre. « Tu sors avec moi ? — Tu baises, tu veux dire ? — Ben... — Si tu veux. » Elle abdique sa faim, son corps, ses humeurs : elle est légère, un peu malpropre, elle ramasse n'importe quoi et s'en couvre, elle fait un trou dans une vieille couverture et se la passe sur la tête, elle met les vieilles robes de sa tante, Mme Lamart, la concierge du 15, sans les ajuster, sans même une ceinture. « Cette Oph ! elle a de ces idées ! » dit la petite vendeuse de crêpes, Sophie, qui la copie. C'est difficile de n'être rien. Tout de suite on lance une mode. Elle vient coucher une nuit dans le grenier des Textiles : il fait froid, il y a des sacs. Marc-André, mystérieusement prévenu, merveilleusement discret, transporte un vieux matelas au second, une cuvette, un broc cassé... Un nid de chiffons, comme pour une chatte qui va accoucher. Elle reste. Arrive Martin, beau, faussement désinvolte. « Tu crèches là ? Tu me fais une place ? »

Et elle toujours « si tu veux ».

Puisque ça ne sert à rien de se battre, d'avoir de beaux cahiers, des tabliers propres, d'essuyer ses pieds, d'avoir mention « Très bien », à rien qu'à vous ouvrir un incommensurable désert d'ennui, alors « si tu veux ». Si tu veux baiser sers-toi, si tu veux que je mange, nourris-moi, si tu veux que je meure... bien fait pour toi. Elle n'a jamais eu autant de puissance que dans cet état de faiblesse systématique. On sent qu'elle ira jusqu'au bout. Et la petite Simone boulotte, aux jupes fleuries, est-ce qu'elle aurait retenu le beau jeune homme incertain, tout de suite culpabilisé ? « Tu ne manges pas ? — Si tu veux... — Tu ne mets pas un pull ? — Si tu veux... — Je t'ai trouvé un petit job... — Si tu veux. » S'il cesse de s'occuper d'elle, elle se couche. Elle est forte, elle est la plus forte. Tout l'univers adulte ne peut pas l'empêcher de mourir.

— Vous avez votre bac?

Elle sait leur répondre. Polie. Impénétrable. On ne l'aura pas.

— Mais oui. Mes parents sont des gens très bien. Je ne suis pas un cas social.

— Ça saute aux yeux, dit-il.

— ...?

— Les cas sociaux, ça bouffe. On mange assez bien dans cette clinique. Les cas sociaux font rarement de l'anorexie.

— Vous allez me faire le coup des petits Chinois?

— Aucun coup, dit-il, paisible. Ouvrir la fenêtre et vous dire : saute. Et vous considérer comme une minable si vous ne le faites pas.

— On a bien le droit de choisir...

— Son mode de suicide? Parfaitement. Suffit de dire ce qu'on veut. Je vais vous faire retirer cette perfusion et vous sortez. D'accord?

— Je ne tiens pas debout... proteste-t-elle tout de même.

— Vous tomberez. Je m'en lave les mains. Ou alors je vous garde, chambre capitonnée, et je vous mets à la diète. On peut tenir longtemps. Vous avez de la ressource.

— Ça ne va pas, non? Vous n'avez pas le droit.

Il s'étire, bâille félinement. C'est presque trop facile.

— Vous voyez? La protestation, le recours au bon droit... Vous devriez me remercier. Un joli suicide bien propre, surveillé par la Faculté, je vous offre ça. Non? Vous voulez faire durer le plaisir? Non seulement vous bousiller, mais encore entraîner les autres? Alors je ne suis plus d'accord. Contagion. Je vous isole. On vous donnera des livres, des journaux. Des livres de cuisine, tiens. J'aimerais essayer ce système.

— Vous n'avez pas... vous auriez des ennuis.

Il rit.

— Quels autres? Vous avez dit les autres...

— On s'intéresse au monde extérieur? Quels autres? Martin. Les autres, je m'en fous. Martin.

C'est le gros coup. L'électrochoc. Mais il n'a pas le temps, pas le choix. Il regarde sa montre. Premier round terminé.

— Martin?

Elle se méfie encore. Mais sa question est une maladresse. Elle se découvre. Il fonce.

— Martin. Hospitalisé à Lariboisière il y a trois jours. Overdose, coma. Sauvé de justesse. A la campagne avec sa mère. Dépression profonde. Amour malheureux, je crois. Banal et con, pas vrai?

— Ce n'est pas vrai. Je veux le voir. Je ne vous crois pas.

— Téléphonez. Vous n'êtes pas prisonnière, vous savez? On ne vous disait rien pour vous ménager. Mais une mourante a le droit de savoir. Téléphonez donc dans votre gourbi. N'importe lequel de ces zèbres vous dira ce que je vous dis. Overdose, hôpital et le reste.

Elle tendit la main, hésita, renonça.

— Vous n'inventeriez pas ça...

« Je me gênerais », pensa-t-il. Deuxième round commencé. Elle avait les yeux vifs, brillants, inintelligents des oiseaux. Ils parcouraient la chambre comme si elle cherchait une issue. Signe favorable.

— De toute façon je n'y peux rien, finit-elle par dire.

— Rien.

Il fumait.

— Mais vous disiez...

— Oh ! oui... une toute petite chose. Finissez-en une bonne fois pour toutes et il se consolera peut-être en pensant que c'est irrémédiable.

Elle mordit à l'hameçon.

— Parce que c'est... à cause de moi ?

— Vous en doutez ? Ah ! je vois. C'est la situation classique. Vous doutiez de lui et vous l'avez mis à l'épreuve ? Vulgaire chantage affectif ?

— Mais pas du tout ! s'écria-t-elle, indignée, et elle s'animait pour la première fois. Je ne vous permets pas de croire...

— Vous voulez vous foutre en l'air, et vous avez encore de l'amour-propre ? On meurt quand on n'a plus rien dans le ventre, que de la lâcheté. Vous ne simuleriez pas un petit peu ? Des chocolats sous l'oreiller ?

Elle suffoquait d'indignation. D'un geste vif, qui secoua le cathéter, elle repoussa le drap, souleva la chemise sur son torse d'enfant, où les côtes se détachaient avec une précision anatomique. Les petits seins ronds et gais, sur ce corps étique, paraissaient incongrus. Une bouffée de pitié, mêlée d'un bref désir, traversa Théo, aussitôt étouffée. Il fallait vaincre le mal. Pitié et désir n'ont rien à voir là-dedans. La pitié a tué Jocelyne.

— Vous avez peut-être toujours été maigre...

Elle restait sans voix, stupéfaite de voir la seule arme qu'elle possédait, sa vie mise en jeu, son risque, sa fierté, tenue pour rien, déjouée. Un jour, dans le métro, un loubard ayant voulu la violer, elle avait ainsi soulevé sa tunique : « Ça te dit quelque chose ? Dans trois semaines je serai morte... » Il avait fui tandis qu'elle le poursuivait de tendres appels ironiques. Quand on n'a que la mort... Et même cela ne suffit pas !

— Moi ! Moi ! était tout ce qu'elle trouvait à dire. Et reprenant son souffle : mais voulez-vous voir mon livret scolaire ? Il y a trois ans je pesais cinquante-deux kilos !

— C'est du beau travail, dit-il froidement.

Il calculait ses chances. Si elle y mettait de la bonne volonté, elle pourrait encore récupérer. Dans cinq, six semaines, peut-être plus. Il y a un point où cela bascule... Et elle était fière d'en être arrivée là ! Ce ventre proéminent, ces pattes d'araignée... Alors qu'elle avait une jolie ossature, elle avait dû être une adolescente potelée, appétissante, insignifiante. Une beauté de banlieue, faite pour crier « au revoir » longuement, sur la moto qui file dans la nuit, de celles qui se promènent en montrant leurs jambes, leurs seins, et en bavardant ostensiblement avec une amie laide. De celles qu'on retrouve sur le perron d'une mairie, six mois après, avec une coiffure de dame, un voile, un verre de mousseux brandi au poing, adieu jeunesse, bonjour Lévitan. Elle avait échappé au labyrinthe de la souris, mais à quel prix ! Et il fallait pour la sauver écraser cette misérable petite flamme qu'elle portait en elle, si cher payée... Ah! parfois, il aurait voulu la leur laisser, leur seule possession, la mort...

— A supposer que tout ça soit vrai...

— Je peux le prouver! cria-t-elle.

Elle se débattait, elle était prise, déjà. « Mais à celui qui ne possède pas, il sera ôté même le peu qu'il a. » Il se hâta, par charité, par dégoût. Il voulait arriver à Strasbourg et dire à Martin : Elle est sauvée. Dire à Laura : J'ai tort, mais j'ai raison quand même...

— Vous voulez vous justifier? Avant d'en finir, peut-être? Voulez-vous que je vous fasse apporter de l'encre et du papier? Vous ferez une belle lettre, vous expliquerez à Martin que vous êtes une fille bien, et combien il vous a méconnue, et quand vous l'aurez bien enfoncé, quand vous serez sûre qu'il ne s'en remettra pas, alors vous pourrez sauter, il vous survivra et ça fera un happy end. Ou il vous précédera et vous n'aurez même plus besoin de sauter? Vous serez sûre que vous existez. Il est vrai que ce sera aux dépens de mon fils, mais enfin, ce n'est pas votre problème, n'est-ce pas?

— Mais je l'aime! cria-t-elle comme on crie au théâtre, profondément sincère, bluffée jusqu'à l'os.

La troisième manche commençait.

— Vous l'aimez... Et vous l'avez amené à faire ça? Un garçon qui ne s'était jamais drogué!

Il jouait les imbéciles, les pères bornés qui ne comprennent rien à la jeunesse, sans complexes, sûr d'être cru. On est toujours cru quand on joue les cons à mon âge, se disait-il et il riait intérieurement, car il ne croyait pas à son âge non plus, il était en train de se démontrer à lui-même qu'il était en pleine forme, en pleine possession de ses moyens, il s'étirait intérieurement avec volupté ; en somme, cette petite, il l'aimait bien.

— Je sais bien ! Mais je ne l'ai pas poussé ! Mais vous ne savez pas ce qui s'est passé, vous ne pouvez pas comprendre...

Elle parlait d'abondance, maintenant, fiévreuse, passant son bras libre sur son front, écartant les mèches qui noyaient son visage. Il écoutait vaguement l'histoire confuse et banale.

« Elle n'est vraiment pas mal, une fois remplumée... Un ovale un peu italien, de beaux yeux... et c'est une bénédiction pour elle que ce joli teint mat, transparent. Un bon terrain. Malgré la famine, un peu de drogue, un peu d'alcool, pas de boutons, pas de bouffissures... Oh ! elle doit s'en tirer... »

— Et vous vous étonnez, dit-il d'une voix grave, vibrante, d'une telle réaction chez un garçon hypersensible, et qui vous aime ?

— Vous croyez ? dit-elle.

Elle avait déjà changé de visage. Un peu de rose montait aux pommettes saillantes, le regard s'adoucissait. Jolie, mais banale. Sa sauvage détermination seule lui prêtait une laideur, une beauté, qui flambaient. Un peu de ce bonheur qu'elle avait exigé si impérieusement allait étouffer la flamme. Lui-même, si besoin en était, l'écraserait entre ses mains, avec application, avec bonté, avec la ferme bonté de qui sait le danger de ces flammèches-là, capables de s'étendre, d'embraser un bois, les incendies du Midi... les cheveux de Laura flottant au vent sur l'Ill, si noirs dans le soleil...

— Il n'a pu supporter l'idée que vous attendiez

un enfant d'un autre, dit-il avec la force que donne l'évidence. On a de belles théories de liberté, d'indépendance... et puis l'amour, vous savez, est un sentiment très primitif... Ah! il vous en veut certainement! Il vous déteste peut-être, mais...

— Vous croyez? demande-t-elle encore avidement.

Cet amour, cette haine, elle les buvait avidement, comme l'eau d'une terre altérée. Il la voyait rajeunir, désarmer, à vue d'œil.

— Mais croyez-moi, quand j'irai le chercher, quand je lui dirai : Ophélie est sauvée, j'imagine sa joie.

Non, il ne se moquait pas d'elle. Non, il n'était pas un imbécile. Il savait que les sentiments de Martin étaient plus complexes. Mais il avait décelé aussi, sur le visage de son fils, quand il lui avait amené Ophélie, l'alourdissement, la force contenue que donne tout pouvoir. Il avait reconnu quelque chose de mâle, quelque chose de lui, enfin, sur le fils de Laura. Pour cet homme en train de naître, Ophélie était un élément favorable.

— ... Mais il faut que je puisse lui dire... il n'y a pas que cette anorexie, n'est-ce pas? Vous avez un autre problème... Il faut que nous nous occupions aussi de cela. Vous voulez bien?

Il y eut encore sur le visage d'Oph une faible tentative de résistance. « Vous autres médecins... », commença-t-elle, mais la voix chaude, convaincante, presque tendre de Théo l'interrompit.

— Ici, je ne suis pas un médecin, dit-il. Je suis le père d'un garçon qui vous aime, qui a essayé de se tuer pour vous. Et je crois profondément que vous allez m'aider, pour que je puisse aussi vous dire, dans quelques semaines : « Martin est sauvé. »

— Mais il ne l'est pas ? Vous disiez...

— Il a encore besoin d'un long isolement. Il est très ébranlé. Si vous faites un effort, si vous acceptez les médicaments, si vous mangez, si vous vous désintoxiquez, on vous aidera, dans quelques semaines, je vous emmènerai là-bas, vous le retrouverez.

Il l'avait si bien mise en confiance qu'elle le regarda en dessous, avec presque de la malice.

— On ira à la campagne ? Dans votre belle voiture ?

Il se mit à rire.

— Dans ma voiture. Et vous pourrez pousser tous les boutons. Reposez-vous maintenant.

« Voilà le travail, pensa-t-il en refermant la porte. Je peux encore t'en remontrer, mon petit Martin. Voilà une fille que j'aurais mise dans mon lit si j'avais voulu. » Comme son visage avait vite changé, fléchi. Ah ! Ce n'était pas Laura, cette Ophélie... Mais Laura, il arriverait maintenant à la convaincre. Maintenant qu'il savait...

— Madame Couraud, dit-il, vous arrêterez la perfusion demain matin. Elle mangera, et il ajouta :
— Faites-la suivre par Chapus. Je pars pour Strasbourg.

Maintenant, convaincre Laura. Maintenant qu'il savait qu'il fallait avoir tort.

Cette nuit-là, la nuit de cet affreux dîner, Marc-André est rentré avant Martin. De la petite écriture appliquée de sa mère, il a paraphé le document froissé, tiré de sa poche. Il a écrit un mot. Il a déposé les deux documents dans la chambre de Martin. Il a rédigé encore une sorte de testament, il a brûlé le cahier gris, mis les papiers en ordre. Le lendemain matin, ce matin de novembre où M'Ba va découvrir Martin inanimé, Marc est parti tôt, comme s'il se rendait à pied à la Nationale, une habitude, un chemin qu'il prend machinalement. Il a marché pendant plusieurs heures. Quand il est rentré, M'Ba lui a appris la nouvelle : Martin victime d'une overdose, transporté à l'hôpital, et aux dernières nouvelles, tiré d'affaire. Sa mère était à son chevet. « Mon Dieu, s'est dit Marc dans un dernier élan de tendresse, il a fait ce qu'il a pu. »

Pas un instant il n'a douté que Martin ne s'en tire. Il ressent une tendre indulgence pour ceux qui s'en tirent toujours. Il n'est pas de ceux-là, il en prend conscience. Il retrouve sa modeste fierté.

Tout l'après-midi, toute la soirée, il va téléphoner chez le docteur Jacobi pour avoir des nouvelles. Il tombera toujours sur la même secrétaire, rassurante, à la voix de loukoum. Tard dans la soirée, il saura que Martin est vraiment sauvé, que sa mère l'emmène. Le déchirement est accompli. Il ne le reverra pas. C'est bien ainsi. Il n'aurait pu supporter la confrontation des deux images de Martin ; il n'admettrait pas de les supporter.

Pourquoi a-t-il accepté ce dîner ? Pourquoi, si ce

n'est par ce goût secret de la catastrophe qui est en chacun de nous, qui nous attire vers le gouffre où tout enfin sera résolu ? Pourquoi a-t-il eu ce geste de rage, de dérision, qui ne lui ressemble pas, si ce n'est pour échapper violemment à une tentation qui était en lui ? Un moment de stupeur succède toujours aux désastres. La difficulté qu'éprouvent l'œil, l'âme, à *accommoder*. Puis, dans la lumière chirurgicale, comme après un tremblement de terre, apparaît le paysage dévasté, définitivement autre. Marc-André sait, ce soir, que Martin aurait pu l'aimer. Que c'était un refus, un reniement que ce baiser insensé. Il aurait fallu, pour que les choses « s'arrangent » comme Martin le disait dans son modeste vocabulaire de jeune homme, que le voile de la naïveté se déchirât. Et peut-être les paroles de Martin, ses regards, son attitude blasphématoire étaient-ils comme une prière d'être aimé quand même, d'être aimé tel qu'il était ?

Comme c'est fatigant une vie d'homme ! Tiraillé, toujours des choix, des mises au point, des amputations. L'après-guerre décevante, les aveuglements politiques (et on a beau fermer les yeux, toujours une lueur filtre, excluant le repos), les ruptures, les amitiés brisées ou, tant bien que mal, fictivement maintenues ; les renoncements orgueilleux... J'enseigne et rien de plus, je compile et rien de plus. L'âge et la lassitude attendus comme une récompense. Ah ! Ce surplus de forces, quand en sera-t-il débarrassé ? Et puis la résurrection, l'afflux de sang dans le cœur déjà engourdi, dans la tête, dans les membres, le corps qui se redresse ; l'afflux d'espoir comme une sève bienfaisante qui assouplit, qui

284

dénoue les pauvres nerfs tendus... Comment ne pas s'y laisser aller ? Martin.

Martin et son insouciance, ses projets enthou-siastes et ses comptes bien tenus, cette étonnante facilité à coordonner, à rassembler, à galvaniser, Martin tendre et dur tout à coup, enthousiaste et froid, Martin par qui tout était possible... Martin le soir, venant le voir avec ses livres, et par-dessus les comptes et les bordereaux, ce grand sourire rayon-nant et hésitant à la fois, ce charme de l'enfant qu'il était encore, de l'homme qu'il allait devenir, ce charme irrésistible parce que éphémère. Martin qu'il a embrassé quelquefois, sur le front, avec un infini respect, comme on embrasse une promesse, comme on embrasserait la jeunesse, le printemps, dont on sait qu'ils sont déjà perdus.

J'aurais pu l'aimer tel qu'il était. Une tentation. Et puis non. Le vertige, l'affreuse joie de tout perdre en une seconde. Quand Marc s'était rendu compte du peu qui restait de la « camaraderie de la Résistance », il avait souffert ; souffert quand il avait vu ses camarades quitter le Parti en 56 ; quand il avait, lui-même, été exclu, il avait souffert de la rupture avec ses camarades, tout en les comprenant. Il n'avait jamais connu ce vertige de la perdition totale, de la perdition de Martin, de sa vie, sous les deux espèces.

L'élan, le jaillissement de joie avec lequel il avait commencé le Journal de bord, c'était l'espoir fou de la réconciliation des contraires ; le poids de son coûteux héritage, son désir de dépouillement, son rêve de fraternité, son besoin d'insertion, sa nostal-gie d'île, de planète nouvelle, son double cœur d'homme et de femme, son double amour. C'était l'accomplissement inespéré, l'été indien d'une âme ardente et contemplative. Jusqu'à la condamnation d'Ophélie, une lente et sourde montée de joie.

Eh oui, la voilà qui revenait sur le tapis, l'insignifiante et sotte petite fille qui n'avait su, comme un enfant à la mamelle, que crier pour qu'on la nourrisse, et, devant l'échec, se laisser mourir. Du moins avait-elle tenté cela. Ferait-il moins bien qu'Ophélie la mal-aimée ? C'était beau pourtant ; c'était grave et léger aussi, cet amour pour Martin qu'il avait éprouvé, Martin venant à lui les mains pleines de dons, jeune homme ardent et maladroit quittant tout, appartement, famille, et le tissu social qui portait un destin inscrit dans sa trame, pour venir réveiller les espoirs endormis. Il savait l'aimer dans une disponibilité totale. Jusqu'au sacrifice. Et aujourd'hui, c'était le dernier sacrifice, ce blasphème, cet affreux baiser qu'il lui avait donné comme une initiation cruelle. Incapable de refuser à Martin ce que le garçon appelait « sa chance », il avait voulu du moins qu'il la vît pour ce qu'elle était : souillée.

Il est seul, ce soir-là, dans sa petite cuisine, devant la seringue que M'Ba lui a apportée comme pièce à conviction. Martin s'est dérobé, a refusé le choix qu'il lui a imposé. C'est à Marc de le faire pour lui. De le lui faciliter. Sa souffrance s'apaise. Il y a plusieurs façons de réconcilier les contraires. Plus forte que tout, sa naïveté s'élève au-dessus de lui comme un grand arbre. A jamais protégé par son ombre Marc pense à la mort.

Il a posé son coude sur un livre emprunté, une

histoire du Guyana. Absurde histoire qui tout à coup le hante. Le Guyana, voyons. Une bande d'Américains, sous la conduite de ce qu'il est convenu d'appeler « un illuminé », qui sont allés recommencer le monde et tout cela a fini par un horrible suicide collectif. Bien fait pour ceux qui s'imaginent, pour ceux qui tentent, pour ceux qui se laissent détourner du droit chemin qui va vers la mort par l'itinéraire prévu... Le Guyana. On pourrait en tirer un magnifique tableau allégorique : un Triomphe de la Naïveté. Avant et après : avant, le désordre, l'injustice, l'incohérence ; après, la nature apaisée sur laquelle le regard de Dieu plane, panoramique. Plus rien n'accroche. Un monde défriché, lisse et blanc comme une amande : une peinture sur porcelaine, avec ce brillant particulier, irréel. Dans les huttes, sur les litières de paille, au pied d'un autel de guingois, bricolé avec des caisses d'outillage, le père repose auprès du fils, l'époux parallèle à l'épouse ; le vieillard est sans angoisse et le nourrisson sans coliques. L'harmonie, enfin. Un monde sans lutte de classes, sans divergences d'opinions. Bien raides, comme des majuscules, les corps humains forment un alphabet nouveau, racontant pour personne l'histoire de tout le monde. Enfin aboutie. Enfin des résultats. La fusion des amants. Le silence des mystiques. L'harmonie, je vous dis. L'Azur ! l'Azur ! Voici le seul remède au manque : le Guyana.

Le quincaillier de l'Ohio, l'éditorialiste du *Houston News* ont ici défriché des hectares, dans ce but. Pour trouver un remède au manque, à la couche de vide, à la couche d'air qui donne aux relations humaines cette désagréable élasticité pneumatique. La monitrice d'aérobic a prié pour devenir « authentique ». Ils ont tous écrit des lettres, rempli des formulaires avec ce respectable absurde espoir. Ils ont eu du mal à revendre la maison payable par traites. Le voyage a fatigué les enfants. Ce fut épique, pitoyable, exaltant, pittoresque. Primaire. Imbécile. Sincère et même vrai. Les comptes en banque, les petites épargnes drainées par le révérend Jones étaient destinés à combler un besoin fondamental de l'homme. Pour combler le manque, pour réaliser le grand Kit (de l'utopie), faites-le (la) vous-même, ne l'achetez pas dans les grands magasins, les fournisseurs du Vatican ou de la banque Morgan. Ils ont essayé. On erre, on vend sa voiture, on renonce à son abonnement au Théâtre municipal (non, le remboursement n'est plus possible), tout ça pour aboutir à quoi ? Le plane, le lisse, le stable, et pourquoi pas, l'éternel. Que plus personne ne bouge ! Prêts pour la photo ? Pas un bras, pas un cheveu qui dépasse ? Non ? Il reste un frémissement, une boucle soulevée par la brise, un enfant qui pleure ? Alors, pour que la perfection soit, il faut boire le vin herbé. Un dernier hoquet, et quand le dernier nourrisson a rejeté le dernier filet blanchâtre de lait et de salive (la peccamineuse douce imperfection humaine), alors, après la dernière nausée, un moment règne l'impossible, dans sa plénitude.

Un moment ou une éternité. Qu'importe. Déjà reprend l'imperceptible grignotement du temps, la pellicule qui tourne avec un bruit d'horloge, la mise en marche lente, impitoyable, d'une colonne de fourmis. Tout est toujours à recommencer, sauf la mort.

Alors on reste immobile, l'esprit perdu, devant une seringue posée sur du coton, dans une petite boîte, en se demandant si le seul acte définitif que l'on puisse poser, ce n'est pas celui-là.

Il se tue parce qu'il a perdu Martin. Il se tue parce qu'il a entrevu un instant qu'il aurait pu ne pas le perdre. Il se tue parce qu'il est trop las, trop vieux, trop jeune. Oh ! la voix de Martin soupirant : « Sois donc un peu adulte... » Pour vivre, il faudrait qu'il admette trop de choses inadmissibles : le mal nécessaire, l'injustice féconde, l'ambiguïté. Sa propre ambiguïté. Il se tue pour garder intacte l'image de l'harmonie un instant atteinte, Martin des premiers jours, Martin et lui discutant, ils avaient tous deux vingt ans, la maison vibrante d'espoirs, le jour où il a cru entreprendre un vrai livre, un pont vers la réalité. Il se tue parce que Martin s'est violemment échappé de l'image où il le voulait enfermé. Il se tue parce qu'il a un instant aimé et désiré ce Martin-là. Il se tue parce que « le groupe » n'a vraiment existé que dans son cœur. Il se tue parce que le groupe existe et le renie. Il se tue parce qu'il ne renonce ni à l'amour ni à l'utopie, et qu'il a reconnu la nécessité de leur existence, la fatalité de leur échec. Il se tue pour ne pas vivre dans cette dissonance. Parce qu'il a l'oreille absolue. Pour donner une dernière fois un son pur, un son absolu. Il se tue pour gagner.

C'est avec amour qu'il prend la petite seringue qui a servi à Martin. Il achèvera le geste esquissé. Il peut sourire maintenant de cette demi-bonne foi.

Martin aussi achèvera ce que Marc avait commencé. A chacun son lot. Il prend la seringue. Il lui lègue la maison. Tous ses biens : son Hubert-Robert discutable, sa vieille théière en argent. Martin vivra au premier. Il écrira peut-être sur la table en formica. A mon tour, à ton tour, Martin. Sa main ne tremble pas. Il ne se trompera pas, lui, dans les doses. Il suffit d'une bulle d'air, dernier symbole. Il se tue pour gagner.

Laura assise au bar, le verre glacé entre les doigts. Elle-même tout entière glacée. « Peux-tu me convaincre, a-t-il dit avec une effrayante lassitude, que je suis un type bien ? Non, n'est-ce pas ? » Et elle avait sur le bord des lèvres : « Mais ce n'est pas nécessaire d'être un " type bien " pour vivre... »

Non, elle ne pouvait pas le convaincre. Il aurait fallu qu'il aille encore un peu plus loin sur le chemin qu'il avait pris, et qu'elle n'ait même pas à le convaincre. Et pourtant elle sentait le danger de cette plainte si modérée, de cette lassitude sans grandeur : un germe de mort. Mon fils. Son fils, une part d'elle-même, la plus belle, la plus innocente, celle qui n'a pas été souillée par le terrible amour. Une nuit, réveillée par lui à trois heures du matin, qui venait lui dire : « Je reviens du concert de Glenn Gould. Je ne pouvais pas attendre un moment de plus pour te le dire : c'était beau. »

Son fils. Et c'était ce pour quoi elle l'aimait le plus qui le menaçait.

Elle but. Un homme laid, au fond du bar, la regardait.

Etait-ce le patronage de Martine, sa marraine, qui avait exercé sur le garçon une influence maléfique ? Martine morte, elle, pour un homme qui ne valait pas Théo, abandonnant ses parents, sa ville, sa foi elle-même, pour cet homme qui ne devait jamais lui appartenir. A-t-elle regretté, Martine ? Est-ce que sur son lit d'hôpital, à des milliers de kilomètres de toute sympathie, de toute compréhension, elle s'était débattue ? Est-ce qu'elle avait crié qu'elle voulait vivre, être à lui, qu'elle n'aurait pas dû partir, que c'était la vie et non la mort qu'il lui fallait conquérir avec ses bras, ses lèvres, son corps tout entier ? Est-ce qu'avant de partir au moins, elle avait été à lui, est-ce qu'elle l'avait marqué, est-ce qu'un regret brûlait encore derrière cette face bovine que Laura et son père avaient haïe à l'enterrement, s'écoutant complaisamment gémir à l'orgue son chagrin officiel ? « Moi je l'aurais fait, pense Laura. Moi, je ne serais pas partie. Moi, je ne serais pas morte. Et Martin est mon fils. »

Elle finit son verre, un moment apaisée. Essayer de mentir. Que Martin vive, à n'importe quel prix, implora-t-elle, se reniant avec élan. Même s'il fallait, pour cela, l'amputer d'une part qui lui vient d'elle. Manchot, boiteux, débile, médiocre, mais qu'il vive. Il le faut, il le faut. Mais elle n'était pas sûre de le convaincre, de le tirer du morne abattement où il venait de sombrer. Et pourtant, elle veut, elle veut, comme elle n'a jamais rien voulu dans sa vie. Le caprice le plus idiot, la plus folle exigence, elle essayerait de les satisfaire pour qu'il consentît à vivre, dans n'importe quel état... Elle l'a laissé seul un moment. Le besoin de se détendre, de décompresser, était trop grand. « Va, va, a-t-il dit. Tu peux être tranquille. » Tranquille, quand il est seul, avec un tel regard ? Seul avec des somnifères dans un tube, et le souvenir de ce qu'il vient de lui raconter, et cette lutte déchirante en lui, et la fenêtre...

D'un bond elle est debout : « Mettez ça sur ma note. » Elle quitte le bar, passant devant l'homme laid qui la suit des yeux, elle court presque jusqu'à l'ascenseur. Ne pas s'affoler. Recenser les indices favorables. « Après tout il y a cette petite. Il lui est tout de même très attaché. Et sa musique. Ça ne part pas mal. Lui faire comprendre que si son vieil ami est un obstacle, il est bien naturel, mon Dieu, qu'il ait songé à l'écarter... Une farce un peu méchante n'est pas criminelle. » Messinger est peut-être une fripouille, Bermuda un pâle gigolo, mais s'ils aident Martin à vivre, à se sortir de là, vive les Messinger et vive les Bermuda. L'aider à trouver un autre local, peut-être ? Théo. L'embarquer dans des projets, des vanités, lui dire qu'on l'aidera, qu'on l'admire, oui, qu'il a bien agi, toujours... Et si c'est une tentation de vivre, bon Dieu, qu'il y cède, qu'il s'y laisse aller, immerger, noyer dans cette vague immense qui la soulève, la porte vers lui, son petit, son enfant, revenu dans son cœur à ce stade où tout ce qu'on demande à l'être aimé, c'est de respirer, de palpiter, d'être là, endormi, inconscient, qu'importe.

L'ascenseur s'élève. S'arrête. Elle sort, elle s'élance, arrive à la porte et, la main posée sur la poignée, prend un grand souffle d'air : du courage ! Tout reprendre au début, trouver d'autres arguments, pleurer s'il le faut... Et brusquement, s'écoutant penser, se voyant faire, une pensée la foudroie, une révélation : « Mon Dieu ! Mais c'est ça, l'acharnement thérapeutique... »

Toute une vie qui s'écroule. Tout un paysage qui se découvre à la lueur d'un éclair. S'il faut tout bafouer pour que vive Martin, que signifie sa vie tout entière tendue dans cette résolution héroïque, dans cette protestation butée, ce camp retranché de sa vie, cette prison, blanche cellule à peine égayée d'une fleur et dont elle était fière, à quoi bon tout cela, si ce qui compte, c'est de survivre ? Mais enfin, Martine. Sa mort sublime ou niaise. Mais enfin les héros de l'enfance, *Quo vadis,* les missionnaires crucifiés, les esclaves enfin debout de *Spartacus* et l'héroïque petit Alsacien qui meurt la fleur aux lèvres, et les prisonniers de tous les temps, les martyrs de la foi qu'elle n'a plus et auxquels elle se sent pourtant obscurément liée ? Le silence orgueilleux et pur, niaiserie ? La fidélité têtue, laborieuse, jour après jour, la macération des tâches ménagères, la noble oisiveté cultivée, la méditation, rien ? Paresse, incapacité, bêtise ? Le monde comme une épreuve subie en rêve, le réveil de la mort viendra, l'idée au creux de la main moite qui se fane comme une fleur cueillie, tout cela s'inverserait ? La seule échappée de ces années arides, ses enfants à qui léguer le chagrin et l'espoir de son cœur, duperie ? Seule vraie la palpitation du corps et des entrailles ?

La viande? Le souffle animant la chair, les mains adroites de Théo rafistolant, ligaturant, permettant avec ses bouts de catgut et ses dérivations à cette vie honteuse et inutile de continuer encore, encore un peu? Théo détenteur de vérité? Mais alors il faudrait tout admettre d'un bloc. L'injustice, l'adultère, le pouvoir, l'argent. La faiblesse de Martin, la dureté de Blandine. Sa mère, entassant les mérites et les actions à coupons. Visiter les pauvres, faire de la politique. Mentir. Tout revient à cela, mentir. Martine n'a pas menti, elle a tout abandonné, et jusqu'à Pierre pour lequel elle quittait le reste. La foi totale. Peut-être même a-t-elle quitté Dieu, en fin de compte, pour que son dépouillement fût parfait.

Tu les as, tes exemples, Spartacus, Simone Weil, le père Machin qui est allé mourir dans un camp de concentration pour refuser une injustice qu'il ne pouvait pas empêcher. Martine. Que la cause de sa mort fût si lamentablement dérisoire (Pierre!) n'enlève rien à la valeur de sa démarche, n'est-ce pas? Les nobles causes et l'Histoire et jusqu'aux génocides s'effacent, disparaissent, et si l'on accepte de vivre, c'est aussi grâce à cet oubli? Et Martine, oubliée. Pire, manipulée, utilisée; Pierre fait une belle carrière d'organiste et sa femme une belle carrière d'âme noble. Ce sont eux les héros de l'histoire, avec ce petit parfum de scandale qui ne gâte rien. Est-ce que Martine a crié, sur son misérable lit d'hôpital, sous le ventilateur brassant l'air moite? A crié qu'elle s'était trompée? Est-ce qu'en voulant sauver Martin à n'importe quel prix, je trahis ma sœur?

La main sur la poignée. La main sur la poignée de la porte. Ouvrir, entrer, mentir : la vie. On y va ?

Lundi à l'aube.

Théo dans sa voiture va rouler comme un fou vers Strasbourg, couvert des déjections, des éclaboussures du mensonge. Il a sauvé Ophélie, il va sauver Martin et peut-être son amour. Il n'a jamais vu aussi clairement que c'est au moyen du mensonge, puisqu'il roule vers Laura qui est sa vérité. Mais il n'hésite pas, il roule, il se précipite, il fouillera la ville, il les retrouvera, s'élancera, les convaincra, il va comme l'éclair, tout est simple dans sa tête, et pourtant, s'il était ce héros de western, aimerait-il Laura ?

Quelques heures plus tôt, Marc aura saisi, avec certitude, la seringue qui a échappé aux doigts, plus faibles ou plus forts, de Martin.

Sylvie, dans son lit, tâtera machinalement son sein gauche, s'étonnera d'y trouver une petite boule dure, s'étonnera et puis sourira dans le vide. J'ai compris ton message, Jo.

On y va ?

Un pas feutré derrière Laura dans le couloir. Une voix assez douce, hésitante :

— Est-ce que je puis quelque chose pour vous, madame ?

Elle sursaute, elle regarde cet homme long, pâle, sans beauté, et qui a l'air d'avoir un rhume de cerveau. Une absurde envie de rire : dans cette tempête, se faire draguer ? A l'*Hôtel Zacher*, à Strasbourg, pendant que son fils dort, assommé de somnifères, et qu'elle remet en cause toute sa vie, voilà qu'elle se fait draguer par un représentant en... en quoi ? Ce doit être une spécialité triste et respectable : son air, son costume... Belle conquête, ma fille...

— Ne croyez pas que je veuille être importun, murmure-t-il, mais je vous ai observée, au bar, vous paraissiez si désemparée.

Elle ne l'a même pas remarqué, si incolore, insignifiant. Mais c'est tout de même la première parole apaisante qu'elle entend depuis trois jours — il lui semble qu'il y a des années —, elle qui s'est privée de tout secours, de tout recours, qui a compté, présomptueusement, sur ses forces, et qui se découvre nue, tremblante, vulnérable, à la merci du premier qui la prendra, comme cette longue silhouette falote, par le bras, avec douceur. Cela existe, la douceur ?

— Venez... venez boire quelque chose chez moi ?

Elle n'eût pas rêvé, hier encore, d'un pareil geste. Mais où est le rêve ? Elle se laisse emmener, oh, deux ou trois portes plus loin, se retrouve avec un soulagement de tout l'être dans une chambre différente, plus grande, plus luxueuse que la sienne, s'assied, le corps tremblant de fièvre, et tandis que cet inconnu lui verse à boire, murmure des paroles apaisantes, elle passe la main sur son visage et s'étonne d'y trouver des larmes.

— Un peu de cognac ? Non, du whisky plutôt, c'est ce que vous avez bu...

Il a donc remarqué cela ? Un moment presque touchée, et puis avec la hardiesse de l'innocence elle prête à l'homme les plus noirs desseins. Inimaginable, dans sa vie protégée, ou claustrale, comme on voudra, de se trouver la nuit dans la chambre d'un inconnu. Il s'empresse.

— Buvez, vous êtes toute pâle... là, respirez bien... Vous avez eu un choc, sans doute.

Elle est incapable de répondre. Le goût amer, détestable de l'alcool sur ses lèvres. Oui, dans le miroir elle se voit pâle, les yeux profondément cernés. Furieusement, elle lutte contre la détente qui la gagne, loin de Martin, loin de Théo, loin de tout. Mais elle est épuisée, ses jambes qui voudraient se raidir, se relever, tremblent, il lui semble que le sang s'est retiré de ses extrémités pour battre dans sa tête, est-il possible qu'elle ait, subitement, dans de telles circonstances, sommeil ? Si elle avait la moindre confiance, la moindre, dans la pitié humaine, elle lui demanderait la permission de dormir un quart d'heure. Mais elle n'a pas cette confiance. Et elle observe, dans un brouillard, avec hostilité, l'homme laid (elle l'appelle ainsi, déjà, dans ses pensées, et elle continuera plus tard, dans un tout autre sentiment) qui court à la salle de bains, renverse un flacon qui tinte, ne sait que faire pour secourir Laura prostrée. Lui fait respirer de l'eau de Cologne, lui en frotte les tempes. C'est grotesque, je dois avoir l'air d'une noyée ou d'une accidentée de la route, elle se voit, étendue dans un fossé, contre un talus, inerte, contrainte de se laisser faire par n'importe qui, n'importe qui... Seuls ses yeux sont vivants et observent l'homme sans indulgence : les yeux rougis par une conjonctivite chronique, le nez mince, trop long, les lèvres décolorées, cet air de lévrier dégénéré qui passe parfois pour « racé » — elle voit même les objets, ces lunettes à monture dorée posées sur la table, ce portrait de femme au chevet du lit, elle les voit avec l'indifférence hébétée des grands blessés. Elle s'attend au pire (c'est peut-être un bandit, cet homme, ou un sadique?) et elle y prend un mauvais plaisir, car ce sera bien la preuve de l'insignifiance de tout, de cette longue, douloureuse fidélité, de cette scission de tout son être, qui aboutit à l'éloignement de Théo, à l'effondrement de Martin, à l'absence de Blandine. Elle se dénigre, elle se punit. Rien de tout cela n'était vrai. Tous ces efforts, ces souffrances : du temps qui passe, une vie banale de bourgeoise aisée, oisive, déçue par son mari, déçue par ses enfants, qui se regarde vieillir... Femme trompée, mère déçue, toutes les femmes le sont, ou presque. Elle se voit petite, grise. Que peut cette femme quelconque pour sauver un être jeune et fier, qui cherchait autre chose?

Vaine recherche, démangeaison malsaine, contamination qui lui venait d'elle. Goût d'un Eden inexistant, inadaptation, exigence ridicule. Si j'avais été différente... Si elle lui avait parlé réussite, argent, pouvoir, séduction, voyages, au lieu de lui empoisonner ses victoires, il serait comme Blandine, si heureuse de sa première paie, de ses succès, de son « look » américain, heureuse de rien, dans un monde qui n'est rien, heureuse parmi des objets, des visages, des apparences, qui sont le vrai décor, puisque derrière, il n'y a rien, le vide, des courants d'air, le mur du théâtre.

— Ça va mieux ?

— Ça va... parfaitement, merci, arrive-t-elle à articuler.

— Un deuil ? demande-t-il avec componction.

C'est vrai qu'il a un peu l'air d'un croque-mort, avec son costume bleu, sa cravate décente, sa longue silhouette triste. Même les yeux, le nez, suggèrent un chagrin discret. Elle a de nouveau envie de rire, ce qui lui rend quelque force — ou c'est peut-être l'alcool ?

— Non, non, pas encore ! (Jamais il ne devinera combien elle se moque de lui et d'elle.) Ne vous affolez pas. Un moment de dépression, un coup de pompe...

— Est-ce que je peux faire quelque chose ?

Empressé, maladroit, ne sachant visiblement que penser. Une femme belle et désemparée, une chambre d'hôtel, un grand lit, ça paraît tout simple, dans les livres. Et il reste là, empoté, tournant en rond comme un insecte. Si décontenancé dans toutes les circonstances qui demandent une réaction immédiate, le contact brutal, rugueux avec la vie ! Il y a toute une part de lui qui souhaiterait éperdument être ailleurs. C'est trop bête... Est-ce qu'elle s'attend à ce que... Ah! être Jean-Hubert quelques minutes! Il n'hésiterait pas, lui. Il... Et les complications? C'est peut-être une folle, une hystérique? Mais non : il a vaguement entendu parler par la femme de chambre d'un jeune homme souffrant, à l'étage... Si je lui verse un autre scotch, est-ce que j'aurai l'air de vouloir la griser? Si je m'assieds près d'elle, est-ce qu'elle va me gifler? Est-ce que c'est le moment de tenter un geste? Elle a du chagrin, mais il paraît qu'il y a des femmes que ça n'empêche pas, au contraire...

Il sait très peu de chose sur le chagrin : il n'en a connu que de très modérés. Un échec au Concours général, la mort de ses parents... Même la mort de l'enfant... affecté, oui, mais perdre un enfant si jeune, c'est tout de même moins... Moins affecté que Julia, certainement : pour un homme ce n'est pas la même chose, en fait, il n'avait pas encore réalisé qu'il était père quand c'était arrivé, et il avait été envahi par un soulagement triste, le sentiment de la destinée, c'était ça, il savait qu'il n'était pas fait pour s'enraciner, fonder une famille — que Julia l'attendît, c'était autre chose... « En tant que poète », comme eût dit Jean-Hubert, il devait rester une sorte de pollen flottant dans l'air, déposant au hasard quelques phrases çà et là, qui ne feraient même pas (ou alors plus tard, pour quelqu'un d'autre qui les rassemblerait, qui serait le véritable père) une œuvre.

« En tant que poète », doit-il se jeter sur cette femme ou l'évincer avec de bonnes paroles? C'est lui qui l'a attirée, tout de même, dans cette chambre ! Mais Laura le tire de son indécision qui, à son timide « est-ce que je peux faire quelque chose ? » a répondu avec nervosité, avec une dureté qui s'adresse surtout à elle-même (car elle veut le voir faire ce que, si souvent, elle a imaginé que faisait Théo).

— Mais il y a des tas de choses à faire ! Des tas ! Tirer les rideaux, mettre de la musique douce, la nuit c'est facile, tenez, la radio est là, verser du champagne, trouver un prétexte pour vous mettre en robe de chambre... Mais il y a des dizaines de choses à faire !

Brusquement elle se retrouve sur ses jambes, habitée par la force méchante de sa colère, de son désespoir, et elle se déplace avec une fièvre que Louis prend pour de l'excitation et qui le gagne un peu.

— Tenez, il y a même des bougies. Posez-les là, ça donnera du charme à la pièce — je suis une bonne maîtresse de maison, vous savez... Et que la lumière tombe sur les fleurs. Eteignez ce plafonnier, c'est d'une tristesse, nous avons l'air de noyés. Il y a sûrement du champagne dans le frigidaire, il y en a toujours. C'est ça, posez-le là, débouchez... Buvez-en un peu, vous m'avez l'air d'en avoir besoin autant que moi... La musique, voyons... Cherchez... Voilà... et puis... et puis...

Elle hésite devant l'effarement de Louis qui pose les flûtes sur la table basse en les heurtant violemment (ce n'est pas Théo qui montrerait une telle gaucherie), puis... C'est à elle de faire quelque chose. Ils sauront qu'elle peut trahir, elle aussi, mentir, respirer l'air qu'ils respirent. Regardez,

Martin, Théo. Avec une lenteur provocante, elle retire chacune des épingles d'écaille qui retiennent sa chevelure sombre. Elle les dépose devant elle, définitivement : dénouer ses cheveux, pour elle, c'est se dénuder... Et il semble que l'homme laid, tout de même, le comprenne, car il se jette gauchement vers le canapé, l'enlace, la serre trop, couvre le fin visage de baisers précipités.

« Tu ne sais pas à qui tu as affaire », pense-t-elle, passive, féroce. « Je te vois. » Elle se punit, elle le voit. Elle le voit, elle se voit, elle a enfin pénétré le monde de Théo : ce n'est que ça ! Elle voudrait que l'homme soit plus laid encore, plus gauche, qu'il soit vulgaire, déplaisant. Elle leur montrerait, à tous, qu'elle peut le supporter, leur monde, celui qu'ils l'ont forcée à admettre, cette bouffonnerie. Ce n'est qu'un coup à prendre, comme de monter à bicyclette. Involontairement, son visage se crispe, ses petites dents aiguës mordent au sang sa lèvre inférieure. Dans cette grimace, Louis croit lire l'acuité d'un désir, il oublie ses tergiversations, bouleversé. Il saisit Laura dans ses bras, l'emporte sur le lit avec une vigueur qu'elle n'attendait pas, défait son corsage, se débat avec quelques agrafes, qu'elle-même achève de défaire, tandis que lui, dans sa hâte, demeure à demi vêtu, avec sa chemise et sa cravate, car il craint brusquement qu'elle ne se ravise, il perd un peu la tête, et déjà, après la première et grisante impression de hardiesse qu'elle lui a donnée, il s'inquiète de sa passivité et de son silence.

Et voilà, pense-t-elle, hébétée. Ce n'est que cela. Rien que cela. La trahison. L'insignifiance. Elle n'a pas d'efforts à faire, cette fois, pour maintenir sa chair indifférente : inerte, secouée rythmiquement par ce pantin, elle ne ressent qu'un amer ennui. Même si le plaisir était venu, qu'elle craignait, qu'elle refusait depuis longtemps, quelle différence ? Maintenant je te comprends, Théo, maintenant je suis avec toi. Ces soubresauts, cet assouvissement de l'homme sur son corps indifférent, quelle différence avec un dîner ennuyeux, une séance chez le dentiste ? Et ça leur fait plaisir ! Et ça leur fait plaisir, songe-t-elle avec égarement, et elle revoit soudain, revit cet instant où fière, lente, profondément persuadée qu'elle lui apportait un trésor, elle s'était avancée vers Théo, vers son unique amour, de toute sa jeunesse, de toute la conscience qu'elle avait en cet instant de sa beauté et du besoin de l'immoler, de la déposer devant lui comme une offrande. Plus tard, fière encore d'être belle pour ses enfants, inconsciente de figurer pour eux, ou du moins pour Martin, l'éternelle promesse non tenue, le germe du malheur. Tout cela est aujourd'hui réduit à rien. Sous les mains tâtonnantes de ce fantoche, ses seins ne sont que des seins, son ventre qu'un sexe où il prend un plaisir dérisoire de coq (le long visage près du sien, sur l'oreiller, enflammé, grotesque), et elle triomphe de lui, de tous, dans sa totale insensibilité, dans sa frigidité volontaire, cultivée comme un art, l'impassibilité de l'Indien au poteau de torture, sa fierté, sa vengeance...

Et tout à coup il s'effondrera à côté d'elle, pitoyable, gémissant :

— Je ne peux pas, c'est votre faute ! et il pleurera.

On ne peut pas être plus étrangers l'un à l'autre qu'ils ne le sont. Pourtant elle a un peu pitié de lui. Un peu. Ainsi, tout de même, il a perçu au milieu de cette aventure, de cette occasion — car qu'est-elle de plus pour lui qu'une aventure et qu'une occasion, une femme rencontrée dans un bar et dont il ne sait rien — le manque, l'abîme. Si peu que ce soit, il l'a perçu.

Mais qu'est-ce que c'est que cette chose en nous qui n'est pas ? Qui manque sans exister ? Tu es celui qui est. Il serait plus juste de dire : Tu es celui qui n'est pas. Et par là même plus vrai, plus présent. Jamais Laura n'a senti plus forte en elle la présence, l'absence de son amour.

Il y eut un silence. Très bas, la radio susurrait des violons. Les bougies grésillaient, elles allaient s'éteindre avec une triste odeur de funérailles. Martin dans sa chambre dormait. Théo, quelque part, devait se mettre en colère : c'était sa façon d'être inquiet. Elle était là, aussi loin d'eux que si elle avait été sur une autre planète, aussi loin d'elle-même, dans le désordre ridicule de ses vêtements, la nausée légère de l'alcool. Et lui, était-il là ? Le visage redevenu pâle, il se mouchait, il cachait dans les pans de sa chemise le petit sexe bleuâtre, déshonoré, il arrachait enfin sa cravate. Elle se rajuste, assise sur le lit. Partir. Mais comment ai-je pu ? Mais qu'est-ce que ça prouve ? Une parenthèse digne d'un théâtre de boulevard, irréelle, improbable ? Un de ces tristes dessins pornos sur la façade des cinémas ? Avec, tout de même, une petite tristesse honorable ?

Elle reboutonnait son corsage, cherchant du

regard ses chaussures : elle n'en voyait qu'une, dans la lumière tamisée de la lampe de chevet. User de la salle de bains ? Il s'était adossé au montant du lit, il tirait le drap sur sa nudité désarmée, il la regardait se rhabiller, s'en aller, il dit d'une pauvre voix distinguée, comme si cela avait eu une importance.

— Et je ne sais même pas votre nom !

Elle se retourna vers lui, visage absent encadré de cheveux sombres.

— Comment ?

— Vous pourriez tout de même me dire votre prénom, répéta-t-il, avec une obstination puérile. Je sais, j'ai peut-être un peu abusé de la situation, vous m'en voulez, mais...

— Vous en vouloir ? A vous !

Elle éclata d'un rire bref. Comme s'il existait ! Comme s'il était autre chose qu'un cauchemar grotesque qui l'avait un moment distraite de son vertige ! Etait-ce même la peine de parler à cette blême et sotte figure qui la dévisageait avec effarement. Et tout à coup, machinalement, il prit la montre-bracelet qu'il avait déposée au chevet du lit, et la repassa à son poignet. Le bracelet métallique eut un cliquetis familier, et elle resta figée. C'était le geste exactement que faisait Théo après leurs étreintes, dans leur chambre, dans leur vie, et ce petit bruit sec rendait tout, soudain, réel. Elle était dans cette chambre, elle était près de cet homme, elle y était réellement, sur cette planète désolée, loin des siens, seule au monde, avec cet étranger si seul aussi.

— Laura, dit-elle avec effort. Je m'appelle Laura. Et vous ?

— Louis. Louis Moraud-Dubreuilh, dit-il avec

empressement. Je suis ici pour une session du Parlement européen. Je dois intervenir demain sur les euromissiles. Je comptais revoir mon intervention ce soir, vous savez, mais cette rencontre inespérée, merveilleuse pour moi, m'a fait oublier... Peu importe, d'ailleurs, j'improviserai sur mes notes...

Ainsi devait parler Théo, avec plus d'assurance, plus d'autorité satisfaite, et entre ces femmes et lui, la même distance, le même désert. Elle eut pitié de lui, et d'elles. Le manque est le manque. Elle pensa à une parole de saint Jean de la Croix, qu'un fil de soie retient l'oiseau au sol aussi sûrement qu'une chaîne. Et elle qui voulait quitter le sol se trouvait ici, enchaînée. Un instant elle voulut être bonne. Elle écouta.

Il parlait du Palais de l'Europe, de l'hémicycle. Il s'indignait que ses collègues se passionnassent pour des questions de remboursement de taxis plutôt que pour les commissions qui, tout de même... Il parlait de soja, chère âme, il faisait de l'esprit, il avait croisé, la veille, Otto de Habsbourg, voilà qui allait le rapprocher de Laura, et une parlementaire hollandaise s'était écriée dans un envol lyrique « le soja n'est ici qu'un bouc émissaire ». Il s'animait. Il raconta son cantonnement à l'*Hôtel Zacher* « en tant que poète » et, bien qu'elle ne témoignât guère de curiosité, lui avoua qu'il était l'auteur de plusieurs plaquettes. Aimerait-elle une dédicace, oh, discrète ?

Elle eut envie de rire (ces passerelles qu'il lançait au-dessus du vide, vaillante petite fourmi — des plaquettes ! des vers !), mais elle était touchée. Lui

306

aussi, lui aussi, comme les autres, il cherchait, il tâtonnait, il jetait ses fétus sur le ruisseau... Oui, envie de rire, mais d'un rire différent, surpris, presque doux, parce que c'était à Martin qu'il la faisait penser, avec cet air de forfanterie, qui cachait sans doute une profonde insécurité. Et elle pensa qu'il fallait lui dire une bonne parole, ne pas le laisser sur cette déconvenue... Jeter son fétu, elle aussi, bien qu'elle sût maintenant l'inutilité de tout cela.

— Vous devez avoir beaucoup de facilité..., dit-elle gentiment. Et j'aime la poésie...

Elle n'en lisait jamais. Mais qu'importe ? Et toujours ce rire qui lui montait à la gorge, qui battait des ailes dans sa poitrine avec une tendresse naissante (ces propos mondains, maladroits, alors qu'elle voyait le pauvre torse pâle, sali d'un poil rare, les yeux rougis, l'air d'importance dérisoire du long visage osseux qui se recomposait !). Et le rire était en elle comme un roucoulement, elle riait d'elle-même qui tirait sa jupe froissée sur ses bas dont l'un avait filé, qui se disait que son slip avait dû rester au fond du lit, pendant qu'il reprenait figure humaine et continuait à lui expliquer combien il était important, et qu'elle n'était pas tombée sur n'importe qui. Et déjà il l'appelait, comme s'ils avaient été dans un salon, « ma chère Laura » et elle, intérieurement, riait avec une étonnante tendresse qui grandissait, qui sé glissait dans ce doux rire intérieur, une pitié pour elle, pour lui, pour Théo et ses maîtresses, pour Martin et ses problèmes, pour Blandine même, cuirassée d'indifférence, qui cherchait peut-être en ce moment sa chaussure dans une chambre de Floride, qui tentait peut-être l'impossible gageure de combler le manque, de passer le pont, Laura sentait toujours l'inutilité des efforts et des gestes, mais cette connaissance s'adoucissait, s'enrichissait de profondes, de lentes résonances, elle touchait un objet dans l'obscurité, le devinait comme une aveugle du bout des doigts, et son cœur s'étonnait d'une respiration plus ample.

— ... spécialiste de droit international, ce qui implique aussi, chère Laura, un peu de droit interplanétaire, et qui me rend évidemment particulièrement qualifié... mon temps de parole... la fraction que je représente...

Et il tirait son discours sur lui comme un enfant tire son drap sur la tête, et il jetait parole sur parole pour combler le vide, et elle allait partir le laissant seul, déçu...

— ... peut-être ces préoccupations ont-elles joué, ma... ma chérie, je sais que je n'ai pas été aussi brillant que je... que je l'aurais souhaité, mais une aussi merveilleuse surprise a de quoi désarçonner un homme dont l'esprit, par ailleurs...

Le rire arrivait enfin aux lèvres de Laura, ce rire sanglotant, roucoulant, ce soulagement de tout l'être, enfin elle était délivrée, elle vivait, elle était là, elle acceptait. Elle entendait à travers les mots la petite plainte de l'enfant sans lumière le soir dans son lit, la petite plainte qui tente de se faire jour à travers les pompeux discours et les minces poèmes grelottants, à travers les révoltes d'une Laura jeune et butée, d'un Martin faible et déchiré, la petite plainte jamais entendue mais toujours nécessaire, la tentative toujours remontante, toujours retombée, comme une inlassable marée, et elle sentait se dilater sa poitrine, s'émouvoir ses entrailles, car elle avait accepté le vide, le manque, elle pouvait, de l'autre côté, essayer de répondre.

— Tais-toi donc, dit-elle avec sa nouvelle voix de femme, pleine à la fois d'indulgence et de reconnaissance (oui, de reconnaissance car en ce moment où elle s'ouvrait avec une surprise émerveillée, elle osa enfin penser à Dieu, elle le retrouva, le trouva peut-être), et le miel d'un amour indifférent coulait entre ses cuisses, et elle éteignit la lumière, et elle attira à elle, en elle, l'homme maigre et malheureux dont les paroles s'éteignirent aussi, et elle leur rendit la simplicité.

Plus un instant elle ne pensa qu'elle accomplissait un acte sans importance. Elle sentait que tout en elle s'effondrait, renaissait. Elle se donnait sans raison aucune, à n'importe qui, elle se donnait au manque en lui, elle se donnait, enfin, toute. Pas un instant elle ne confondit cet élan sans réserve avec l'amour exigeant, tyrannique, qui la liait à Théo. Elle subissait une profonde métamorphose, une éclosion, une maturation, que ces quelques jours de huis clos avec son enfant avaient préparée, que ses efforts incohérents et douloureux avaient rendue possible. Elle acceptait le manque, l'espace dans le lit qui sépare les amants, elle le connaissait : il était la place de Dieu. Il était peut-être l'absence de Dieu. Mais présence ou absence n'étaient plus en cet instant différentes.

Et que cette révélation se présentât sous cette forme inattendue et scandaleuse, elle avait été trop brisée pour s'en étonner.

Dire sa nuit, les nombreuses fois où elle se leva, pieds nus, et alla dans le couloir, légère, sans crainte d'être surprise, couverte de la robe de chambre de l'homme, écoutant à la porte de Martin le léger ronflement qui la rassurait, ne serait rien si l'on ne pouvait exprimer le sentiment avec lequel elle retournait à la pénombre de la chambre, comme on retourne se plonger dans la mer, murmurant dans un scandaleux émerveillement « Ô mon Dieu ! Ô Théo ! » et les balbutiements, les gaucheries, les tristes imperfections d'un triste corps auquel elle se prodiguait servaient de tremplin à cette dilapidation d'un trésor qu'elle ne possédait plus depuis longtemps. Et elle voulut allumer pour qu'il ne perdît rien d'une beauté souple et nerveuse dont elle se retrouvait fière, et elle voulut prendre dans sa bouche le pauvre sexe violacé qui retrouvait sa dignité, et elle voulut entre ses seins cette tête inconnue, elle baisa ses cheveux rares comme on baise la tête fragile d'un nourrisson, et le petit matin les vit transfigurés, et elle eut cette récompense de voir disparaître des yeux pâles de l'homme laid cette culpabilité, cette perpétuelle excuse d'être au monde qu'il portait en lui comme une tare et une suspecte supériorité — enfin nu, enfin homme, enfin né, né d'une femme une seconde et définitive fois.

Et ce fut lui qui dit avec intelligence (il n'écrirait plus de poèmes avant très, très longtemps, mais un jour il les écrirait, et Laura ne le saurait jamais), il

dit : « Plus jamais, n'est-ce pas ? — Plus jamais »,
dit Laura.

Sans un regret elle le quitta, traversa le couloir
pâle comme une rivière, et entra dans la chambre
où dormait son fils. Pour se battre. Pour gagner
temporairement. Un jour, une semaine, un éclat de
rire, un projet... Elle avait renoncé à l'éternité, à la
vérité, à l'absolu, au définitif. Et pourtant elle
savait bien qu'elle les portait toujours en elle,
présents par leur absence, qui la poussaient... Et
elle riait encore d'elle-même, un grand rire de
compassion. Est-ce qu'on peut rire de soi avec
compassion ? Est-ce qu'on peut rire comme on
respire, largement, les côtes s'écartent, les poumons
se remplissent, il semble qu'on va absorber l'immense ciel tout rond : on rit. Et puis non, on ne
l'absorbe pas, on s'essouffle, le ciel s'échappe, on
s'affaisse avec la conscience de ce qu'on a cru
contenir et par quoi on est contenu ; la respiration
s'échappe, sifflante, les poumons se dégonflent, on a
touché les limites de la pauvre cage thoracique,
qu'on le veuille ou non, il faut rendre au ciel sa
souveraineté : on rit. On rit parce que tout de
même, avec cette petite parcelle emprisonnée dans
ces cartilages, on a possédé le ciel rond, on en a eu
une exacte appréhension ; parce que dans notre
artisanale soufflerie, la vie, la totalité de la vie, en
une seule aspiration a été prisonnière, qu'il a fallu
libérer aussitôt ; et ce n'est pas seulement un rire de
compassion, c'est un rire aussi d'admiration timide,
encore incrédule, comme quand on s'est levé très
tôt, au mois de juin, qu'on a vu sur les rues moches
et désertes des grandes villes, avec leur minable

bimbeloterie de kiosques et de parkings, de pompes
à essence et d'affiches déchirées, un pan qui flotte
comme un pan de chemise, le disque du soleil
encore très bas commencer à diffuser sa lumière.
On se croit au premier matin du monde dans le
générique d'un film américain, et on comprend,
tout à coup, que ce jour étroit, tout serré entre les
autres, c'est quand même le premier, chaque fois le
premier, chaque regard le premier, qui recommen-
cera demain, hier jeté dans le ruisseau, chiffonné, sa
grâce perdue et redonnée : on rit. On sera chiffonné, perdu, et racheté peut-être : on rit. On
disparaîtra : on rit. On n'est qu'un tout petit
exemple, perdu, serré entre les autres, pou chou
caillou genou de la grammaire, et le rôle modeste et
définitif est d'illustrer notre petite règle à nous,
dans un coin du livre sali et couvert de dessins,
notre nom inclus dans une phrase saugrenue. Notre
vie, notre amour : la plume de mon oncle... Parfois
quelqu'un généralise : on rit.

On rit parce qu'on ne comprenait pas, on rit
parce qu'on ne savait pas qu'on comprenait. On rit
parce qu'il ne sert à rien de comprendre et pourtant
que c'est primordial. On rit parce qu'on croit avoir
raté quelque chose, on rit parce qu'il est nécessaire
d'échouer, on rit parce que rien n'échoue jamais.
Laura se tient au pied du lit de son fils, elle attend
qu'il se réveille, les larmes coulent sur son visage,
elle rit.

Théo arrive aux portes de Strasbourg.

Arsy, 14 février 1985

DU MÊME AUTEUR

Aux Éditions Gallimard

LE CLIN D'ŒIL DE L'ANGE, *roman*.

Aux Éditions Julliard

LE REMPART DES BÉGUINES, *roman*.

LA CHAMBRE ROUGE, *roman*.

CORDÉLIA, *nouvelles*.

LES MENSONGES, *roman* (Prix des Libraires, 1957).

L'EMPIRE CÉLESTE, *roman* (Prix Femina, 1958).

LES PERSONNAGES, *roman*.

LETTRE À MOI-MÊME.

MARIE MANCINI, LE PREMIER AMOUR DE LOUIS XIV, (Prix Monaco, 1965).

J'AURAIS VOULU JOUER DE L'ACCORDÉON, *essai*.

Aux Éditions Bernard Grasset

LES SIGNES ET LES PRODIGES, *roman*.

TROIS ÂGES DE LA NUIT, *histoires de sorcellerie*.

LA MAISON DE PAPIER.

LE JEU DU SOUTERRAIN, *roman*.

ALLEGRA, *roman*.

DICKIE-ROI, *roman*.

UN CHAGRIN D'AMOUR ET D'AILLEURS, *roman*.

Aux Éditions Flammarion

JEANNE GUYON, *biographie*.

Impression Bussière à Saint-Amand (Cher),
le 12 décembre 1986.
Dépôt légal : décembre 1986.
Numéro d'imprimeur : 2492.

ISBN 2-07-037792-X./Imprimé en France